강남의 탄생

강남의 탄생

대한민국의 심장 도시는 어떻게 태어났는가?

한종수, 강희용, 전병옥 지음

『강남의 탄생』은 2016년에 처음 세상에 나왔고, 8년간 14쇄를 찍을 정도로 독자들의 사랑을 받았습니다. 대부분의 일간지에 소개되었고, 영화 평론가이자 작가인 이동진 님을 비롯하여 많은 유튜버와 블로거가 이 책을 소개해주었습니다. 덕분에 더 많은 독자가 이 책을 접할 수 있었습니다. 그분들께 다시 한 번 감사를 드립니다.

　　책이 알려지면서 강남구청, 국립민속박물관을 비롯한 공공기관은 물론 『한겨레』, 『한국경제』 같은 언론사, '월급쟁이부자들' 같은 등 민간 회사, 그리고 '새건축사회' 같은 협회에서 강연 요청을 많이 받았습니다. 또한 LH 80년사인 『LH와 주택, 도시 80년: 성과와 전환기의 과제』(비매품) 집필진에 참여하는 기회도 얻었습니다. 여담이지만 12명의 집필진 중 제가 유일한 학사였습니다. 『강남의 탄생』을 쓰지 않았다면, 그리고 독자들이 사랑해주지 않았다면 불가능했을 일

입니다. 그러한 과정에서 자연스럽게 이런저런 제보를 받았고, 새로운 사실과 정보도 많이 알게 되었습니다. 또한 시간이 흐르면서 당연히 바뀌어야 할 내용도 생겨날 수밖에 없었습니다. 물론 14쇄를 거치면서 약간씩 수정을 하기는 했습니다. 하지만 기본적인 쪽수와 편집을 흔들 수 없었기에 한계는 명확했습니다. 결국 이런 이유들로 개정 증보판을 내게 되었습니다.

8년 사이에 도시 전문가이자 한국건설안전협회 부회장인 전병옥 님을 알게 되었고, 교분을 나누다가 개정 증보판에 함께하게 되었습니다. 개정 증보판의 원고를 준비하면서 구판의 「들어가며」를 어떻게 할까 고민하다가 독자들에게 비교의 기회가 될 수도 있을 거란 생각에 그대로 두고 새로운 서문에 해당하는 「개정 증보판에 부쳐」를 추가하기로 했습니다. 하지만 결문에 해당하는 「마치며」는 따로 할 말이 많지 않아 거의 그대로 두고 시간의 변화에 적절하지 않은 부분만 살짝 바꾸었습니다.

2010년 첫 책 『세상을 만든 여행자들』을 내놓은 이후 이제는 절판되어 살 수 없는 번역서를 포함해 거의 매년 한 권씩 15권의 책을 내놓았지만 개정 증보판은 처음입니다. 이 책을 처음 보는 독자들은 그대로 읽어주시면 되지만 구판을 읽은 분들은 예전의 책과 비교해보는 재미를 맛보실 수 있을 것이라고 생각합니다. 저와 마찬가지로 독자 여러분에게도 즐거운 경험이기를 바라봅니다.

2024년 10월

한종수

제1부 강남 개발이 시작되다

'강남'은 한국인에게 어떤 존재인가? 많은 이들에게 강남은 선망의 대상이자 미움의 대상이다. 심지어 어떤 이들은 강남을 한국에서 일어나는 만악의 근원으로 지탄하기도 한다. "국민은 자기 수준에 맞는 정부를 가진다"라는 유명한 말이 있다. 그런데 이 말은 결코 국가나 중앙정부만을 염두에 둔 것은 아닐 것이다. 도시 역시 그곳에 살고 있는 시민들에 의해 발전하고 퇴화한다. 시민들이 그들의 수준에 값하는 도시를 만들기 마련이기 때문이다. 이런 점에서 강남의 오늘은 다분히 강남 사람들의 성취이다. 하지만 모든 공과가 결코 강남 사람들에게만 있는 것은 아니다. 강남은 고립된 공간이 아닐뿐더러 애초에 '강남 사람들'이란 개념조차 없던 시절이 있었다. 대한민국에 사는 사람치고 강남에 땅이나 아파트를 사두었다면 팔자가 바뀌었을 것이라는 한탄을 들어보지 못한 사람은 없을 것이다. 혹시 독자 여러

분은 어떠한가? 어쩌면 강남은 강남 사람들뿐만 아니라 평범한 한국 사람들을 닮아 있는지도 모른다.

강남은 한국 현대사의 얼굴이다. 약간 과장하면, 강남을 안다는 것은 한국 현대사를 안다는 것과 같다. 하지만 우리는 우리 생각보다 '강남'을 의외로 잘 모른다. '강남'이란 고유명사를 보통명사처럼 써 대고 그 이미지를 소비하지만 정작 결코 길지 않은 '강남'의 역사도, 한번쯤 또는 허다하게 쏘다녔던 '강남'의 거리도 잘 모른다. 욕을 하든 질시를 하든 제대로 알고 해야 하지 않을까?

우리가 별로 의식하지 않고 강남, 강남 하고 말하지만 사실 사람들이 말하는 '강남'의 범위를 정의하기란 쉽지 않다. 굳이 말하지 않아도 아는 바로 그 '강남들'을 차근차근 따져보면 다음과 같이 정리할 수 있다.

    1. 서울의 한강 이남
    2. 8학군(강남, 서초, 송파, 강동)
    3. 강남구와 서초구, 송파구(소위 강남 3구)
    4. 강남구와 서초구
    5. 강남구
    6. 강남, 서초, 송파(정확히는 잠실 일대)와 여의도, 목동, 그리고 경기도 과천시, 성남시 분당구와 판교 일대

여러 의견이 있겠지만 1을 '강남'의 정의로 삼기는 어렵고 사실 동의하는 이도 거의 없을 것이다. 2는 강동구 때문에 동의하기 어렵다는 이가 많을 것이고, 4와 5는 너무 좁은 범위의 정의라고 할 수 있을 것이다. 따라서 이 책에서는 3의 '강남'을 기본으로 하고 이야기 흐름에 따라 6의 '강남'을 아우르면서 이야기를 진행하려고 한다.

강남북을 가르는 강은 바로 한강이다. 서울을 관통하는 한강은 그 자체로 신이 허락한 축복 같은 자연환경이자 우리 애환이 담긴 문화유산이다. 동시에 한강은 '한강의 기적'이라는 말이 있듯이 한국 자본주의 발전의 역사를 상징한다. 한국이 경제적 풍요를 더해가는 동안 한강은 점차 '강남'이라는 물리적 공간을 가능케 하는 정치적 구획선이자 문화적 경계가 되었고, '강남'을 경제적 배타 구역으로 획정하는 심리적 기제로 작용하기 시작했다.

강남 하면 가장 먼저 대형 평수의 아파트를 위시한 부동산과 명문 학교, 학원이 떠오른다. 하지만 이는 빙산의 일각일 뿐 강남이 한국 사회에 미치는 영향력은 훨씬 더 엄청나다. 강남이 움직이면 한국 전체가 들썩인다고 해도 과언은 아니다. 세계 어느 나라에도 강남 같은 '신도시'는 없다. 굳이 말하면 상하이의 푸둥(浦東) 정도를 떠올릴 수 있는데 푸둥이 강남보다 규모 면에서 더 클지는 몰라도 국가 전체에 미치는 영향력은 강남과 비교가 되지 않는다.

그렇다면 이러한 강남의 힘은 어디서 나오는 것일까? 그리고 어떻게 시작된 것일까? 의외로 이런 문제의식을 가지고 강남에 접근한 책이 거의 없다. 강준만 교수의 『강남, 낯선 대한민국의 자화상』이 이 책과 비슷한 의도로 쓰였지만 사회적, 문화적 비평에 비해 도시 개발사 분량에 아쉬움이 있었다. 그 외에도 서울을 주제로 삼은 책이 많이 나왔고 그중에서 강남이 상당한 비중을 차지하는 경우도 많았다. 하지만 강남 개발 초창기부터 강남의 역사만을 다룬 책은 이 책이 처음이라고 자부한다. 구청에서 나온 '구지(區誌)'들이 있지만 관청에서 나왔다는 한계가 있을 뿐만 아니라 어디까지나 한 구의 역사일 뿐 '강남의 역사'를 다룬 것은 아니다. 우리는 선망하면서도 욕을 하는 '문제적 지역' 강남에 대해 잘 안다고 생각하지만 실제로는 부동산과 교육 문제를 제외하면 거의 모르고 있다. 강남을 다룬 책 대부분이 이 분야에 집중해왔다는 것이 좋은 증거가 아닐 수 없다. 자이제, 대한민국 국민이라면 거의 모두가 밟아보았고 기회만 있으면 살고 싶어하는 땅, 강남의 '진짜 이야기'가 시작된다.

　　자! '강남 공부' 한번 해보실까요!

강남 개발이
시작되다

개발 이전의 강남

'강남'이란 지명이 생소했던 시절

따지고 보면 강남은 암사동 선사시대 유적이나 둔촌동 유적이 증명하듯이 오히려 강북보다도 먼저 사람이 집단적으로 모여 살던 곳이다. 삼국시대 초중기에 백제는 한강 이남의 풍납토성과 몽촌토성 일대를 수도로 삼았고, 당시 이곳은 한반도 남부의 명실상부한 중심이었다. 하지만 475년 고구려에 의해 위례성이 함락된 이후에는 이렇다 할 역할을 하지 못했다. 조선이 한양을 수도로 삼은 뒤에는 지금의 강남 일대에 봉은사, 양재역, 송파나루, 왕실의 뽕나무 밭인 잠실처럼 상당히 비중 있는 시설과 함께 선정릉과 헌인릉, 효령대군과 영의정 상진●의 묘, 한명회의 호화 별장인 압구정 등이 들어섰다. 또

● 상진은 조선 명종 시기에 우의정, 좌의정을 거쳐 영의정에 올랐다. 당연히 국정을 총괄하였고, 명재상으로 이름이 높았다.

한 양재역 벽서 사건이나 삼전도의 치욕이라는 역사적 사건의 무대가 되기도 했다. 하지만 크게 보면 수도 한양의 외곽 지대일 뿐 두드러진 역할을 하지 못했다. 그저 다른 농촌 지역처럼 해주 정씨(서초동), 개성 왕씨(서초동), 경주 이씨(우면동), 전주 이씨(압구정동), 청주 한씨(역삼동과 석촌동), 밀양 박씨(일원동) 등 집성촌이 많이 형성되어 있었을 뿐이다.

이 책에서는 봉은사와 왕릉 등 유적을 어느 정도 다루기는 하지만 현대 강남이 건설되는 과정에 초점을 맞출 것이다. 다만 그 이야기를 하기에 앞서 지금의 영등포와 동작구 일대에 해당하는 지역에 대해 짧게나마 다룰 생각이다. 가장 먼저 개발된 한강 이남이었고, 따라서 '원조 강남'이라고 부를 수 있기 때문이다.

이 지역을 결정적으로 변화시킨 존재는 1899년 개통된 경인선과 1905년 개통된 경부선 철도이다. 잘 알려진 대로 두 철도는 원통하게도 일제의 작품이었다. 여기서는 노선이 짧은 경인선은 논외로 치고, 경부선 이야기에 집중하도록 하겠다.

당시 공사 주체였던 일제는 관악산과 청계산이 남쪽을 막고 있어 노선을 금천과 영등포 쪽으로 정할 수밖에 없었다. 그렇다면 애초에 지금의 경부고속도로가 지나는 지역—신사동에서 양재동까지—에 철도를 놓았으면 되지 않느냐는 반론이 있을 수 있는데, 이는 여의치 않았다. 개발 이전의 강남 지역은 전체적으로 저지대인 데다 습지가 많아 공사에 불리했기 때문이다.[*]

더구나 경부선 철도를 건설하던 시기(1899~1905년)에 일본은 러시아와의 대결을 염두에 두고 철도 완공을 서두르는 중이었으니

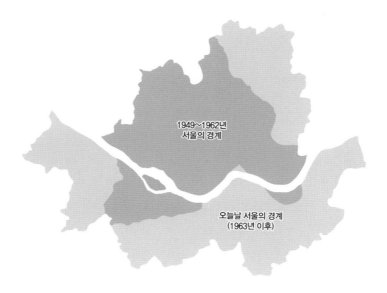

그림 1 서울의 경계 변화.

노량진, 영등포, 금천 방면 외에 다른 안을 고려할 여유도 시간도 없었을 것이다. 이렇게 해서 영등포와 노량진역이 들어섰다.

　일제강점기에 들어서면서는 경부선, 경의선에 이어 서울을 지나는 경원선, 중앙선, 경춘선도 개통되었다. 하지만 어쩌면 당연하게

• 지금은 최고의 아파트 시세를 자랑하는 '개포동'의 이름도 '개펄'에서 비롯된 것이다. 개포동 디에이치아너힐즈의 공원에는 '물가를 열다'는 의미의 조개 모양 조형물이 세워져 있는데, 개펄 천지였던 시절에는 당연히 조개가 많았을 것이다. 물론 '열다'는 말은 개포동의 '開'에서 나온 것이다. 개포동에 위치한 구룡역에 조개를 캐는 주민들을 그린 벽화가 있는 것도 같은 맥락이다.

도 모두 지금의 강남 지역을 경유하지 않았고 서울, 좀 더 정확하게 경성은 서울역과 용산역, 청량리역 등을 중심으로 발전해나갔다. 모두 강북 지역이었는데, 영등포와 노량진 일대만 예외였다.

※

1917년, 이미 철도라는 인프라를 갖춘 영등포와 동작 일대 '한강 남쪽'에 지금은 한강대교라고 불리는 한강인도교가 건설되면서 개발이 본격화되었다. 이 과정에서 다리 남단인 오늘날의 동작구 노량진본동과 흑석동, 대방동 일대가 널리 쓰이지는 않았지만 '강남'이라고 불렸다. 물론 공식 지명은 아니었다.

다리 개통 이후 일본 민간인들이 '강남' 개발 사업에 뛰어들었다. 사업가 기노시타 사카에(木下榮)는 흑석동에 명수대라는 이름의 유원지와 신사, 130세대 규모의 주택 단지를 조성했다. 이케다 나가지로(池田長次郎)라는 자는 용양봉저정을 용봉정이란 이름의 요정으로 개조했는데, 강남정회연합회(江南町會聯合會)라는 조직을 만들고 회장을 맡아 유지 행세를 했다. 부회장은 기노시타였다.

비슷한 시기에 영등포역 일대에 대규모 공장 지대가 건설되고, 여의도에는 비행장이 들어섰다. 중일전쟁을 일으킨 일제는 한반도의 병참기지화를 위해 1939년 경성공업학교(현 서울공업고등학교)를 이전하고, 1941년 상도동에 영단주택 단지*를 건설하는 등 당시로서는 상당한 규모의 개발 사업을 벌였다. 노량진에서 문래동으로 이어지는 지역은 제법 번화하고 인구밀도도 높은 지역으로 변신했다. 1936년 '영등포 출장소'라는 이름으로 경성부에 편입된 이 지역은 1943년 영등포구로 정식 승격되기에 이른다. 영등포구는 무려 30년 후인 1973년까지 한강 이남에 있는 유일한 구로서 독특한 위상을 지녔다. 한편 1980년대 초까지만 해도 영등포 주민들은 한강을 건널 때 '서울 간다'는 표현을 쓸 정도로 나름의 정체성을 가지고 있었지만 이것이 사라진 지는 오래되었다.

　　1973년 영등포구에서 지금의 관악구와 동작구, 그리고 서초구의 대부분 지역이 관악구라는 이름으로 독립하며 한강 이남에서 두 번째 구가 된다(현재 한강 이남의 자치구는 모두 11개이다). 하지만 지금의 강남 3구 지역은 여전히 행정구역이 경기도 광주군과 시흥군에 속해 있었고, 대부분 논밭에, 마을과 마을이 달구지나 지나다니는 소로(小路)들로 이어진 전형적인 농촌 지역이었다. 오히려 철도 중심의 교통 체계가 구축되다보니 사실상 송파나루와 양재역이 사라지면서 이 지역의 존재감은 조선 시대보다도 약해졌다. 일본인들이 들여온 음식인 단무지를 위한 무나 서구에서 들어온 새로운 품종의 과일이 재배되었다는 것, 그리고 1927년 언주공립보통학교(현재의 언주초등학교)가 설립되었다는 것,** 경성의 인구가 늘면서 봉은사나 선정릉으로 나들이하는 시민들이 늘어났다는 것 정도가 변화라면

• 일본에서 영단주택은 서민의 주택 문제를 해결하기 위해 공급하던 주택 유형이었다. 하지만 식민지 조선에서는 중일전쟁 이후 일제가 조선의 병참기지화를 위해 건설한 군수 공장에서 일하는 노동자의 주거 문제를 해결하기 위해 공급되었다. 1941년 6월 14일 총독부령 제23호로 조선주택영단령이 제정 공포되었고, 같은 해 7월 1일 설립된 조선주택영단에 의해 건설되었다. 조선주택영단은 2009년 10월 대한주택공사와 한국토지공사가 통합하여 설립한 '한국토지주택공사'의 전신이라고 할 수 있다.

변화였다. 따라서 1970년대 중반까지만 해도 '한강 남쪽의 땅'이라는 의미의 '강남'은 동작구 일대에만 국한된 것이었고, 영등포의 압도적인 존재감 때문에 지금의 강남 지역은 '영등포 동쪽' 또는 '영등포와 성동(城東) 중간'이라는 의미의 '영동(永東)'이라는 단어를 훨씬 많이 썼다. 실제로 1970년대에 시작된 개발 계획의 정식 명칭도 '강남 개발'이 아닌 '영동 개발'이었다. 이런 사정 때문에 서울에서 이름에 '강남'을 붙인 첫 번째 기관은 1959년 동작구 대방동에 세워진 강남중학교●가 되었다. 지금도 동작구에 가면 강남초등학교, 강남교회, 강남시장 등 '강남'이 붙은 곳들이 적지 않다. 사라진 지 오래되었지만 대신증권의 창업자 양재봉 회장은 젊은 시절 상도동에 강남극장을 세워 경영하기도 했다. 1973년에는 지금의 관악구 조원동에 강남아파트도 들어선다.

철도와 한강인도교 덕분에 동작 지역이 '원조 강남'으로서 먼저 개발된 이유를 설명했다. 결국 지금의 강남 지역이 동작 지역보다 개발이 훨씬 늦어진 이유는 한강을 건너는 다리가 없었기 때문인 것이다. 오늘날에는 한강 다리가 흔하지만 반세기 전만 해도 한강에 다리를 놓는 일은 말 그대로 국가적 대역사였다. 최초의 한강 다

●● 당시 청담동, 논현동 일대가 광주군 언주면에 속해 있었다. 9호선 언주역의 이름은 여기서 유래한다. 1937년 10월 25일자 『동아일보』에 "강남 광주군 언주면 지방은 대경성과 인접하여 상식의 필요성을 무엇보다도 느끼게 되어 필연적으로 교육열이 양양되고 있다"는 내용의 기사가 실렸다. 역시 공식적인 지명은 아니지만 '강남'이라는 단어의 등장, 그리고 이미 당시에도 상당한 교육열이 일어나고 있었다는 사실이 주목할 만하다.

● 더 정확히 말하면 강남중학교는 1959년 서울공업고등학교의 병설 학교로 개교했다가 1962년 강남중학교로 독립한다.

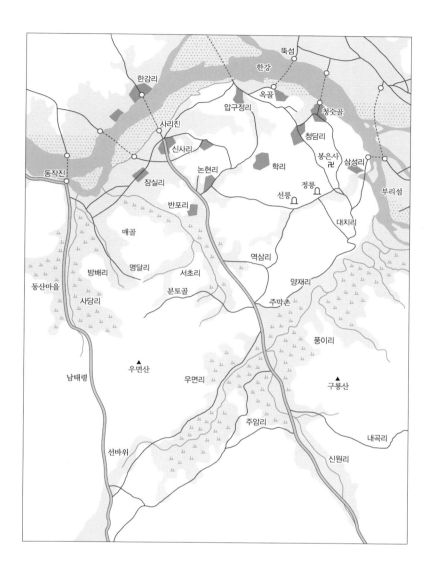

그림 2 개발 이전 강남 일대의 형세.

리인 제1한강교(한강대교)가 1917년 건설된 이후 두 번째 다리인 제 2한강교(양화대교)가 건설되기까지는 거의 반세기가 걸렸다. 1965년 제2한강교가 완공되자 서울 시민 수십만 명이 개통식을 구경하러 나오는 장관이 연출되기도 했을 정도이다. 한강 다리를 보는 느낌이 오늘날의 감각과는 엄청나게 달랐던 것이다.

강남 개발 시대가 임박하다

1960년대에 서울은 포화 상태였다. 전국 농촌에서 사람들이 너나 할 것 없이 일자리를 찾아 서울로 몰려들고 있었다. 서울의 인구 급증은 주택난 등 도시 문제를 낳기도 했지만 수도 방위 차원에서도 심각한 안보 문제로 여겨지기 시작했다. 휴전선에서 불과 40킬로미터밖에 떨어지지 않은 강북에 지나치게 많은 인구와 중요 시설이 집중되는 형세가 되어버렸기 때문이다. 한국전쟁 당시 한강을 건너지 못한 100만 명가량의 시민이 공산 치하에 남겨져 고초를 당한 기억이 아직 생생하던 때였다.

그리하여 정부 차원에서 두 가지 대안이 제기되었다. 하나는 행정수도 이전 안이었고, 다른 하나는 서울을 사수하되 도심 기능을 분산시켜 위험을 최소화하는 안이었다. 정부는 후자를 선택했다. 이 시기는 서울 도시 개발사에서 하나의 분수령이었다고 할 수 있는데, 만약 우리나라가 분단국가가 아니었다면 국토의 전통적인 중심축인 서울-개성-평양 축에 있는 은평, 고양, 파주 쪽이 서울의 다른 지역보다 훨씬 먼저 개발되었을 것이다. 물론 역사는 돌이킬 수 없으니 이는 가정에 불과하지만, 만약 그렇게 되었다면 강남 개발은 규모가 작아지고 더 느리게 진행되었을 것이다. 이렇게 보면 남북 분단이 지금의 강남을 만든 결정적인 조건이었다고 해도 과언은 아니다. 더욱이 1960년대 후반 한국은 푸에블로호 납치 사건, 김신조 일당의 청와대 습격 사건 등으로 극도의 긴장 상태에 있었다. 그래서 박정희 정권은 서울 인구를 분산시키고 유사시 피란에 대한 부담을 줄이기 위한 방편으로 강남 개발을 결정했다.

남북 분단 상황 외에 다른 이유도 한몫했다. 강남은 지대가 낮다는 단점이 있었지만 개발 가능한 공간이 엄청나게 넓다는 장점도 있었다. 1966년 9월 19일, 서울시는 반포에서 삼성동에 이르는 800만 평의 부지를 '토지구획정리사업지구'로 지정해달라고 건설부에 요청했다. 뒤에 다시 말하겠지만 1970년대 후반에 상공부 산하 12개 공기업의 청사 건립 계획이 확정되면서 강남 개발 부지—정확히는 영동 개발 부지—의 면적은 무려 937만 평으로 확대되기에 이른다. 사대문 안 면적이 500만 평에 불과했음을 떠올리면 강남의 면적이 얼마나 넓은지 실감할 수 있다. 특히 이때 강남의 땅값은 강북에 비하면 거저나 마찬가지였다.

강남의 또 다른 장점은 서울 도심과의 인접성이었다. 한강은 분명 강의 남북을 가로막는 큰 장벽 같은 존재였다. 하지만 일단 이를 극복할 수만 있다면, 즉 다리를 놓을 수만 있다면 강남은 기존 도심에서 지척이었다. 이렇게 대세가 결정되어가면서 강남 개발은 공공이든 민간이든 점점 확신할 수 있는 사업이 되어갔다. 특히 그 과정에서 박정희 정권은 적지 않은 정치자금을 조성할 수 있었다. 또 다른 정치적 이유도 있었다. 한국 현대 정치사의 관점에서 보면 서울은 민주당계 정당의 아성이었다. 1950년 이승만의 서울 도주와 적반하장격으로 이어진 부역자 취급이 결정적이었다. 이후 서울에 사는 지식인과 학생들은 자유당과 공화당의 가장 강력한 적수였고, 여당 세력은 역대 선거에서 정도의 차이는 있지만 서울에서 고전을 면치 못했다. 이러한 상황은 '여촌야도'라는 말을 만들었고, 역대 보수 정권의 아킬레스건이었다. 이 때문에 박정희 정권은 서울에 정권 친화적 중산층을 육성할 필요성을 느꼈고, 강남을 그들에게 제공할 공간으로 선택했던 것이다. 결론부터 말하면 그들의 의도는 성공했다. 그 증거 중 하나가 21세기에 당선된 보수 정당의 세 대통령, 즉 박근혜, 이명박, 윤석열은 모두 강남에 거주했고, 또 이곳에서 승리했다는 사실이다.

마지막으로, 자동차 시대가 막 도래하고 있었다. 1970년 7월 7일 경부고속도로 개통식이 열렸는데, 경부고속도로는 강남 개발의 효시가 되었다. 그해 말 전국에 등록된 자동차 수는 도합 12만 5,409대였고 그중 서울에 등록된 차량 수는 약 5만 9,000대에 지나지 않았다. 자가용으로 한정하면 전국에 2만 8,687대, 그중 서울에만 2만 2,043대가 있었다. 오늘날 전국의 자동차 등록 숫자는 2,600만 대가 넘고, 서울, 경기, 인천을 합친 수도권에 등록된 차량만도 1,100만 대가 넘는다. 50여 년 만에 200배가 넘게 늘어난 셈이니, 경부고속도로 개통 이후 가히 폭발적인 증가세를 이어왔다고 할 수 있다. 이렇듯 자동차 시대가 개막하는 순간에 강남 개발이 결정되고 시작되었다. 그리고 어느 지역보다 강남이 자동차 시대의 수혜를 받았다.

결국 강남 개발은 1)안보 문제 해결을 위한 도심 기능의 분산,

2)엄청난 개발 가능 면적, 3)서울 도심과의 인접성, 4)개발을 통한 정치자금 조성, 5)정권 친화적 중산층 육성, 6)자동차 시대의 도래 같은 여러 요인과 조건이 맞물려 시작되었다고 보아도 무리가 없을 것이다.

　　한양도성의 2배가 넘는 광활한 땅이 완벽한 현대 도시로 바뀌는 데 걸린 기간은 10년에 불과했다. 이는 세계적으로도 유례를 찾기 힘든 초고속 상전벽해의 도시 개발사였다. 그렇다면 강남 개발은 어떻게 시작되었고, 어떤 과정을 거쳤을까?

서울에 편입된 잠재력 넘치는 땅

1962년 11월 21일 제정된 법률 제1172호에 의거해 1963년 1월 1일 서울시의 행정구역이 변경되었다. 그에 따라 서울시 면적은 기존의 268제곱킬로미터에서 2배가 넘는 596.5제곱킬로미터가 되었다.* 이로써 지금의 중랑구, 도봉구, 노원구, 강서구, 양천구, 구로구, 금천구, 관악구, 강남구, 서초구, 송파구, 강동구 지역이 새로이 '서울'이 되었다.

　　이 대역사를 만든 인물은 5·16 쿠데타 이후 서울시장이 된 육군 준장 출신의 윤태일이었다. 그는 마치 군사작전을 하듯이 서울 시정을 펼친 첫 번째 군 출신의 시장이자 서울을 특별시로 만들고 서울시장을 장관직과 동급으로 만든 인물이기도 했다. 서울 도시사 연구의 선구자 손정목 교수가 쓴 『서울 도시계획 이야기』에 따르면, 실세

---

* 현재 서울시 면적은 605제곱킬로미터로 사실상 이때 대강의 면적이 정해졌다고 볼 수 있다.

였던 윤태일 시장이 서울의 경계를 대거 확장할 수 있었던 것은 내무장관 박경원과 경기도지사 박창원과의 권력 대결에서 승리한 덕분이었다.

그렇다면 이때 강남은 어떤 모습으로 서울에 편입되었을까? 기존 광주군 구천면과 중대면 10개 동리가 '성동구'에 편입되었는데, 나중에 이 지역은 대체로 지금의 송파구와 강동구가 된다. 또 광주군 언주면 전역과 대왕면의 일원리, 수서리, 자곡리, 율현리, 세곡리도 '성동구'에 편입되었는데, 이 지역은 나중에 지금의 강남구를 이룬다. 시흥군 신동면은 '영등포구'에 편입되었는데, 이후 지금의 서초구가 되었다. 요컨대 당시 한강 이남은 '영등포구'와, 본거지를 강북에 둔 채로 새로이 광활한 지역을 얻은 '성동구'가 양분했다. 두 구(區)의 경계는 지금의 강남구와 서초구의 경계와 비슷했다.

새로 편입된 지역들은 모두 농촌이었다. 그리고 사실 이 지역들이 서울에 편입되었다고 해서 당장 어떤 대대적인 개발이 이루어지기 시작한 것은 아니었다. 하지만 정부 차원의 개발이 아니더라도 이미 변화가 일어나고 있는 중이었다. 바로 사람들로 미어터지는 서울—또는 강북—에 채소와 과일을 공급하기 위해 지역 일대의 논이 과수원과 채소밭으로 바뀌고 있었다. 뽕밭이었던 잠원동은 무가 자라기 좋은 모래 토질이어서 무 농사가 잘되었고, 서초동은 미군과 서울 사람이 사가는 화초를 키우는 꽃동네였다. 압구정은 배나무 과수원골이었고, 도곡동은 도라지 특산지였다. 청담동은 이름처럼 물 맑은 청수골이었다. 가장 기름진 땅인 개포동, 일원동 일대에서 난 과일과 채소들은 품질이 상급인 데다 산지가 가깝기까지 해서 서울 사

그림 3 1960년대의 강남 일대.

람들에게 매우 인기가 있었다.

　한강 나루를 오가는 나룻배들은 과일과 채소, 그리고 한강에서
잡은 물고기를 가득 싣고 있었다. 지금은 상상하기 어렵지만 개포동,
일원동 일대의 주민들이 서울 시내로 가는 가장 빠른 방법은 지금의
타워팰리스 부근 양재천변에서 '엔진배'를 타고 탄천을 따라 올라가
뚝섬에서 내리는 것이었다. 이 부근에서 서울 시내까지 육로로 걸어
가면 거의 1박 2일이 걸렸다고 하니 그 정도로 강남은 오지였다.

　1967년 3월 11일, 서울시는 1963년 편입지의 교통 수요를 담당
할 시영버스의 창업식을 열었다. 당시 서울 생활의 심리적 한계선은
전차의 운행 범위였는데,[*] 시영버스의 등장은 이러한 심리적 한계선

을 허무는 첫 교통수단이었다.

　강남 지역을 맡은 버스는 흑석동에서 잠원동, 논현동, 천호동까지 갔다가 광진교를 건너 돌아오는 노선을 달렸다. 무척이나 긴 노선이었는데, 여름에는 기사가 도중에 휴식을 취한다며 한강변에 차를 세워놓고 수영을 하고 오기도 했다고 하니, 정말 호랑이 담배 피우던 시절의 이야기가 아닐 수 없다. 지금은 경기도 북부가 상대적으로 낙후한 지역으로 여겨지지만 당시에는 군사적 이유로 강남보다 포장도로도 잘 깔려 있었고 교통편도 더 편했다. 이때 강남 사람들은 강 건너 강북 사람을 '서울 사람'이라고 부르며 마치 상전 대하듯 했다.

초창기의 설익은 꿈들

강남 개발에 처음으로 눈독을 들인 이는 화신 재벌의 총수 박흥식이었다. 그는 1961년에 남서울 개발에 대한 의견서를, 다음 해인 1962년에는 좀 더 구체적인 '남서울계획'을 내놓고 이를 위해 '흥한도시관광'이라는 회사를 설립하기까지 했다. 그가 제출한 남서울 개발안은 무려 2,410만 평의 대지를 아우르는 야심찬 것이었다. 하지만 박흥식의 계획은 1965년 9월 바로 그 너무도 큰 규모와 법적 문제, 그리고 시대적 한계로 인해 포기하면서 사라지고 말았다. 그럼에도 이 같은 계획은 강남 개발이 임박했음을 알리는 일종의 신호탄이었다. 이를 가장 먼저 문자화한 인물이 소설가 이호철이었다. 그는 1965년 5월에 발표한 단편소설 『서빙고 역전 풍경』에서 놀라운

• 서울의 전차는 다음 해인 1968년 11월 30일 폐선되어 역사 속으로 사라졌다.

'예언'을 한다.

"앞으로 서울은 이쪽으로 뻗는다던데요. 벌써 돈 있는 사람들은 저 건너 땅을 무더기로 사두었다던데요."

"암튼 제3한강교가 서겠지."

"여기 사는 사람들은 어떻게 되지요?"

"어떻게 되겠지."

이 같은 이호철의 예언에 대해 송은영 박사는 『서울탄생기』에서 일반인들에게 거의 알려지지 않은 박흥식의 남서울 개발안을 제외하면 그 어떤 강남 개발 계획안도 없던 상황에서 나온 놀라운 장면이라고 기술한다.

필자는 강남구청과 일하면서 1960년대 등기부등본을 통해 강남 일대에 종로와 중구에 사는 이들의 명의로 된 땅이 많았다는 사실을 확인했다. 강남 지역에는 옛 왕실과 일본인들의 토지가 많았다. 정부는 이를 불하하면서 평당 90~120원에 내주는 특혜를 주었는데, 이 과정에서 가장 많은 땅을 차지한 이가 훗날 영동백화점의 주인이자 영동고등학교 설립자가 되는 김형목과 삼호그룹을 창업하는 조봉구 였다('돈병철(이병철 삼성그룹 전 회장의 별명), 땅봉구'라고 할 정도로 조봉구는 명실상부한 땅부자였다). 영화《강남 1970》에서는 "그분 땅을 밟지 않고는 영동을 지날 수 없다"고 묘사되는 허 회장이란 인물이 나오는데, 아마도 이 둘이 그 실제 모델일 것이다. 김형목은 선릉, 청담, 삼성, 대치 등에 약 40만 평을, 조봉구는 역삼, 도곡 등에 약 60만 평을 소유했다고 한다.

북청 출신 실향민인 김형목은 손위 처남인 이준영 전 대유 명예 회장을 비롯하여 윤도한 전 강남대 이사장, 전재준 삼덕제지 회장 그리고 조봉구 회장과 함께 장한평농지개량조합을 만들어 토지를 관리했다. 이들은 당시 대체로 50대 후반이었다. 장한평농지개량조합 멤버들 외에 주목할 만한 인물은 개성 출신의 윤장섭 성보문화재단 이사장이다. 그는 1961년 성보화학의 전신인 서울농약을 설립했고, 유화증권과 성보실업의 창립자이기도 하다. 그는 주로 대치동과 도곡동 일대의 땅을 샀는데, 지금은 은마아파트와 타워팰리스가 서 있다.[•] 아마도 이호철은 이 같은 소문을 듣고 글을 쓴 것이 아닐까 싶은데, 어쨌든 그의 혜안에 감탄을 금할 수 없다. 한편 유명 수필가이자 서울대 영어교육과 교수였던 피천득의 부친 피원근도 강남 일대에 많은 땅을 소유했다. 하지만 위에 나오는 인물들보다는 적었던 것으로 보인다.

1966년 윤태일의 뒤를 이어 서울시장이 된 윤치영은 박흥식의 구상을 일부 빌려 강남 개발 구상을 발표했다. 하지만 이 역시 성사되지 못했다. 윤치영 시장은 대를 이어 서울에서 살아온, 말 그대로 '서울 사람'이자 '양반 중의 양반'이었다. 그의 아버지는 대한제국 시절 정2품 무관이었던 윤영렬이었고, 윤보선 전 대통령이 친삼촌이었다. 박정희 정권에 참여한 그에게는 다음과 같은 신념이 있었다. "서울 사람은 서울에 살아야 하고, 시골 사람은 시골에 살아야 한다." 오

[•] 『월간조선』 2016년 7월호, "역사 속으로 사라진 전설적인 땅부자 1세대" 참고.

늘날 우리가 보기에는 황당무계한 발상이지만 당시에는 결코 유별 난 시각이 아니었다. 오죽하면 그는 서울시 국정감사 때 "서울을 좀 더 좋은 도시로 만들 수 없느냐"는 한 국회의원의 질문을 받고 이렇 게 답했다. "좋은 말씀입니다. 저도 좋은 도시를 만들 줄 압니다. 그 런데 지금 서울시는 아무런 도시계획을 하지 않고 있는데도 이렇게 많은 인구가 전국에서 몰려들고 있습니다. 만약에 제가 멋진 도시계 획을 해서 정말로 좋은 도시가 된다면 더욱더 많은 인구가 서울에 집중될 것입니다. 농촌 인구가 서울에 몰려들지 않게 하기 위해서라 도 서울을 좋은 도시로 만들어서는 안 됩니다."

그가 미국 유학에서 돌아온 1937년 당시 서울의 인구는 70만 명이었다. 그런데 불과 한 세대 만인 1965년 서울의 인구는 거의 400만 명에 육박했다. 공교롭게도 '예언가' 이호철이 『동아일보』에 『서울은 만원이다』를 연재하기 시작한 때도 1966년 2월이었다. 윤 치영 시장에게는 인구 100만 명 정도의 서울이 진정한 '서울'이었다. 그러니 이때 '강남 개발'이란 결코 서울의 확장을 의미하는 것이 아 니었다. 어쩌면 사대문 중심의 '서울 본토' 안으로 밀려 들어온 이방 인들을 쫓아내기 위한 좋은 방안에 불과했는지도 모른다.

당시 강남은 과수원과 채소밭 천지였다. 1968년까지만 해도 강 남은 일반 가정은 고사하고 지역 전체에 공중전화도 한 대 없는 '벙 어리 동네'였다. 그랬던 곳이 압구정, 반포, 서초, 잠원, 신사, 논현, 역 삼, 개포, 삼성 등 오늘날 쟁쟁한 부촌이 된 셈인데, 지난 '강남 개발 의 시대'는 실로 '뽕나무밭'이 '강남'이 되는 이야기라고 할 수 있다. 당시 『조선일보』의 한 기사는 다음과 같이 이 동네 주민들을 걱정했다. "이 전화 없는 마을의 주민 약 20만 명은 인명 피해 등 급한 일이 생겨도 병원, 경찰에 연락할 길이 없어 전화가 있는 동을 찾아 달음박질해야 하며 통금 이후엔 그나마 발이 묶인다." 글로벌 IT 기업들이 몰려 있는 지금의 강남을 생각하면 실로 상전벽해가 이런 것인가 싶을 수밖에 없으리라.

강남의 '대지주'였던 가톨릭 서울대교구

강남이 개발 이전, 그러니까 농촌이었을 당시 장한평농지개량조합을 제외하고 가장 많은 땅을 보유했던 법인은 봉은사와 가톨릭 서울대교구였을 것이다(봉은사에 대해선 뒤에서 상세히 다루겠다).

잘 알려진 대로 가톨릭은 순교지에 성지를 조성하는 전통이 있다. 예를 들어 약현성당은 서소문 순교지와 인접해 있고, 명동성당은 순교자 김범우의 집터였다. 따라서 주문모와 김대건 신부의 순교지인 새남터도 성지로 개발되었어야 했다. 하지만 많이 늦어졌고, 아마 일제강점기 말부터 시작해서 1950년 사이에 그 일대의 땅을 구입한 것으로 보인다. 그런데 이 땅은 놀랍게도 새남터 일대뿐 아니라 강을 넘어 잠원동 일대까지 뻗어 있었다. 지금의 서울을 생각하면 도저히 상상이 가지 않을 면적의 땅인데, 이를 이해하기 위해서는 일단 지금의 서울을 머리에서 지워야 한다.

당시의 마포, 뚝섬, 광진, 강남, 여의도, 잠실 일대는 홍수가 나면 모두 물에 잠겼고, 강물이 마르면 넓은 백사장으로 변하는 곳이었다. 지금은 상상하기 힘들지만 당시 한강의 강폭은 변화가 극심해서 최대 1,800~2,000미터에 이르렀다가도 갈수기가 되면 50~100미터에 불과할 정도로 줄었다. 따라서 서울대교구가 매입한 성지 개발용 토지는 대부분 백사장으로, 당시에는 부가가치가 거의 없는 땅이었다.

1947년, 지금의 잠원동성당 자리에 아동 양육 시설(당시에는 고아원)인 성심원과 잠실리성당이 들어섰다(잠원동에도 뽕밭이 있어 잠실이라고 불렸지만 송파구 잠실과 구별하기 위해 인근 신원리의 '원'자를 붙여 잠원동으로 개명했다). '잠실리'성당은 목조 건물이었다가 1983년 8월 28일 지금의 모습으로 개축되었고, 성심원은 1984년 강남 개발 때 용인 수지로 이전하여 지금까지 이어지고 있다.

자동차 시대를 예비하다

경부고속도로가 깔리다

본격적인 강남 개발은 1967년 4월 29일 박정희 공화당 후보가 경부
고속도로 건설을 대선 공약으로 발표하면서 시작되었다. 착공식이
1968년 2월 1일에 열렸기 때문에 경부고속도로 공사도 그때 시작했
다고 짐작하기 십상인데, 사실 서울-오산 구간은 이미 1967년 11월
부터 공사가 진행되고 있었다. 그리하여 놀랍게도 '정식' 착공 후 1년
도 안 된 12월 21일에 경부고속도로 서울-수원 구간이 완공되었고,
이로부터 2년 반 후인 1970년 7월 7일에는 전 구간이 개통되었다.

　박정희 정권의 이러한 추진력은 1964년 그가 독일(서독)을 방문
했을 때 아우토반을 본 감동에서 나온 것임은 너무나 잘 알려져 있
다. 이러한 쾌거를 위해 육군 공병대가 투입되었고, 농한기에는 농민
들이 대거 동원되었다. 고속도로 건설 사업이 한창일 때 주변에 사는

주민들 사이에서는 '대통령 깃발', '장관 말뚝'이란 말이 흔히 쓰였는데, 여기서 '대통령 깃발'은 대통령 전용 헬기 착륙 지점에 세운 깃발을 뜻했고, '장관 말뚝'은 장관이 직접 박은 축선 표지 말뚝을 가리키는 말이었다.

사실 경부고속도로 착공 당시는 제1차 경제개발오개년계획이 성공리에 달성되고 제2차 경제개발오개년계획이 추진되는 시점이라 전국적으로 수송 수요가 급증하고 있었다. 경제개발 계획이 민주당 정권 시절에 세워졌다는 사실은 그래도 제법 알려져 있지만, 하나 짚고 넘어가야 할 부분은 경제개발 계획의 원조가 바로 스탈린이라는 사실이다. 1929년 시작된 소련의 '경제개발오개년계획'은 인적, 물적 자원의 무자비한 동원을 통해 4년 만에 '조기' 달성되었고 곧 2차 계획으로 넘어갔다. 그리하여 소련은 1937년에 이르면 세계 2위의 공업 국가가 되는 놀라운 성과를 거두었다. 하지만 인간이 아닌 물질적 성장에 근거하여 성패를 가름하는 개발 계획이었기에 그 폐해가 막심했다. 이런 시각에 근거해 일부 사회주의자들은 스탈린주의가 진정한 사회주의가 아니라 국가가 자본을 통제하고 투자한 국가자본주의에 불과했다고 주장한다. 한국의 제3~4공화국의 경제개발 계획 역시 국가가 자원을 통제하며 자본을 투입하고 계획을 수립했다는 점에서 본질적으로 스탈린의 '국가자본주의'와 거의 동일하다고 볼 수 있다. 결과물을 최종적으로 누가 소유했느냐에 큰 차이가 있지만 말이다.

어쨌든 경부고속도로는 건설비보다 수리비가 수십 배 더 든 '부실 도로', 한 달도 안 되어 '보상' 처리를 끝내버린 전무후무한 도로

그림 4 1970년 7월 완공 직후의 경부고속도로.

라는 비판을 받았고, 이는 지금도 유효하다. 또 '속도전'을 벌이느라 무려 77명이 사고로 희생되었고, 정당한 값을 치르지 않고—구획정리사업이란 이름으로 기부받는 형식을 취하긴 했지만—고속도로 건설에 필요한 땅을 강제로 빼앗기도 했다. 그래서 믿기 어려운 일이지만 서울에서 부산까지 토지 보상 및 구입에 지불한 땅값이 겨우 500만 원에 불과했다고 한다. 그럼에도 이러한 '무리한 사업'이 지금 한국 경제의 토대가 되었다는 주장 역시 부정하기 어려운 설득력을 갖고 있다. 선진국 방식대로 도로를 놓았다면 건설 비용뿐만 아니라 보상 비용이 몇 배나 더 들었을 테고 시간도 몇 년은 더 걸렸을 것이기에 '조국 근대화' 역시 많이 늦춰졌을 것이라는 주장이다.

장거리 여행이라면 철도 이용 외에 별다른 대안이 없던 나라에서 고속도로와 그 위를 달리는 고속버스의 등장은 가히 시간과 공간의 제약을 뚫어버리는 혁명적 변화를 이끌었다고 해도 과언이 아니었다. 이때의 고속버스는 전량 수입품이었다. 수백 대의 버스가 미국, 독일, 일본에서 수입되었고, 청와대에서 직접 나서서 지역별로 설립된 회사들에 사업 허가를 나누어주었다. 사주들은 대부분 '혁명 동지'이거나 청와대와 특별한 관계가 있는 이들이었다. 고속버스 운송 사업은 각 회사들이 대기업으로 발전하는 모태가 되었고, 이때 허가받은 기업들 중에서 한진, 속리산, 금호 등은 지금도 건재하다.

자동차 대수도 급격히 증가했다. 완공된 지 10여 년 만에 경부고속도로는 포화 상태가 되었다. 1992년에 경부고속도로 양재-수원 구간이 8차선으로 확장된 데 이어 1995년 한남대교-양재 구간도 8차선으로 확장되었지만 지금은 이조차도 포화 상태가 되고 말았다.

고속도로 유료 구간이 시작되고 끝나는 지점인 경부고속도로 서울 톨게이트는 원래 지금의 서초구 양재동 만남의광장 휴게소 근처에 있었다. 하지만 수도권의 인구 팽창과 통행 수요 증가에 따라 경부고속도로가 확장되면서 1987년에 지금 있는 성남시 분당구 궁내동으로 이전했다. 성남 시민들에게는 실례되는 말일지 모르지만 필자는 이곳이 서울의 진짜 '남쪽 끝'이라고 생각한다. 마찬가지로 인천 시민들에게 실례가 되겠지만 인천공항이 서울의 진짜 '서쪽 끝'이 아닐까? 그에 반해 서울의 북쪽과 동쪽에는 끝으로 삼을 만한 이렇다 할 랜드마크가 없다. 이는 어쩌면 자동차와 아파트로 대표되는 강남, 물류와 공업으로 대표되는 경인 축에 비해 서울의 북쪽과 동쪽은 단순한 팽창만 해왔다는 증거일지도 모른다.

어쨌든 경부고속도로의 개통은 전국 일일생활권 시대를 열었고, 향후 지역 개발의 동맥으로 기능하며 본격적인 자동차 시대를 여는 등 엄청난 파급효과를 가져왔다. 또한 서울 입장에서 볼 때 경부고속도로는 서울 도심에서 영등포, 수원을 거쳐 남부 지방으로 연결되는 기존 교통망 외에 새로 얻은 간선, 즉 교통 축선이 되었다. 이어서 호남고속도로, 영동고속도로, 남해고속도로가 계속해서 뚫렸다. 물론 아직 고속도로 정체라는 개념이 존재하지 않던 시절이었다. 서울만 한정해서 말하면 시민들의 '강남 지향'이 이로부터 움트기 시작했고, '영동 개발' 또한 이로 인해 본격적으로 시작되었다는 점에서 경부고속도로 개통은 엄청난 의미를 지닌 사건이었다.

그린벨트 제도가 만들어지다

지금은 좀 생소하지만 '체비지(替費地)'라는 용어가 있다. 이를 설명하기 위해 우선 '보류지(保留地)'라는 용어부터 소개해야 할 것 같다. 도시 개발을 구획정리 방식으로 시행할 때 시행자가 사업에 필요한 경비를 충당하기 위해 또는 사업 계획에서 정한 목적으로 사용하기 위해 일정한 토지를 정하여 처분할 수 있는데, 이를 '보류지'라고 한다. 이러한 보류지 중에서 도로나 학교를 건설하는 데 써야 하는 공공용지를 제외한 부분, 즉 시행자가 경비 충당 등을 위해 매각 처분할 수 있는 토지가 바로 '체비지'이다.

1970~1971년, 영동지구에서 체비지는 10만 평에 달했다. 그러나 당시 '영동'은 아무런 기반 시설이 없는 허허벌판이어서 여러 특혜에도 체비지가 잘 팔리지 않았다. 이를 팔아서 자금을 조달하여 고속도로 건설에 쓸 계획이었는데 투자 가치가 워낙 낮으니 그런 자금 순환이 이루어지지 않았다. 결국 고속도로 건설에 차질이 빚어질 수밖에 없었는데, 그래서 도입된 제도가 바로 그린벨트였다. 박정희 대통령의 독단적인 지시에 의한 것이었다고 한다.

어쨌든 그린벨트 제도가 도입되면서 개발이 제한된 지역이 생겨났고 그쪽으로 갈 만한 자본이 체비지 쪽으로 몰리기 시작했다. 마침 1970년대 중반 중동 붐이 겹치면서 이 체비지들은 모두 팔리게 된다. 이후 그린벨트 제도는 가장 위력적인 환경보호 제도의 하나로 여겨지며 박정희 대통령의 주요 업적으로 언급되곤 하는데, 아이러니하게도 고속도로 건설을 떠받치기 위한 방편으로 시작되었던 것이다. 선의로 시작한 정책이 나쁜 결과로 끝나는 경우가 많은데 그린벨트의 경우에는 정반대였다고 해야 할까?

강남의 첫 번째 다리: 제3한강교

마침내 영동, 즉 오늘날 강남 쪽에도 한강 다리가 만들어진다. 바로
제3한강교(지금의 한남대교)이다. 서울시가 제3한강교 건설에 착수한
동기는 놀랍게도 강남 개발을 위해서가 아니라 군사적 필요성 때문
이었다. 한국전쟁 때 피란의 아픔을 겪었던 많은 서울 시민들은 '북
한이 또 남침하면 어떻게 하나'라는 걱정을 꽤 심각하게 하고 있었
다. 한국전쟁 당시만 해도 한강 다리는 제1한강교와 광진교 2개뿐이
었다. 전후 제2한강교(지금의 양화대교)가 건설되었지만 전시에 이 다
리는 군사용으로만 쓰게 되어 있었다.

한국전쟁 당시 150만 명이었던 서울 인구는 1965년이 되면 거
의 400만 명으로 늘었다. 북한이 다시 남침하면 이처럼 많은 시민이
단 2개의 한강 다리를 통해 무사히 피란할 수 있겠느냐라는 우려의
목소리가 높아졌고 마침내 1966년 1월 19일 제3한강교 공사가 시작
되었다. 그런데 언론이 이 사실을 거의 보도하지 않았기 때문인지 제
2한강교 때의 관심에 비하면 이상하리만치 대다수 시민들은 제3한
강교의 착공 사실 자체를 모르고 있었다. 어쩌면 사람들이 그만큼 고
속도로 또는 '강남'에 대한 관심이 적었다는 방증이 아닐까?

무관심 속에 착공된 이 다리는 장벽 같은 한강을 건너 진정한
의미에서 '강북'과 '강남'을 이어주는 첫 번째 다리였다. 훗날 '말죽
거리 신화'로 불리는 땅값 폭등의 중요한 요인이 되었으며, 한편으로
는 그보다 먼저 착공한 경부고속도로와도 이어져 그 출발점이 되었

다. 이후 제3한강교는 '강북'으로부터 '강남'이라는 지역을 잉태하는 탯줄이 되었다. 박정희 대통령도, 윤치영 서울시장도, 시공사인 현대건설도 당시에는 이 같은 파장을 전혀 예상하지 못했다.

그런데 이 다리 건설에는 웃지 못할 일화들이 있다. 먼저, 공사가 석 달 정도 진행되었을 때 갑자기 건설부에서 당초 설계된 왕복 4차로(폭 20미터)를 왕복 6차로(폭 26미터 이상)로 확장하라는 지시가 내려왔다. 당시 우리나라 전체 차량 대수 2만 7,000대에 비추어볼 때 왕복 6차로는 상식을 벗어난 너무 넓은 폭이었다. 건설부의 간부가 알아본 바에 따르면 비슷한 시기 평양에서 건설 중인 다리의 폭이 25미터이므로 우리는 그보다 1미터라도 더 넓어야 한다는, 남북 간 경쟁 심리에서 비롯된 지시였다. 이런저런 불만이 터져나왔다. 하지만 그때는 그런 억지가 통하던 시대였다. 현대건설은 할 수 없이 급히 설계를 고치고 기초 작업부터 다시 시작해야만 했다. 이렇게 엉뚱한 이유로 설계가 변경되긴 했지만 덕분에 곧 다가올 폭발적인 차량 증가와 교통 수요를 얼마 동안이나마 감당할 수 있었으니 이 또한 아이러니라고 할 수 있겠다(2001년 3월, 한남대교는 같은 다리가 하나 더 놓여 왕복 12차선에 달하게 되었다).

또 다른 일화는 당시에는 기술이 부족해 일본에서 용접해온 교간을 볼트로 연결만 했다는 것이다. 이런 상황을 비추어보면 자세한 내막은 알 수 없지만 한남대교 건설에서 시공사인 현대건설이 한 역할은 제한적이었을 가능성이 높다. 따라서 멋없는 다리가 될 수밖에 없었는데, 그 이야기는 뒤에서 다룰 것이다.

제3한강교 착공 당시만 해도 강남구 신사동 일대의 땅값은 평당 200원 정도였다. 그랬던 땅값이 1년 뒤 3,000원으로 무려 15배가 뛰었다. 공사를 맡았던 현대건설은 현장 사무소를 강북과 강남에 하나씩 두었는데, 이때 강남 사무소에 설치한 10킬로와트짜리 발전기는 강남 최초의 전기 시설이었다. 또 교각에 철선과 전선을 묶어 강북 사무소와 강남 사무소를 잇는 전화선을 가설했는데 이것이 강남 최초의 전화였다.

1969년 12월 25일, 마침내 길이 915미터, 폭 27미터의 제3한강교가 준공되었다(서울의 한강 다리 중 가장 짧다). 그런데 공사를 시작할 때만 해도 무관심했던 언론은 공사가 끝나가자 태도를 180도 바꾸었다. 당시에는 정말 파격적으로 헬기까지 띄워 준공 장면을 보도했을 정도이다. 그동안 공사 중인 경부고속도로에 대한 국민적 관심이 높아져 있었고 그 시발점 역할을 할 다리로 제3한강교가 재조명되었기 때문이다.

제3한강교는 이런 축복 속에 탄생하여 정말 멋대가리 없는 다리임에도 결과적으로 강남의 상징이 되었다. 10년 후에는 강남을 소재로 한 첫 번째 히트곡 〈제3한강교〉가 나왔다.

강물은 흘러갑니다, 제3한강교 밑을
당신과 나의 꿈을 싣고서 마음을 싣고서
젊음은 갈 곳을 모르는 채 이 밤을 맴돌다가
새처럼 바람처럼 물처럼 흘러만 갑니다
어제 처음 만나서 사랑을 하고
우리들은 하나가 되었습니다

이 밤이 새면은 첫차를 타고
이름 모를 거리로 떠나갈 거예요
강물은 흘러갑니다, 제3한강교 밑을
바다로 쉬지 않고 바다로 흘러만 갑니다

하지만 길옥윤이 작곡하고 혜은이가 부른 이 노래는 가사 때문
에 금지곡이 되는 소동을 겪었다. 특히 "어제 처음 만나서 사랑을 하
고 우리들은 하나가 되었습니다. 이 밤이 새면은 첫차를 타고 이름 모
를 거리로 떠나갈 거예요"라는 구절이 문제가 되었다. 처음 만나서 어
떻게 바로 하나가 될 수 있느냐는 것이었다. 당시 이 가사는 '근엄한'
검열 당국으로서는 용납할 수 없는 '원나잇 스탠드'를 묘사하는 것으
로 여겨졌고, 결국 원래 가사에서 '처음'을 '다시'로, '하나가 되었습니
다'를 '맹세를 하였습니다'로 바꾼 후에야 금지곡에서 풀리는 해프닝
을 겪었다. 이 과정에서 "갈 곳을 모르는 채"는 "피어나는 꽃처럼"으로,
"이름 모를 거리"도 밝은 분위기의 "행복 어린 거리"로 바뀌었다. 그리
하여 "젊음은 피어나는 꽃처럼 이 밤을 맴돌다가 (…) 다시 만나서 사
랑을 하고 우리들은 맹세를 하였습니다. 이 밤이 새면은 첫차를 타고
행복 어린 거리로 떠나갈 거예요"라는 널리 알려진 가사가 되었다.

이 노래는 같은 제목의 영화로도 제작되었다. 노래를 부른 혜
은이와 원미경이 주연을 맡았는데, 원미경이 술집 아가씨로 나온다.
또 《강남 1970》에서는 이민호와 김지수가 제3한강교를 건너는 장면
이 나오는데, 너무나 당연하게도 이 노래가 배경음악으로 깔렸다.

혜은이의 〈제3한강교〉는 다리가 뚫린 후 10년 만에 화려한 향

그림 5 완공 직후의 제3한강교.

락가로 변모하기 시작한 강남의 실상을 보여주는 노래이기도 했다. 이후 강남을 소재로 쏟아진 노래들과 강남 향락가에 대한 이야기는 뒤에서 따로 다루려고 한다. 한편 '제3한강교'라는 이름도 외관도 무미건조하기 이를 데 없는 다리를 혜은이가 멋진 목소리로 맛깔나게 포장해주었건만 다리 이름은 1985년 한남대교로 바뀌었다. 뉴욕은 1883년 14년의 난공사 끝에 브루클린 브릿지를 개통하면서 맨해튼과 브루클린을 연결하여 진정한 메트로폴리스로 올라섰다. 비록 외관은 브루클린 브릿지에 비할 바 아니지만 한남대교 또한 진정한 메트로폴리스 서울을 만드는 데 그 비슷한 역할을 했다고 할 수 있다.

고속버스터미널이 자리 잡다

이제 '자동차 강남'을 만든 세 번째 주인공이자 막내인 고속버스터미널 이야기를 할 때가 되었다. 경부고속도로에 이어 1973년에 호남고속도로, 1975년에 영동고속도로가 완공되면서 본격적인 고속도로 시대가 열렸지만 놀랍게도 고속버스터미널은 공사를 시작조차 하지 않은 상태였다. 고속버스 영업은 시작되었지만 아직 노선을 통합 운영하는 오늘날 고속버스터미널 같은 것이 없었고 고속버스 회사들이 각기 제멋대로 만든 '고속터미널'이 종로, 서울역 앞, 동대문 등 강북 여섯 군데에 산재해 있었다. 물론 승객들이 버스를 기다리는 대합실 등의 시설 또한 엉망이었고, 심지어 지붕이 없는 곳도 있었다. 시내버스처럼 길가에서 승객을 태우고 가는 영업 방식도 흔히 볼 수 있었다.

당시 지하철 공사까지 진행되고 있어 시내 교통이 엉망인 상황에서 서울시와 정부는 외곽에 고속버스터미널을 짓기로 하고 반포를 터로 잡았다. 물론 당시 반포는 허허벌판이었다. 이런 곳에 터미널을 만든 이유에 대해 당시 서울시 도시계획국장이었던 손정목은 회고록에서 "미국이나 일본의 주요 도시들 역시 터미널이 기차역과 인접해 있고 서울도 그런 식으로 도시 근접성을 강화하기 위해 터미널을 서울역 근처에 두려 했지만 '분산 지상주의자'들에 의해 실패했다"고 밝히고 있다.

어느 쪽이 옳았는지는 모르겠지만 외곽이니, 교통 분산이니 하는 말이 무색하게 현재 반포 일대는 완전히 도심이 되었고, 심지어 고속버스터미널은 도심 교통 체증을 유발하는 골치 아픈 시설이 되어버렸다. 지금 상황에서는 터미널을 오히려 더 남쪽, 양재동쯤에 두는 것이 좋지 않을까 싶지만 이전은 난망한 상태다.

어쨌든 고속버스터미널 부지가 결정되었고 이제 터미널과 도심을 연결하는 다리가 필요했다. 이에 따라 잠수교 건설이 결정되었다. 잠수교라는 이름은 말 그대로 교각이 낮아 장마철에 다리가 '잠수' 하기 때문에 붙여진 것이다. 그래서 당시 잠수교에는 난간이 없었다. 잠수교가 '잠수'할 때 떠내려온 부유물이 난간에 걸려 물의 흐름을 방해하면 안 된다고 판단했기 때문이다. 교각이 낮기에 공사비도 적게 들었고, 비슷한 맥락에서 전시(戰時)에 보수하기도 쉽다는 의미로 '안보교'라는 별칭이 붙기도 했다.*

잠수교는 1975년 9월 5일 착공되어 다음 해 7월 15일 완공되었으니 공사 기간으로 치면 10개월하고 10일이 더 걸렸다. 자동차 통행을 위해 급조된 다리였는데, 지금은 차선을 2차선으로 줄이고 보도와 자전거도로를 크게 넓혀 한강 다리 가운데 가장 보행 친화적인 다리가 되었으니, 그만큼 세월이 흘렀다는 증거이리라. 또한 잠수교는 올림픽을 계기로 한강 유람선이 통과할 수 있도록 다리 가운데를 아치형으로 바꾸었는데, 이 또한 잠수교의 매력 중 하나이다. 최근 서울시는 잠수교와 반포대교 사이 공간에 800미터 길이의 분홍색 공중 보행로를 만들어 세계 최장의 미술관으로 만들겠다는 계획을 발표하고, 공모를 통해 당선작까지 발표하여, 2025년 상반기에 착공하려고 했다. 하지만 '하천설계기준'에 따르면 홍수로 인한 예상 최고 수위보다 2미터 높은 곳부터 구조물을 설치할 수 있다. 이는 잠수교에 공중 보행로를 설치하려면 18.1미터 높이는 되어야 한다는 것을 의미한다. 즉 반포대교 바닥과 공중 보행로 사이가 1.5미터밖에 되지 않는 상황이 벌어지는 것이다. 성인 한 명이 지나가기도 힘든 높이인 만큼 사실상 계획을 포기할 수밖에 없는 상황이 되고 말았다. 서울시 입장에서는 큰 망신을 당한 셈이다. 하지만 이와 별개로 잠수교의 보행 전용교 변신은 그리 멀지 않은 시간 내에 이루어질 것으로 보인다.

잠수교의 개통과 거의 동시에 잠수교와 이태원동을 연결하는 1,620미터 길이의 도로가 개통되었고, 이듬해인 1976년 5월 14일에

• 사실 극초기의 강남은 당연하지만 '군사도시'이기도 했다. 서초동 옛 정보사령부, 서래공원에 있던 지하 벙커, 압구정 현대아파트에 설치된 저격수용 벙커 등이 그 흔적들이다. 게다가 국가정보원, 고층 빌딩 옥상에 자리하고 있는 대공포와 대공미사일 기지, 내곡동 예비군 훈련장 등 여전히 강남권에 남아 있는 군사시설도 적지 않다. 서울공항의 경우도 대부분 행정구역상으로 성남시에 위치해 있지만 일부는 강남구 세곡동에 속해 있다.

는 남산 3호 터널도 착공에 들어가 1978년 5월 1일 개통되었다. 그야말로 무서운 속도로 교통망이 구축되고 있었다.

그러면 터미널 공사는 어떻게 진행되고 있었을까? 강남 고속버스터미널(당시 명칭은 강남종합버스정류장)은 1976년 4월 8일 착공에 들어갔는데, '속도전' 시대답게 9월 1일 허름한 가건물만 올리고 운영을 시작했다. 그림 6에서 볼 수 있듯이 그야말로 가관이었다. 시설이라고는 기둥에 지붕만 있는 승차장 세 동과 300평 규모의 공동 정비고가 전부였다. 고속버스 회사들은 어쩌면 당연하게도 이곳에서 출발하지 않고 종로, 서울역, 동대문 등 서울 도심에서 출발한 다음 '예의상' 이곳을 거쳐 지방으로 향하는 편법을 택했다. 물론 승객들도 강남 고속버스터미널에서 버스를 타는 이는 거의 없었고, 따라서 이 '터미널'의 용도는 사실상 버스가 잠을 자는 곳, 즉 주차장일 뿐이었다. 현실이 이렇다보니 도심의 교통 정체는 더 가중될 수밖에 없었다.

이렇게 되자 정부는 강제로 이 '터미널'을 '진짜 터미널'로 만들기로 결심했다. 각 버스 회사들로 하여금 강북에 있는 그들의 '터미널'을 모두 폐쇄하고 강남 터미널로 집중하지 않으면 사업 허가를 취소하겠다는 추상같은 교통부 장관의 행정명령이 1977년 4월 1일 내려왔다. 기한은 석 달 후인 7월 1일까지였다. 그 시대에 누가 이를 거부할 수 있겠는가? 버스 회사들은 조용히 행정명령에 따랐다. 하지만 이 조치는 이용하는 시민들에게 엄청난 불편을 강요했다. 물론 강남 고속버스터미널까지 가는 시내버스가 있었지만 콩나물시루가 되기 십상이었고, 택시는 손님들에게 합승을 강요했다. 충청도나 경기도에서 상경한 승객들은 고속버스를 타고 온 시간보다 도착한 뒤 터

그림 6 1976년 9월 1일 강남종합버스정류장이 엉성한 형태로 문을 열었다.

미널에서 도심까지 들어가는 데 걸리는 시간이 더 길 지경이었다. 또한 승객들은 비바람이 불면 부는 대로 고스란히 다 맞아야 했다.

1978년 11월 23일이 되어서야 본격적인 고속버스터미널 공사가 시작되었다. 여기서 '본격적인'이라는 표현을 쓴 이유는, 사우디아라비아에 시멘트를 수출하여 떼돈을 번 율산그룹의 신선호가 이미 1977년 10월 6일자로 20층 규모의 터미널 건설 공사를 시작한 바 있기 때문이다. 하지만 곧 자금 사정이 악화된 율산그룹은 애초의 원대한 공언과 달리 대합실과 정비고만 갖춘 지하 1층, 지상 3층의 가건물이나 다름없는 초라한 터미널을 다음 해인 1978년 3월 1일 '완공'하는 데 그쳤다. 일이 이렇게 되자 구자춘 당시 서울시장은 아쉬운 대로 우선 호남선과 영동선 고속버스를 이 건물에 수용하도록 조치했다.

결국 진짜 제대로 된 종합 터미널—경부선 터미널—은 1981년 10월 20일 완공되었다. 강남 최초의 백화점인 뉴코아백화점이 오히려 한 해 먼저 완공되었으니 상당히 늦었다고 할 수 있는데, 공사비 280억 원 중 260억 원을 입주한 상인들의 임대보증금으로 충당했다는 속사정을 감안하면 그나마 성공적이었다. 경부선 터미널은 그보다 앞서 지어진 호남선 터미널과 너무나 대조적이었다. 경부선 터미널은 11층이나 되었고 거대한 우주선을 연상하게 하는 독특한 외관에다 그리스 신전을 방불케 하는 1층의 거대한 기둥들, 그리고 4층까지 버스가 올라가는 놀라운 시설이었다. 많은 이들에게 버스가 건물로 올라가는 광경은 마치 공상과학 영화의 한 장면처럼 보였고 이 때문에 일부러 기차 대신 버스를 탄다는 사람들도 많았다. 지금은 공중가도가 노후하여 사용하지 않고 모두 1층에서 버스를 타지만 옛 기억은 많은 사람들에게 강렬하게 남아 있다(진입로 아랫부분은 날개처럼 뻗어 있는 상가 위에 남아 도시 화석처럼 그 자리를 지키고 있다). 하지만 그렇게 최첨단 시설을 자랑했던 강남 터미널의 주변 공간은 『내 고향 서울』의 저자 황진태의 표현을 빌리면 가장 '비강남적' 공간이기도 했다. 개신교 광신도, 남창과 창녀, 앵벌이를 위시한 걸인, 사기꾼, 가출 청소년, 소매치기, 암표상, 사이비종교 교주, 호객꾼, 탁발승, 묘기를 부리는 약장수, 성적 소수자들이 난장을 벌이는 공간, 즉 서울역이나 청량리, 영등포역 앞과 다름없는 풍경을 보여주었기 때문이다. 물론 지금은 이런 풍경이 사라진 지 오래다. 한편 3층에는 정말 다양한 종류의 꽃을 파는 꽃 도매시장이 있는데(소매도 겸한다), 개발 이전의 강남, 특히 서초동 일대에 꽃을 기르는 비닐하우스가 많았으니 이미 기반은 있었던 셈이다. 물론 터미널이라는 교통 인프라가 꽃 도매시장을 탄생시킨 가장 중요한 인프라이겠지만 말이다.

　그에 비해 호남선, 영동선 터미널은 초라하기 그지없었다. 호남과 강원도를 오가는 이들은 그 허름한 시설을 20년이 넘도록 이용해야 했다. 이제 세월이 지나 2000년 9월에 '센트럴시티'가 지어지면서 호남선 터미널이 훨씬 현대적이고 화려한 시설로 바뀌었다. 하지만 센트럴시티는 인도가 좁고, 지하철 9호선을 이용하려면 백화점 매장을 지나야만 하는 등 공간 구조가 지나치게 상업화되어 있다. 차라리 경부선 터미널의 넓은 공간이 더 나아 보이는데 이건 필자만의 감정일까?

　시간이 더 지나면 경부선 터미널을 헐고 새로 짓자는 이야기가 나올지도 모른다. 하지만 옳건 그르건 이 터미널은 자동차 시대의 상징이자 강남 개발 역사의 상징, 나아가 얼마 남지 않은 1970년대의 랜드마크이다. 한편으로는 건축물 자체로도 반드시 보존할 가치가 있다. 경부선 터미널은 당시로서는 드물게 식당, 은행, 목욕탕, 다방, 약국, 상점 등 거의 모든 시설을 갖춘 '작은 수직 도시'였다. 지금은 옥상에 정원과 성당, 삼겹살집까지 있어서 '영육'의 건강을 모두 배려한 것 같기도 하다(옥상에서 바라보는 풍경도 근사하다). 이 같은 독특한 환경 때문인지 경부선 터미널은 영화 《시라노; 연애조작단》과 《위험한 상견례》의 무대가 되기도 했다.

터미널이 본격적으로 문을 열었지만 또 다른 문제가 생겼다. 당시에는 시외버스도 이 터미널을 이용했던 것이다. 고속버스와 시외버스가 모두 집중된 결과 반포 일대에 엄청난 교통 혼잡이 일어났다. 서울시는 부랴부랴 서초동 1446번지 일대를 확보하여 용산시외버스 터미널을 이전하려고 했다. 하지만 여러 문제가 겹쳐 1990년 4월에야 가건물 형태로 문을 열 수 있었다. 이곳에는 남부터미널이라는 이름이 붙여졌다. 그리고 거의 같은 시기에 트럭터미널이 양재동에 자리 잡았다. 고속도로가 개통한 지 20년이 지나서야 세 터미널이 자리 잡았다는 것은 역설적으로 경부고속도로가 얼마나 급하게 만들어졌는지를 보여주는 증거일 것이다. 한편 남부터미널은 아직도 가건물 신세를 벗어나지 못하고 있는데, 서울시가 비싼 이 땅을 팔고 더 외곽으로 이전하는 것을 염두에 두고 있기 때문일 것이다.

한편 당시는 지하철 2호선의 노선이 거의 확정되던 참이었다. 그런데 터미널이 도심 안에 있어야 하는지 바깥에 있어야 하는지를 둘러싼 논쟁은 그렇다 치더라도, 너무나도 당연한 지하철 2호선과 고속버스터미널의 연결이 이루어지지 않았다. 손정목 교수의 말대로 서울시나 건설부, 교통부의 '나으리'들은 승용차를 타고 다녔으니 서민들의 고충은 알 바 아니었던 것 같다. 당연히 시민들은 고속버스터미널과 연결된 지하철이 없어 고생해야 했다. 지하철 2호선의 강남구간이 1982년에 개통되었으니 만약 제대로 고려했다면 처음부터 고속버스터미널과 연결되었을 것이다. 결국 1985년이 되어서야 지하철 2호선보다 비중이 작은 지하철 3호선이 고속버스터미널과 연결되었다. 이 노선이 한강을 건너 양재동 쪽으로 직진하지 않고 신사, 잠원, 고속터미널, 남부터미널을 돌아 크게 우회하는 이유는 서민들의 고충을 뒤늦게나마 헤아려준 고관들의 '배려(?)' 덕분이었다. 어쨌든 지금 고속터미널역은 7호선과 9호선까지 무려 3개 지하철 노선이 지나는 몇 안 되는 역이 되었다.

지금까지 살펴본 경부고속도로, 제3한강교, 강남 고속터미널은 자동차 시대와 함께 강남 시대를 연 삼총사라고 할 수 있다. 그런데 어떤 의미로 '강남 터미널'은 반포와 서초동에만 있는 것이 아닌 듯하다. 오늘날 많은 이들에게 또 하나의 '강남 터미널'이 있으니 바로 지하철 강남역 앞이다. 용인과 수원 일대의 수많은 대학과 아파트 단지를 향해 출발하는 헤아릴 수 없을 정도로 많은 좌석버스들! 아무런 시설도 없이 비가 오나 눈이 오나 버스를 기다리는 경기도민들! 오죽하면 2010년 지방선거 당시 경기도지사에 출마한 유시민 후보는 경기도가 아닌 이곳에서 선거운동을 했다. 이 '강남 터미널'은 '자동차가 만든 강남'이 어떤 의미인지 잘 보여준다.

사실 강남에도 철도역이 '생길 뻔'한 적이 있었다. 서울 도시계획에 깊숙이 개입했던 김형만 교수는 기존의 서울 도심과 영등포-여의도, 그리고 강남을 핵으로 하는 3핵 도시안을 제안한 바 있는데, 이 안에는 서울-수원 간 철도의 복복선화가 아니라 선릉-성남-수원 간의 노선 신설이 포함되어 있었다. 철도 민영화의 시작이라는 말이 많았다가 다시 통합 논의가 일고 있는 SRT 수서역이 바로 이 제안과 유사한 형태로 건설되었다. 다만 세월이 지났으므로 위치는 선릉 부근이 아니라 수서가 되었다.

한때 장거리 여행의 주역이었던 고속버스는 점차 퇴조하고 있다. 집집마다 승용차가 있기도 하지만 KTX와 저가 항공사가 등장했기 때문이다. 이들은 빠를 뿐 아니라 버스가 갖출 수 없는 화장실이나 식사 등의 서비스를 제공한다. 편하고 빠른 것에 눈길이 가는 것은 인지상정 아닐까? 고속버스터미널 역시 그런 이유로 만들어졌던 것을 생각하면 더욱 그렇지 않을까 싶다.

· 3 ·
강남을 만든 수방 사업

을축년 대홍수와 이어지는 수해

이제 거의 100년이 되어가는 1925년 을축년, 대만 부근에서 생성한 태풍 2559호가 7월 11일과 12일 양일에 걸쳐 한반도 중부지방을 강타했다. 이로 인해 시간당 최고 300밀리미터가 넘는 기록적인 폭우가 쏟아져 한강, 금강, 낙동강 등 한반도 중남부 지역의 큰 강들이 대부분 범람하여 막대한 피해를 입혔다.

7월 16일, 1차 홍수로 생긴 피해를 수습하기도 전에 역시 대만 인근에서 생성한 또 다른 태풍 2560호가 다시 한 번 한반도를 강타했다. 누적 강수량 650밀리미터라는 기록적인 폭우는 당시 기준으로 한강 수위 역대 최고치를 경신하며 제방을 무너뜨렸다. 서울 전역이 물바다가 되었고, 믿기 어렵지만 숭례문 바로 앞까지 물이 차올랐다고 한다. 당연히 교통과 통신이 마비되었다. 익사자만 400여 명이 나오고 가옥 1만 2,000여 호가 유실되었다.

지금의 강남 3구도 물바다가 되었다. 특히 잠실리와 풍납리 일대의 피해가 극심했다. 이때 마을이 초토화된 반포리(정확하게 말하면 지금의 한신 15단지 일대) 주민들이 더 높은 지대로 이사하면서 지금의 서래마을이 생겨났다고 한다. 한편 예전에는 3호선 신사역과 7호선 논현역, 반포역 사이를 주흥동(周興洞)이라고 불렀는데, 이 지역의 부자였던 김주용(金周容)이 을축년 대홍수로 피난한 주민들에게 20채의 집을 지어주어 생긴 마을이다. 김주용의 '주'자에, 그 덕분에 부흥했다고 해서 '흥'자를 붙여 동네 이름을 만든 것이다. 현재 김주용 선생 기념비와 '주흥길'이라는 도로명이 그 흔적을 증언하고 있다.

을축년 대홍수 당시 봉은사 주지였던 청호 스님의 공덕도 전해진다. 그는 절의 재산을 털어 배를 사서 휘하 승려들을 동원해 고립된 이재민들을 구조했다. 그 수가 무려 708명에 달했다. 목숨을 건진 사람들은 이후 청호 스님을 기리는 공덕비를 세웠는데 아직도 봉은사에 서 있고, 당시 지식인들이 청호 스님을 기리는 글과 그림 등을 모은 불괴비첩(不壞碑帖)도 남아 있다. 봉은사와 인접한 대치리는 여름 장마가 오기 전에 수확할 수 있는 보리를 주로 재배할 정도로 지금의 강남 3구 일대는 홍수에 매우 취약한 지역이었다. 송파구에는 홍수에 대한 경각심을 고취하고자 을축년 대홍수 이듬해인 1926년에 이재민들이 세운 비석이 오늘날까지 남아 있다. 한편 이 엄청난 물난리는 아이러니하게도 묻혀버릴 뻔한 역사를 드러내기도 했다. 대홍수로 지층이 쓸려가는 바람에 땅에 파묻혀 있던 암사동 선사유적지가 발견되고, 풍납토성이 그 모습을 드러낸 것이다.

그림 7 봉은사 청호 스님 공덕비.

홍수는 해방 후에도 계속 이어졌다. 1965년 7월 15일과 16일 을축년에 버금가는 집중호우가 쏟아져 잠실 주민들이 미군 헬기를 타고 탈출해야 했다. 그다음 해인 1966년 7월 25일과 26일에도 엄청난 비가 내렸는데, 특히 반포와 잠원동 일대 400여 가구가 침수되고, 600여 명이 미군 헬기와 쾌속정을 타고 피난을 떠나야 했다. 1969년 8월 9일에는 이수교 근처에서 자갈 채취선과 '출근용' 나룻배가 충돌해 어린이를 포함하여 7명이 익사하는 참사가 벌어졌다. 불어난 물 때문에 고립된 시민들이 출근길에 바쁜 나머지 7명 정원인 나룻배에 그 3배가 넘는 사람이 탔기 때문이었다. 당시 반포천의 수위는 4미터가 넘었다고 한다.

한강 남쪽 강변을 정비하다

자동차 시대가 열리며 강남이 만들어졌지만 그것이 전부는 아니었다. 강남의 약점은 지대가 낮아서 자주 물에 잠긴다는 것이었다. "남편이나 마누라 없이는 살아도 장화 없이는 못 산다"고 할 정도로 강남은 대대적인 수방(水防) 대책 없이는 도시로서 기능할 수 없는 땅이었다. 1925년 을축년 대홍수를 겪고 나서 일제가 쌓은 제방이 있었지만 그것은 원효로와 영등포, 노량진 일대만 겨우 지킬 수 있었다.

1967년 한강을 서울의 중심 생활권으로 만들기 위한 한강 개발이 시작되었다. 제1한강교(한강대교)에서 여의도 입구를 거쳐 영등포의 서울교 남단까지 3,720미터 길이의 강변1로를 제방도로 형태로 건설해 첫걸음을 내디뎠다. 이 도로는 한국 최초의 자동차 전용도로이자 최초의 유료 도로라는 점에서 역사적인 도로였다. 여기서부터 한강 제방의 건설과 매립, 도로 건설이 병행되면서 현재의 한강이 만들어졌다.

제방도 제방이지만 한강의 수량과 수위를 일정하게 유지하기 위해 거대한 댐이 필요했는데 마침 소양강댐이 1973년에 완공되었다. 이로써 서울 시민들은 완전하지는 않지만 장마철에도 어느 정도 범람의 공포에서 벗어나게 되었다(완전에 가까운 수준으로 범람의 공포, 적어도 본류 범람의 공포에서 벗어난 시기는 1985년으로, 남한강 전체를 통제할 수 있을 만큼 거대한 충주댐 완공부터였다). 가장 큰 혜택을 본 지역은 물론 강남이었다. 어쩌면 소양강댐이야말로 강남을 만든 일등 공신이었다. 한편 소양강댐 공사는 처음으로 중장비가 동원된 기념비적인 공사이기도 했다. 《강남 1970》에서 이민호와 김래원이 살던 오두막이 '포크레인'에 헐리는 장면이 나오는데, 설정상 수원에 있던 집이었다는 점에서 고증이 매우 부실하다고밖에 할 수 없다.

1970년부터는 더욱 박차를 가해 한강 이남에 제방과 강변도로를 건설하기 시작했다. 하지만 긴 구간을 한꺼번에 공사할 돈이 있을 리 없었다. 그래서 강변1로에 이어 강변2로(서울교-양화대교), 그다음 강변5로(한강대교-영동대교), 강변7로(영동대교-강일동 시 경계)를 개통하는 식으로 10년의 세월에 걸쳐 공사가 진행되었다.˙ 이후 강변1, 2, 5, 7로는 새로 구간을 나누어 강남1, 2, 3로로 변경되었다가 노량진-동작동 구간과 개화-성산대교 구간이 개통되자 이를 모두 합쳐 1986년 5월 1일자로 올림픽대로(88도로)라는 지금의 이름을 얻었다. 이렇게 오랜 세월 동안 여기저기 덧붙여서 만들어진 도로이다 보니 보기 싫게 만들어진 구간도 많은데, 88도로가 거의 20년에 걸쳐 만들어진 '작품'임을 아는 이는 그리 많지 않다.

어쨌든 이로 인해 서울 동서 간의 교통이 매우 편리해졌다. 하지만 엄청난 대가도 치러야 했는데, 서울 시민들의 한강 접근이 봉쇄되는 결과를 낳은 것이다. 그래서 지금도 한강의 접근성을 두고 센강이나 템스강과 비교하면서 아쉬워하는 이들이 많다. 1982년에 시작된 한강종합개발 때 다소 개선되기는 했지만 어쨌든 옛 한강변이 풍기던 전원적이고 예술적인 풍경은 완전히 말살되었다. 한강의 변화와는 그 규모 면에서 차이가 나 눈에 띄지 않았지만 1960년대와 1970년대 두 차례에 걸쳐 이루어진 양재천과 탄천의 제방 공사도 강

˙ 참고로 강변3, 4, 6, 8로는 강변북로의 각 구간을 의미한다.

남 개발에서 매우 중요한 사건이었다. 한계는 명확했지만 원주민들은 어느 정도 수해의 공포에서 벗어날 수 있었고, 매립지도 제법 생겨나 훗날 강남경찰서를 비롯한 공공시설과 아파트 단지가 들어서는 기반이 되었기 때문이다.

황금알을 낳는 거위: 공유수면매립과 택지 조성

이러한 제방과 도로 건설은 홍수에 대비하고 교통을 편리하게 하려는 조치만은 아니었다. 바로 황금알을 낳는 거위라고 불린 '공유수면'*매립을 통한 택지 조성이 뒤따랐다. 이로 인해 한강변은 완전히 변모했는데 이런 예는 너무나 많다. 심지어 가톨릭의 절두산 순교성지나 원불교의 흑석동 중앙본부도 매립지 위에 세워진 것이다. 손정목 교수의 『서울 도시계획 이야기』의 일부를 인용한다.

> 1962년 1월 20일자 법률 제986호로 제정 공포된 공유수면매립법 제1조는 "공유수면을 매립하여 효율적으로 이용하게 함으로써 공공의 이익을 증진하고 국민경제의 발전에 기여함을 목적으로 한다"라고 규정하고 있다. 하천 관리청인 서울시나 중앙정부가 제방을 쌓는 행위는 하천 개수 사업이고 거기서 생기는 택지를 매각하는 것은 하천 개수 사업의 부수 효과라고 할 수 있다. 그러나 공유수면 매립은 민간인이나 기업체가 하천 관리청인 서울시를 거쳐 건설부장관의 면허를 받아서 하는 사업이다. 민간인이 자기의 이익이 되

* 국가나 공공단체의 소유로 공공의 이익을 위해 제공되는 바다, 강, 하천 등의 수면을 말한다.

지도 않는 사업을 "공공의 이익을 증진하고 국민경제의 발전에 기여함을 목적"으로 제방을 쌓을 리 없다. 공유수면매립법 제1조는 처음부터 '눈 가리고 아웅 하는' 식의 거짓말인 것이다. 원불교 중앙교단 옆의 아파트 단지는 몇몇 고급 장성 출신에 의해서 매립되었다. 압력도 있었고 정치자금의 개입도 있었으며 국가 기간 사업 수행을 위한 자금 조달이라는 명목도 있었다. 하기야 한강의 경우는 그 모두가 한강 개발 사업의 일환이었으니 크게 보면 '공공의 이익'이었고 '국민경제의 발전에 기여'한 것이 되었다.

어쨌든 이 책의 목적은 강남 개발의 역사를 들려주는 것이므로 강남구의 압구정과 서초구의 반포만 소개하기로 하자. 압구정(狎鷗亭)은 계유정난의 일등 공신이자 희대의 권신이었던 한명회가 지은 정자 때문에 붙은 이름이었다. 당시에는 압구정동과 옥수동 사이, 정확히는 성수대교와 동호대교 사이에 한강 본류와 중랑천이 만나면서 형성된 저자도(楮子島)라는 작은 섬이 있었다. 원래 저자도에는 별장도 있고 수목도 울창했지만 을축년 대홍수 이후 거의 폐허가 되었다.

정주영 회장이 이끌던 현대건설은 "건설 공사용 각종 콘크리트 제품 공장 건설을 위한 대지 조성 및 강변도로 설치에 일익을 담당"한다는 명목으로 1968년 하반기에 압구정 일대에 대한 매립 면허를 신청했고, 다음 해 2월 허가가 났다. 현대건설은 제방을 쌓기 전에 저자도의 모래를 파내 강변에 쌓았다. 매립 면적이 허가된 면적보다 20퍼센트나 더 넓어 서울시의 원상 복구 명령까지 떨어지는 우여곡절 끝에 제방 공사와 매립 공사는 1972년 12월 말에 마무리되었다.

하지만 "건설 공사용 각종 콘크리트 제품 공장 건설을 위한 대지 조성 및 강변도로 설치에 일익을 담당"한다는 '본래의 목적'은 사라지고, 매립지는 곧 택지로 변경되어 그 유명한 압구정동 현대아파트가 세워졌다.

반포지구 매립은 압구정보다 1년 정도 늦은 1970년 1월 7일, 한국의 3대 건설사인 삼부토건, 현대건설, 대림산업 3자 명의로 신청이 들어왔다. 허가는 다음 달인 2월 19일 떨어졌다. 3대 건설사는 각각 3분의 1씩 출자하여 주식회사 '경인개발'을 설립해 공동으로 매립 공사를 하기로 했지만 실제로는 세 회사가 구간을 삼등분하여 시공했다. 즉 '경인개발'은 창구 일원화를 위한 편의상의 법인에 불과했던 것이다. 공사는 1970년 7월 25일 착공되어 정확히 2년 후인 1972년 7월 24일 완공되었다. 당시 공사를 맡았던 대림산업의 한 직원은 "이 지역은 서울 시민의 채소를 공급하는 채소밭이 많아서 인분을 많이 사용했기에 사무실까지 냄새가 났다"고 회고했다. 총면적은 18만 9,356평이었고, 제방 및 도로용지 2만 9,115평을 제외한 나머지 땅은 매립자의 몫이 되었다. 이 넓은 땅은 다음 해 대한주택공사(주택공사)에 일괄 매각되었고, 주택공사는 5~6층짜리 아파트를 지었다.

공유수면매립 공사는 봉이 김선달이 환생해도 놀랄 정도로 무조건 남는 장사였다. 건설 비수기인 12월부터 4월까지 노는 중장비와 노동력을 이용해 첫해에는 우선 제방만 쌓아두고, 다음 해 비수기에 모래를 퍼부어 공유수면을 매립한다. 그렇게 만들어진 대지 위에 자신들이 직접 아파트를 지어 분양하거나 땅을 그냥 국영기업체나 정부 투자기관에 일괄 매각할 수 있었다. 어느 쪽이건 땅 짚고 헤엄

치기식의 장사였다. 이런 식으로 한강변은 강변도로에 이어 아파트
숲이 되어갔다.

여기서 『서울 에세이: 근대화의 도시 풍경, 강홍빈과 주명덕이
함께하는 서울 기행』의 한 대목을 소개한다.

모두가 공유하는 것은 내 것이 아니니 결국 무주공산이어서 차지
하는 이가 임자라는 생각, 이 시대의 한강 개발은 이러한 유산을 우
리에게 남겼다. 개발 시대의 관행은 아직 사라지지 않고 있다. 자신
의 투자 없이 용적률을 올려 얻은 개발 차익으로 기존의 아파트 단
지를 재개발하거나 재건축하는 관행도 그 근원을 보면 '손 안 대고
코 푸는' 봉이 김선달식 개발 방법과 그리 다를 바 없다. 그러한 과
잉 개발로 이득을 보는 사람은 소수이지만 그 폐해는 시민 전체에
게 돌아온다.

그러나 수많은 시민들이 이 '과잉 개발과 이득 쟁탈전'에 기꺼
이 참전한다. 그리고 지금 우리는 그 후유증을 앓고 있고 앞으로도
오래 비용을 치러야 할 것이다.

아파트 지구가 만들어지다

한강변에서 좀 안쪽의 반포, 서초동 일대는 강변도로보다 지대가 낮
은 저지대였다. 원칙대로라면 매립을 해야 했지만 서울시는 막대한
비용 때문에 그렇게 하지 못하고, 대신 고지대와 저지대를 구분하여
하수관을 따로 설치하고 저지대에 유수지와 배수펌프장을 만들었다.

하지만 심한 홍수가 나거나 벼락이 쳐서 배수펌프장에 전기 공급이 중단되면 저지대는 꼼짝없이 물이 찰 수밖에 없었다. 그래서 당시 서울시장이었던 양택식은 저지대 지역은 모두 3층 이상으로 집을 짓게 하는 고육지책을 내놓았다. 최악의 경우 주민들이 3층 이상으로 대피하면 인명 피해는 없을 거라는 계산이었다.

물론 이런 사실을 시민들에게 밝히지는 않았다. 만약 사람들이 이 사실을 알면 아파트를 짓는 업체들의 사업이 큰 타격을 받을 수 있었고, 사실 을축년 대홍수 수준의 물난리가 매년 나는 것도 아닌 데다 펌프만 잘 작동한다면 큰 문제는 없다고 본 것이다. 침수되는 지역까지 전부 아파트 지구로 지정된 데에는 이런 이유가 있었다. 이리하여 유례없이 아파트만 지을 수 있는 '아파트 지구'가 강남에서 공식 탄생했다.

물론 침수 지대라는 이유만으로 아파트 지구가 탄생한 것은 아니었다. 당시 서울시청 도시계획국에서 근무했던 김병린 씨는 다음과 같이 회고했다.

'아파트 지구'로 지정했다는 것은 아파트 이외에는 건축이 안 된다는 말인데, 거기에는 침수 문제 외에도 철학이 있었다. 우리나라는 국토가 작은데 그나마 70퍼센트 이상이 산지다. 거기다 하천과 도로, 농지 등을 빼면 주택용지로 쓸 수 있는 땅은 3퍼센트 정도밖에 안 된다. 단독주택을 지어서는 서울 시내 전체에 집을 깔아도 천 만 인구가 살 수 없다. 그러니 아파트 외에는 해결책이 없다. 그러면 에너지도 효율적으로 공급할 수 있다.

강남 개발 이전에 이미 마포와 종암동, 이촌 지구에 아파트가 건설되었고, 강남 개발의 선구자격인 여의도에서도 아파트가 제법 큰 단지로 지어지고 성공적으로 분양되었다. 하지만 대단위 아파트 건설은 누가 뭐래도 강남 개발이 시발점이라고 할 수 있다. 그로부터 아파트는 오늘날 한국인들의 보편적인 주거 형태가 되기에 이르렀다.

·4·
강남 건설

커지는 개발 규모

경부고속도로와 제3한강교 건설이 아직 끝나기 전인 1966년 9월 19일, 서울시는 반포에서 삼성동에 이르는 800만 평을 '토지구획정리 사업지구'로 지정해달라고 건설부에 요청했다. 12월 28일 건설부는 해당 지역을 '서울시 토지구획정리 예정지'로 승인했고, 이처럼 강남 개발은 적어도 법적으로는 우리가 아는 것보다 훨씬 먼저 시작되었다. 하지만 문자 그대로 예정지였을 뿐 어떤 개발 행위도 일어나지 않았다. 당시 실무자들은 제3한강교가 4~5년 후 다 지어지면 그 넓은 지역을 40만 평 정도씩 나누어 3~4년 간격으로 개발할 생각이었다. 어찌 보면 지극히 '상식적인' 이런 생각은 1967년 4월 정부가 경부고속도로 건설을 결정하면서 곧 뒤집혔다.

정부 차원에서 경부고속도로 건설 구상이 최초로 공식 언급된 것은 1967년 5월 3일 박정희의 대통령선거 정견 발표 때였고, 경부고속도로 기공식이 열린 것은 이듬해 2월 1일이었다. 그리고 바로 다음 날 영동구획정리지구 시행 공고가 났다. 제3한강교에서 양재동 분기점까지 고속도로 부지 7.6킬로미터 구간을 무상으로 확보하라는 청와대의 명령이 떨어졌기 때문이다. 순수 고속도로용지만도 9만 평이 넘게 필요했다. 그렇다고 이 땅을 무상으로 빼앗을 수는 없다. 반공을 내세우는 정권이 '공산당'과 다를 바 없는 집단이 될 수는 없었기 때문이다. 그래서 땅을 받아내기 위해 지주들에게 엄청난 '인센티브'를 주어야 했고, 따라서 구획정리 구역을 약 40만 평 단위로 하려던 당초의 '상식적인 구상'은 엄두도 낼 수 없게 되었다.

여기서 당시의 '토지구획정리사업'을 설명하고 넘어가야 한다. '토지구획정리사업'이란 미개발 상태의 토지를 구획하고 정리하여 도로와 공원, 학교용지 같은 공공용지를 제외하고 나머지 토지를 땅 소유주에게 돌려주는 형식의 도시 개발 사업이었다. 한마디로 공공 재원이 부족하니 민간 토지를 무상으로 확보하기 위해 만들어진 법이었고, 그렇다보니 공공용지가 필요한 만큼 마구잡이로 확대될 수밖에 없었다.

맨 처음 영동구획정리지구는 313만 평이었으나 고속도로, 일반도로, 학교, 주택, 공공기관용 부지가 충분히 확보되지 않아 520만 평으로 늘어났고, 1970년대 후반에는 상공부 산하 12개 공기업이 들어갈 청사 건립 계획이 확정되면서 무려 937만 평에 이르게 되었다. 이는 미국에서조차 사례를 찾기 어려운 엄청난 규모였다. 이렇게 되자 토지구획정리에만 관심이 있던 서울시도 이 엄청난 공간을 시가

지화할 필요가 생겼다. 따라서 앞으로 이야기할 명문 학교 이전, 정부 기관 이전, 병원 및 아파트 건설 특혜 등 많은 정책 수단을 쓰게 된다. 이 과정에서 영동시장, 영동중학교, 영동고등학교, 영동여자고등학교, 영동가구거리, 영동세브란스병원, 영동아파트, 영동대교 등 '영동'이라는 단어가 여러 곳에 붙는다. 비록 지금은 영동의 의미가 많이 퇴색했지만 말이다. 영동세브란스병원이 강남세브란스병원으로 개명한 것이 좋은 예다.

상상을 초월하는 규모였던 영동 개발은 놀랍게도 10여 년 만에 완료되었고, 이것도 부족해 수서, 잠실, 분당, 판교 개발이 이어지면서 강남은 계속 확장되었다. 강남의 이러한 급속한 건설과 빠른 확장은 경부고속도로 건설의 연장이기도 했다. 즉 한국인의 장점이자 단점이기도 한 '빨리빨리 정신'이 최대한으로 구현된 지역이었던 것이다.

허허벌판에 도로가 깔리다

영동이 개발되면서 폭 40~90미터의 광로(廣路)와 대로 등 무려 37개의 간선도로가 격자형으로 놓였다. 이런 식의 도로망은 한국에서는 처음이었고, 특히 제대로 된 건물과 시설들이 들어서기도 전 허허벌판에 깔린 도로는 기묘한 느낌을 주었다. '도대체 이렇게 넓은 도로가 왜 필요한 걸까?' 적어도 그때는 그런 의문을 갖는 게 지극히 자연스러웠다. 실제로 교통량이 적어서 도산대로 같은 경우에는 보도 쪽의 2개 차선을 자전거나 리어카가 지나갈 수 있도록 화단으로 구분해놓았다고 하니 지금은 도저히 납득이 가지 않는 이야기일 테다.

덕분에 오늘날 강남의 도로율은 20퍼센트가 넘어 다른 구에 비해 월등히 높다. 지금은 이것도 부족할 정도로 강남의 교통량이 대단하지만 말이다.

이와 관련해 당시 시대상을 되새기게 하는 사실이 또 하나 있다. 정작 강남에서 교통량이 많은 도로는 상대적으로 폭이 좁고 높낮이가 심해 사고 위험이 높은 편이라는 것이다. 앞서도 이야기했지만 당시에는 중장비도 거의 없고 자금도 부족해 요즘 같은 성토 작업—분당 개발 시기에 이르면 당연시되는—즉 평탄화 작업을 거의 하지 못했다. 똑같이 고개 '현(峴)'자가 붙었지만 분당의 서현은 평지이고 강남의 논현에는 고개가 남아 있는 이유가 여기에 있다. 역삼 같은 다른 강남 지역에 고개가 남아 있는 것도 같은 이유에서다. 참고로 뉴욕의 맨해튼도 원주민 언어로 '많은 언덕의 섬'이라는 뜻이다. 하지만 맨해튼은 이미 19세기에 성토 작업을 하여 전부라고 해도 좋을 정도로 언덕이 사라졌다.

당시 담당자들은 강북 쪽으로 다리를 더 건설해야 한다면, 동서로 4~5개의 도로를 터서 서쪽의 영등포와도 연결성을 강화할 필요가 있다고 생각했다. 하지만 당시에는 정보사령부로 인해 이 계획을 절반 정도밖에 실현하지 못했다. 현재 정보사령부는 이전되었고, 2019년 4월 22일 서리풀터널이 개통되면서 40년 만에 테헤란로와 봉천동 복개도로가 직선으로 연결되었다. 여담이지만 정보사령부의 이전은 1980년부터 시작된 군부대의 서울 탈출의 마지막 단원이라고 할 수 있다. 40년 동안 공군사관학교, 기무사령부, 수도방위사령부, 특전사령부, 육군본부 등이 서울을 떠났고, 이제 서울에는 국방

그림 8 테헤란로 표지석. 정기용 교수는 이 표지석에 대해 "치통을 앓는 환자의 모습 같은 조악한 조형물"이라고 비판했다.

부와 육군사관학교밖에 남아 있지 않다.

한편 강남에서 가장 중요한 길은 역시 테헤란로가 아닐 수 없다. 강남을 동서로 가로지르는 너비 50미터, 길이 4킬로미터의 이 도로의 이름은 강남을 만든 또 하나의 요인인 중동 특수와 당시의 원유 확보 노력이 얼마나 필사적이었는지를 상징적으로 보여준다. 처음 만들어졌을 때 이 도로에는 이름조차 없다가 선정릉의 세 능을 지나간다고 하여 삼릉로라는 이름이 붙었다. 그러다가 1977년 6월 27일, 테헤란 시장의 서울 방문을 계기로 서울이 테헤란과 자매 도시가 되면서 테헤란로라는 이름이 붙었다. 지금 이 길 일대는 빌딩 숲이 되었는데, 자세히 보면 각각의 역세권에 따라 땅값과 빌딩 스카이라인이 굴곡을 보이고 있다.

테헤란로처럼 눈에 띄지는 않지만 남부순환도로 역시 중요한 길이다. 이 길은 1970년대 들어 서울 변두리 지역에 조성된 여러 신시가지, 정확하게 말하면 구로공단과 경부고속도로를 연결하는 도로가 필요해지면서 1976년 착공되었다. 개통일은 1978년 6월 29일이었다. 정식 명칭을 아는 이는 거의 없지만 당시에는 제3호 순환도로라는 이름이 붙었고, 계획상 길이는 암사동-도곡동-봉천동-오류동-공항동까지 43.5킬로미터에 이르렀다. 하지만 암사-대치 구간은 착공되지 않아 29.4킬로미터로 단축되었다. 대신 수서 나들목에서 강동대로 교차점에 이르는 구간이 사실상 남부순환도로 기능을 하면서 1986년 5월 29일 정식 연장되었고, 현재 총연장은 36.3킬로미터이다. 사실 순환도로라는 이름에 어울리지 않게 교통 정체 구간이 많은 도로이기도 하다.

더 많은 다리가 이어지다

강남 개발이 본격화되자 더 많은 다리가 한강 위에 놓였다. 마포대교(1970년 5월), 잠실대교(1972년 7월), 영동대교(1973년 11월), 천호대교(1976년 7월), 잠수교(1976년 7월), 성수대교(1979년 10월), 성산대교(1980년 6월), 원효대교(1981년 10월), 반포대교(1982년 6월), 동작대교(1984년 11월), 동호대교(1985년 2월), 올림픽대교(1990년 6월), 서강대교(1999년), 청담대교(1999년 12월), 구리암사대교(2015년 6월)가 차례로 완공되었다.* 잠실대교는 강남의 두 번째 다리로, 강남 개발의 시작 지점인 반포지구 등에서 멀리 떨어진 곳에 지어졌다는 점에서 상당히 의외였다고 할 수 있다. 사실 잠실대교는 잠실 개발을

* 잠실대교와 영동대교는 영동 개발을 통해 얻은 재원으로 건설되었다.

염두에 둔 것이기도 했지만 당시에는 지금 성남시의 모태가 된 광주 대단지 주민들을 위해 놓은 것이기도 했다. 어쨌든 여의도를 '범(汎) 강남'으로 본다면 1979년 지어진 성수대교에 이르기까지 성산대교를 제외한 모든 다리가 강남에 놓였다. 이 사실을 보면 당시 정부가 강남 개발에 얼마나 공을 들였는지 잘 알 수 있다.

현대건설은 당시 한강인도교라고 불린 한강대교 복구를 시작으로 기술력을 쌓아 한강 다리의 절반 이상을 건설했다. 한남대교 외에도 잠실대교와 붕괴 사고 후 재건설된 성수대교가 현대건설이 만든 강남의 다리이다. 마포대교, 가양대교, 성산대교, 서강대교 그리고 구리암사대교도 현대건설의 작품이다. 그러고 보면 현대건설은 강남 개발 이전에 손을 댄 이촌동과 압구정동 아파트 단지, 명수대와 구의동 현대아파트 단지, 아산병원에다가 올림픽 전의 한강종합개발에서도 큰 역할을 했다. 좋건 싫건 서울을 흐르는 한강의 현재 풍경은 현대의 손길이 미친 부분이 많다는 사실을 인정하지 않을 수 없다. 우연의 일치일 수도 있겠지만 정주영과 비운의 후계자 정몽헌의 무덤도 한강과 가까운 하남시 창우동에 자리 잡고 있다.

한남대교를 비롯한 개발 시대 초기의 한강 다리들은 그야말로 멋이라고는 전혀 없는 다리들이었다. 특히 교각이 많아 더 볼품이 없는데, 건설 비용을 줄이기 위해서이기도 했지만 안보상의 이유도 한몫했다. 교각 사이가 짧으면 그만큼 수리에 용이했기 때문이다. 한편 한남대교를 위한 노래로 혜은이의 〈제3한강교〉가 있다면 영동대교에는 주현미의 〈비 내리는 영동교〉가 있다. 묘하게도 두 곡 모두 멋없는 다리를 아름답게 노래했다는 공통점이 있다.

다만 성수대교 때부터는 이야기가 좀 달라진다. 1970년대 후반이 되면 어느 정도 경제력에 자신이 생겼고, 다리를 만들면서 조형미—속된 말로 '뽀대'—를 생각할 정도의 여유도 생겼다. 그래서 성수대교 건설에는 교각 사이를 이전에 비해 2배 이상 넓히는 '거버 트러스(Guber Truss)' 공법이 도입되었다. 일본의 한 항구도시의 다리를 본뜬 것이었다. 과연 이 다리가 윗분들이 보기에도 흡족했는지 이후 해외로 나가는 국가 홍보물에 성수대교가 등장했고, 박정희 대통령은 1979년 10월 16일 준공식에 참석하여 직접 걸어서 다리를 건너는 퍼포먼스를 보여주기도 했다. 그러나 국가 홍보물에 등장할 정도로 자랑스러웠던 이 다리가 곧 나라 망신을 시켰다는 사실, 다리 건설을 허가했던 건설부 장관이 바로 박정희를 죽인 김재규였다는 사실은 너무나 아이러니한 일이다! 더구나 바로 이날, 10월 16일에 10·26의 직접적인 원인이 되는 부마항쟁이 시작되었으니 운명의 장난이라고 하기에는 너무나 공교롭지 않은가! 성수대교 참사 이야기는 나중에 따로 다루기로 하자. 다만 〈비 내리는 영동교〉로 유명한 영동대교에 얽힌 이야기를 마저 할까 한다. 영동대교가 생기기 전 강북에는 뚝섬, 강남에는 청숫골나루터가 있었다. 그런데 어느 날 바지선에 실린 황소가 뒷걸음질을 치는 바람에 배가 전복되고 많은 인명 피해가 나고 말았다. 이 사고로 인해 영동대교 건설을 서두르게 되었다고 한다.

성수대교 이후에 놓인 다리들은, 잠수교 위에 얹느라고 어쩔 수 없이 기존 다리의 공법에 따라 만든 반포대교를 제외하면, '조형미' 있게 만들어졌다. 한강 다리의 모양 역시 시대의 산물이었던 것이다.

강남구의 탄생

강남에 최초로 들어선 아파트는 논현동 22번지 7,194평의 땅에 1971년 4월 24일 착공하여 같은 해 12월 28일 완공한 공무원아파트였다. 5층짜리 아파트로 12개 동 총 360세대였고, 서울시 공무원들 가운데 무주택자에게 분양되었다. 평수는 12평형과 15평형이었는데 당시 기준으로는 꽤 큰 편이었다. 공무원아파트는 값이 쌌고, 한남대교를 건너면 시청까지 20여 분이면 갈 수 있어 교통도 편했다. 너도나도 공무원아파트에 입주했다. 하지만 편의 시설이 없고 주위가 너무 황량해서 상당수는 다시 강북으로 돌아갔다고 한다. 이후 이어지는 신도시 입주 초기에 많이 볼 수 있는 현상인데, 이런 점에서도 강남은 '선구자'였던 셈이다.

하지만 이 정도의 아파트 단지는 간에 기별도 안 가는 규모였고, 강남으로 서울 인구를 끌어들이기에는 역부족이었다. 1972년 3월 25일 양택식 서울시장은 좀 더 본격적인 '영동지구 주택건립계획'을 발표했다. 대지 50평에 건평 15평, 대지 60평에 건평 18평, 대지 70평에 건평 20평 등 세 가지 형태로 주택 1,396동을 단계적으로 건설한다는 내용이었다. 장소는 지금의 압구정동, 학동, 논현동, 청담동 일대였다. 이 주택 단지는 당시 수준을 반영할 수밖에 없어 획일적으로 무미건조하게 만들어진 데다, 이를테면 시골에 해당하는 오지에 있었다. 이에 분양이 제대로 될까 우려했지만 예상외로 4 대 1 이상의 경쟁률을 기록하며 성공리에 분양되었다. 10개로 구성됐던 주택 단지의 흔적은 현재 남아 있지 않다. 2000년대 초까지만 해도 영동 3단지니 10단지니 하는 버스 정류장 이름으로 남아 그때의 흔적을 간직

그림 9 1971년 12월 28일 완공된 공무원아파트.

했지만 지금은 그마저도 사라졌다. 이 단지에 살았던 분들이야말로 강남 시대를 연 첫 주민들이라 하겠다.

서울시는 강남 신시가 활성화를 위해 버스 회사에 압력을 넣어 노선을 강제로 배치했다. 또 1973년 6월 26일에는 급증하는 행정 수요를 감당하기 위해 지금의 논현동 영동전통시장 자리에 시청 영동출장소를 설치했다. 영동출장소의 관할 구역은 지금의 강남구와 서초구, 그리고 송파구의 잠실동과 신천동이었다. 유입 인구는 나날이 늘어갔고, 1975년 10월 1일 드디어 성동구와 영등포구에서 한 덩어리가 떨어져나와 강남구가 탄생했다. 이때 강남구는 지금의 강남구는 물론 서초구와 송파구, 강동구를 포함하는 초대형 구(區)였다. 당시에는 어느 누구도 미래에 강남구가 서울의 모든 구를 능가하는 일종의 '특별구'가 되리라고는 상상하지 못했다.

이 시기에 강남 이주를 촉진한 또 하나의 요인은 1975년 4월의 남베트남 붕괴였다. 한국전쟁이 끝난 지 20여 년밖에 지나지 않은 시점이었고 '유사시 한강을 어떻게 건널 것인가?'라는 문제는 서울 시민들의 머리 한구석을 차지한 꽤 진지한 걱정거리였다. 이런 상황에서 남베트남의 수도 사이공이 함락됐다는 충격적인 소식이 전해졌고, 많은 서울 시민들이 한강을 건너는 한 이유가 되었다.

아파트 시대가 시작되다

1976년 8월 건설부 고지 제131호로 11개 아파트 지구가 고시되면서 본격적인 강남 아파트 시대, 아니 전국의 아파트 시대가 열렸다. 일단 '아파트 지구'로 지정되면 그 지역에는 아파트와 부속 건물밖에

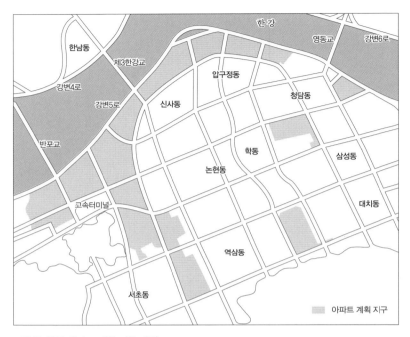

그림 10 영동 아파트 계획 지구 배치도.

지을 수 없었다. 따라서 '아파트 지구'에 땅을 가진 군소 지주들은 울며 겨자 먹기로 아파트 업자에게 땅을 팔 수밖에 없었다. 말도 안 되는 사유재산권 침해였지만 이때는 그런 시대였다.

　　11개 지구 중 무려 6개 지구가 강남에 있었다. 반포지구 167만 평, 압구정지구 36만 평, 청담지구 11만 평, 도곡지구 22만 평, 잠실지구 74만 5,000평, 그리고 가장 작은 이수지구가 2만 5,000평이었다. 그에 비해 비강남권의 4개 지구는 상대적으로 규모가 작았다. 이촌지구 4만 8,000평, 서빙고지구 24만 6,000평, 원효로지구 3만 1,000평,

화곡지구 8만 8,000여 평에 불과했다. 나머지 하나는 범강남권이라고 할 수 있는 여의도지구로 17만 평 규모였다. 이렇게 볼 때 '아파트 지구' 지정은 사실상 강남 개발이 목적이었음을 알 수 있다.

　　1978년 12월 반포에서 10평형대의 주공아파트 단지 공사가 시작되었다. 이 아파트들은 '신(新)중산층'이 '내 집 마련'과 '강남 입성'이라는 두 가지 목적을 이루는 토대 역할을 했다. 3년 후인 1981년 12월에는 한국토지개발공사(토지공사)가 유일하게 강남권에 조성한 개포지구 51만 평에 대한 개발이 시작되었다.

　　강남 6개 지구 중 잠실과 이수를 제외한 4개 지구를 합쳐 영동지구라고 불렀는데, 이 지역에는 최초로 근린주구(近隣住區) 개념이 적용되었다. 출퇴근 직장인이나 학생을 제외하고 외출을 하지 않는 일반 주민과 주부, 어린이가 간선도로로 나가지 않고 주거 단지 내에서 모든 일을 해결할 수 있도록 하는 개념이다. 강남에는 옛 왕실 소유지와 대지주 땅이 많았고 기본적으로 필지가 컸다. 그에 따라 도시 블록을 크게 만들었는데 이것이 근린주구 개념이 도입되는 하나의 이유가 되었다. 그런데 뉴욕의 도시 블록은 가로 250미터, 세로 70미터 정도인 데 비해 강남의 블록은 가로세로 각각 600미터 안팎의 거대한 규모였다. '근린주구' 이론을 만들었던 미국인 클래런스 아서 페리가 생각했던 것과 한국의 실정은 실상 엄청난 차이가 있었던 것이다. 하지만 당시 도시계획가들은 권력이 요구하는 속도전에 부응해야 했기에 '든든한' 서구의 이론을 끌어다가 이렇게 거대한 강남의 블록들을 만들었다. 이 때문에 강남 거리는 걷고 싶어지는 거리가 아닌, 풍미라고는 없는 공간이 되고 말았다.

유현준 교수가 『도시는 무엇으로 사는가』에서 이유를 잘 분석해놓았다. 그에 따르면, 강남의 길이 성공적인 거리이기는 하지만 걷고 싶은 거리가 되지 못한 이유는 거리에 출입구와 블록의 모퉁이 수가 적기 때문이다. 명동이나 종로는 자동차 시대 이전에 만들어진 거리라 보행자 위주로 만들어졌다. 반면 강남의 거리는 자동차 시대를 생각하고 만들었기에 출입구와 모퉁이가 적을 수밖에 없다. 이를 유현준 교수는 다음과 같이 계량화했다.

거리	홍대 앞	신사동 가로수길	명동	강남대로	테헤란로
이벤트 밀도*	34	36	36	14	8
순위	3	1	1	4	5

* 100미터 구간에 있는 입구의 수를 말한다. 횡단보도 없이 건너갈 수 있는 경우에는 건너편의 입구도 포함하였다.

이러한 걷고 싶은 욕구를 불러일으키는 '재미' 문제는 별개로 치더라도, 거대한 블록은 사람들로 하여금 황당한 경험을 하게 한다. 아래 글은 『당신의 서울은 어디입니까?』의 저자이자 '강북 촌놈'인 건축사 황두진의 '고백'인데, 사실 그와 비슷한 경험을 한 이들이 적지 않을 것이다.

테헤란로에서 약속을 했는데, 처음 가는 건물이어서 조심스럽게 가고 있는데 건너편 길가에 그 건물이 보였다. 그래서 다음번 신호등에서 유턴을 하여 돌아오면서 주차장 입구를 찾기 시작했다. 그 건물 앞까지는 왔지만 주차장 입구를 찾을 수 없어 머뭇거리자 뒤의 차들은 경적을 울려대기 시작했다. 그래서 '블록 내로 들어가 우회전 세 번 해서 한 바퀴 돌자'고 생각하고 차를 몰았다. 그러나 나 말고도 여러 대가 그 길에 들어가기 위해 꼬리를 드리우고 있었다. 한참을 가다서다를 반복하고 골목에 들어섰는데, 이제 차로는 거의 1차선으로 좁혀지고 양옆에는 우리나라 인도의 전형적인 모습, 즉 차와 사람과 가게의 물건들이 더불어 고통을 분담하는 풍경이 펼쳐졌다.

그러나 저 앞에서는 골목을 빠져나와 큰길로 들어서고자 하는 차 한 대가 반대 방향에서 오고 있었다. 폭이 1차선이 조금 넘는 길이었으니 서로 양보하려 해도 할 수 없는 팽팽한 대결이 예상되는 순간이었다. 그러나 불행 중 다행으로 어떤 가게 앞에 한 대 분량의 주차 공간이 비어 있었고, 그 공간을 이용해 많은 차들이 대단한 시민 정신을 발휘해, 이 상황을 빠져나올 수 있었다.

하지만 끝이 아니었다. 어느 방향인지 알 수 없었던 것이다. 강남의 속살을 처음 헤집게 된 나는 강남이란 반듯반듯한 네모로 구성된 도시로 생각하고 있었다. 하지만 대로만 그럴 뿐이었다. 내부는 강북과 별 다를 바 없는 미로였던 것이다. 심지어 막다른 골목에 들어서기까지 했다. 즉 강남은 큰길에는 고층 건물이 들어서고 그 뒤에는 그저 그런 건물들이 햇빛을 받지 못해 시들시들한 나무처럼 들어서 있다. 블록 내부의 길은 기껏해야 2차선 내외이니, 그 분기점에 체증이 일어남은 당연한 일이다. 사람 몸으로 비유하자면 대동맥 바로 옆에 모세혈관을 붙여놓은 셈이니, 고혈압으로 고생하다가 언젠가 이 부분에서 심각한 혈관 파열이 일어날 게 뻔하다. 이것이 소위 계획도시 강남에서 일어나는 현상이라는 것이 놀라울 뿐이다.

황두진은 이때 "강남을 죄다 부수고 싶었다"라고 고백하기까지 했다(참고로 테헤란로의 넓이는 46미터에 달하지만 이면도로의 폭은 6미터에 불과하다). 하지만 이렇게 문제가 적지 않음에도 거대 블록은 강남에 그치지 않고 좀 더 작은 규모로 분당을 비롯한 신도시로 확산되었다. 다만 분당의 경우는 거의 아파트 단지라서 이런 교통 문제는 일어나지 않는다.

아파트 재벌들의 흥망

한편 1980년대와 1990년대 한국 아파트 기업의 대명사 우성이 등장한다. 원래 중화동의 일개 보도블록 제조업체에 불과했던 우성은 고속버스터미널 맞은편인 잠원동에 아파트 건설 허가―12층 4개 동 208세대―를 받고 1977년 1월 분양 공고를 냈다. 놀랍게도 신청자는 4,000명이 넘었다. 그 유명한 압구정동 현대아파트가 한창 올라가던 때였는데, 이렇게 우성이 분양 대박을 터뜨리자 많은 업체가 아파트 건설에 뛰어들었다. 마침내 오늘날 40만 호에 이르는 아파트 수에 아파트 거주율 80퍼센트에 달하는 강남 아파트 시대가 활짝 열렸다.

남쪽의 대치동과 도곡동 지구에서는 대한주택공사에서 1973~1974년에 세운 도곡아파트를 중심으로 삼호주택의 개나리아파트와 진달래아파트가 들어섰고, 동쪽에는 한보주택의 은마아파트가 건설되어 대규모 주택 단지가 형성되었다. 특히 개나리아파트는 오늘날 감각으로는 촌스러운 이름이지만 당시에 놀랍게도 44 대 1의 경쟁률을 기록했다. 이 정겨운 이름의 아파트는 재건축되면서 현재 사라지고 없다.

이런 열기는 단순히 서울에 주택이 부족한 탓만은 아니었다. 1977년은 100억 달러 수출을 이룬 해였고 중동 특수까지 겹치면서 경기가 과열되고 있었다. 아파트 분양 때마다 청약 창구 앞에는 장사진이 생겨났다. 그러자 정부는 '국민주택 우선 공급에 관한 규칙'에 '불임 수술자 우선 제도'를 새로 포함했다. 한마디로 정관수술을 받은 이들에게 우선 분양권을 준다는 의미였다. 이에 많은 이들이 정관수술을 받았다. 보건소와 병원들은 시술 확인서를 발급해달라는 요청이 쇄도해 업무에 차질을 빚을 정도였다. 이 때문에 반포 일대는 '내시촌'이라는 조금 민망한 별명이 붙기도 했다. 지금은 정반대로 아이를 많이 낳아야 청약 혜택을 줄 뿐 아니라 자녀가 있는 신혼부부에게는 특별공급까지 하고 있으니 그야말로 격세지감을 느낄 수밖에 없다.

1970년대 중반부터 10여 년간 대한민국의 아파트 건설업체들은 말 그대로 땅 짚고 헤엄치는 식으로 돈을 벌었다. 건축허가만 받아내면 그다음부터는 노다지였다. 예를 들면 이런 식이다. 건축허가를 받은 뒤 입주자를 모집하고 그 계약금으로 정지(整地)공사와 기초공사를 한다. 한편으로는 분양 계약서를 담보로 막대한 자금을 대출받는다. 그다음, 아파트가 올라가면 매달 납부금이 들어오고, 완공

후 입주가 시작되면 잔금이 들어온다. 이러니 건설업체는 결코 손해 볼 일이 없었다. 건설업체들은 이렇게 번 돈으로 다시 땅을 사고 또 아파트를 지었다.

무명의 보일러 회사였던 한신공영은 반포 일대의 땅을 싸게 사들였다가 1976년 10월부터 무려 11개 단지 1만 1,672세대를 분양하여 떼돈을 벌었다. 우성 역시 반포를 시작으로 서초동, 개포동, 대치동, 역삼동, 잠실, 가락동에 아파트를 지었고, 이어 잠실에 아시아선수촌아파트를 지어 재벌 반열에 올라섰다. 리베라호텔도 우성의 작품이었다. 그 외에도 삼호, 라이프주택, 진흥기업, 경남기업, 한보, 삼익, 삼풍그룹 등이 엄청난 부를 쌓아 올렸다.

그런데 이 기업들 대부분은 1980년대 후반에서 1990년대 사이 몰락의 길을 걸었다. 강남의 대지주 조봉구의 삼호가 가장 먼저 쓰러졌고, 한양건설이 넘어졌으며, 진흥, 삼익, 라이프주택, 우성, 한보가 뒤를 이었다. 경남기업이나 한신공영 등 남아 있는 회사들도 대부분 창업주의 손을 떠났다. 이 기업들의 수명은 보통 15년 안팎에 불과했으며 길어야 20년이었다. 지금까지 건재한 곳은 현대산업개발과 현대건설 정도이고, 사실 이조차도 현대그룹이라는 거인의 덕을 많이 보았다.

승승장구하던 이 기업들이 몰락한 이유는 무엇일까? 기업마다 몰락의 계기는 달랐으나 결정적인 요인은 같았다. 과다한 부동산 투자와 부채였다. 아파트 건설업체는 사실상 아무런 규제를 받지 않은 채 사들인 땅을 담보로 은행 돈을 빌렸고 그 돈으로 또 땅을 샀다. 부채로 인한 이자 부담은 안중에 없었다. 땅값은 계속 오르고 아파트는 지으면 팔린다. 기업들은 이와 같은 환상에 빠져 있었다. 실제로 1980년대 말까지는 부동산의 가격 상승에 힘입어 땅장사로 돈을 벌었고 외형을 키울 수 있었다. 그러나 1990년대에 들어 토지공개념이 도입되는 등 경영 환경이 완전히 달라졌다. 땅값은 더 이상 오르지 않았고, 아파트도 지으면 팔려나가는 게 아니었다. 게다가 정부가 아파트 분양가를 규제하기 시작했다.

이처럼 상황이 급변하자 그 전에는 신경도 안 썼던 부채가 기업들을 압박하기 시작했다. 결국 아파트 장사로 쉽게 번 돈을 기업 경쟁력 강화에 투자하지 않은 탓에 아파트 재벌의 영화는 10여 년 만에 물거품이 되고 말았다. 물론 우성 같은 경우는 타이어 산업에 진출했다가 실패했고, 한보는 제철소를 만들었다가 실패한 탓도 컸다. 한편 우성은 1991년 독특한 외양의 사옥을 양재동에 지었는데 지금은 '학원 건물'로 전락해버리고 말았다.

강남에서 아파트가 아니라 빌딩 건설로 성장한 기업도 많다. 나산의 안병균 회장은 1981년 선릉역 주변의 대지 1,600평을 사들여 샹젤리제오피스텔을 지어 큰 차익을 남겼고, 이를 바탕으로 한때 나산을 재계 57위의 중견 그룹으로 성장시켰다. 거평그룹의 나승렬 회장 역시 1988년 서초동에 지은 지상 19층, 지하 6층의 센추리오피스텔과 역삼동 빌라를 성공리에 분양해 큰돈을 벌었고, 1991년에는 논현동에 26층짜리 거평타운을 세우기도 했다. 6년 후 거평그룹은 30대 기업의 자리까지 올랐지만 실속이 없는 사업이 많았고 결국 IMF 외환 위기 때 공중 분해되고 말았다.

이렇듯 강남은 많은 기업을 성장시켰다. 하지만 오래간 기업은 많지 않았다. 다만 이들이 남긴 수만 채의 아파트와 빌딩은 여전히 건재하며 한 시대를 증언해주고 있다.

강남으로 모여드는 국가기관

강남에는 아파트 단지와 고속버스터미널만이 건설된 것이 아니었다. 정부는 영동 개발을 시작하면서 서울시청을 비롯한 112개 정부기관을 모두 옮기려 했지만 중앙 부서와 언론의 냉담한 반응, 비용 문제 등으로 계획이 취소되었다. 그럼에도 많은 정부기관과 공공기관이 강남으로 이전했는데, 대표적인 예가 삼부(三府)의 하나인 사법부와 최고 실세 검찰청이었다.

1980년대 후반에서 1995년까지 서초동에는 여전히 비닐하우스가 많았다. 바로 이곳으로 대법원 청사와 서울고등법원, 그리고 검찰 청사가 이전했다. 사실 이 땅은 서울시가 지난 1979년에 청사를 이전하기 위해 사들인 2만 5,000평의 부지로, 대통령의 결재가 나지 않아 미루어지다가 이전 건이 백지화되었다. 결국 대법원과 검찰청이 이곳으로 이전했고, 대신 두 기관은 중구 정동의 옛 청사와 부지를 서울시에 내어주었다. 한편 사법부는 청사 신축 재원을 엉뚱하게도 교통범칙금으로 채워 뒷말을 낳기도 했다.

무려 28개의 응모작이 대법원 청사 설계에 도전했는데, 최종 승자는 원도시건축의 윤승중이었다. 이 청사는 1990년 한국건축문화대상을 받기도 했다. 하지만 그 정도로 좋은 작품인지는 다소 의문이다. 윤승중 씨는 지반이 암반이어서 자신의 구상을 다 펼치지 못했다고 회고했는데, 대법원 청사는 포개놓은 법전처럼 보이기도 하고 한편으로 재동에 있는 헌법재판소의 확대판처럼 보이기도 한다. 언젠가 대법원 청사에 들어가본 적이 있는데 지나치게 넓은 사무 공간을 보고 "역시 힘 있는 기관은 다르구나" 하는 생각이 들었다.

서울법원종합청사는 대법원처럼 석조 건물은 아니지만 정문으로 들어가기 위해서는 꽤 높은 계단을 지나야 한다. 하지만 엉뚱하게도 VIP들은 자동차로 직접 정문으로 갈 수 있는 구조로 되어 있다(위압적인 느낌을 주는 청사임에는 틀림없다). 누군가는 기요틴을 연상시킨다고 하는데, 이는 약간 지나친 표현일지라도 어쨌든 시민들에게 거리감을 느끼게 하는 디자인이라는 지적에는 많은 이들이 동의할 것이다.

법원과 검찰의 서초동 이전으로 주변은 자연히 법조 단지가 되었다. 변호사와 법무사는 물론이고 감정평가사, 변리사, 세무사 등 법조계와 깊은 관련을 맺을 수밖에 없는 전문가 집단의 회관들도 인근에 들어섰다. 공인중개사협회는 강남권이 아닌 관악구 남현동에 자리 잡았지만 이곳 역시 법원과 가까운 곳이었다. 자연스럽게 강남은 정치적이고 보수적인 지역이 되었다(물론 예외(?)도 있는데, 노무현과 문재인 두 대통령을 배출한 '민주주의를 위한 변호사모임(약칭 민변)' 사무실도 서초동에 있다). 미리 정보를 알고 주변 땅을 사 돈을 번 법조계 인사들도 많았다고 한다. 군 출신 중에서 떼돈을 번 인물도 있었는데, 삼풍그룹 회장 이준이었다. 그에 대한 이야기는 '삼풍백화점' 편에서 따로 하겠다.

검찰청사는 짙은 색으로 덮여 있어 밖에서 안을 알 수 없는 철옹성 같은 느낌을 준다. 어찌 보면 수사기관에 어울리는, 그리고 그

그림 11 서울법원종합청사와 검찰청사.

들의 '마인드'에 어울리는 건물이라는 생각도 든다. 한편 이 일대로 이전한 기관 중에는 국립중앙도서관도 있다.

법원과 검찰 다음으로 '끗발' 좋은 기관도 강남 내곡동에 자리를 잡는다. 바로 '국가정보원(국정원)'이다. 전신인 중앙정보부(중정)와 안전기획부(안기부)가 가진 부정적인 '남산'의 역사를 탈피하고자 국정원은 남산 청사를 버리고 1995년 강남으로 이전했다. 재미있는 사실은 태종과 순조가 잠들어 있는 헌인릉 앞의 현재 국정원 부지가 원래 김종필의 소유였다는 것이다. 전두환 집권 때 김종필이 '부정축재자'로 몰려 국가 소유가 되었다가, 결국 국정원의 새 터가 되었다. 국정원은 자신들의 전신 중앙정보부의 창시자였던 김종필의 소유지에 자리를 잡은 것이다!

국정원이 남긴 남산 건물에서, 특히 지하에서 무자비한 고문이 자행되었음은 널리 알려진 역사적 사실이다. 몇몇 건물은 보안상 폭파 해체되었고, 나머지는 서울시로 이관되어 교통방송국 등 서울시 산하 단체의 공간이 되었다. 전국민주화운동유가족협의회 등 18개 인권 단체가 당시 이명박 서울시장에게 그 자리에 인권 공원을 조성해달라고 요구했지만 받아들여지지 않았다. 그러다가 오세훈 시장 시절인 2009년, 서울시는 '남산 제 모습 찾기' 사업을 시작하면서 그 건물들을 철거하려고 했다. 하지만 통감부 유적이 나오면서 계획은 중단되었다. 이명박 시장 재직 당시 민주화운동기념사업회가 그 건물로 이전하려고 했다가 무산되었는데, 풍문에 따르면 다시 '남산의 기억'이 되살아날까봐 두려워한 국정원 측의 '방해'로 예산이 나오지 않았기 때문이라고 한다.

행정수도가 추진되면서 상공부 단지 조성은 취소되었지만 대신 최대 규모의 공기업인 한국전력이 삼성동에 자리를 잡았다. 이제는 나주혁신도시로 이전했지만 한국전력이 삼성동 터를 참 여유 있게 잡았다는 지적을 하지 않을 수 없다. 더구나 건너편에 있는 선정릉에는 그렇게 야박하게 굴며 부지를 적게 주고 도산공원 외에는 공원용지조차 따로 없었다는 점을 상기하면 말이다.

　　이전은 아니지만 1991년에는 한국은행이 역삼동에 강남본부를 차렸다. 정확히 말하면 전산본부로, 화강석으로 마감한 고전적인 외관으로 보아 남대문로 본점을 기본으로 삼아 양식을 '약간 바꾸어' 지은 듯하다. 확실히 전산본부라고 볼 만한 외관은 아니다. 누가 국가기관, 그것도 '은행권'을 발행하는 기관 아니랄까봐 이렇게 만들었나 싶다. 그래도 현대식 빌딩만 가득 찬 강남에 독특한 느낌을 주고 있어서 건너편에 42층 높이를 자랑하며 우뚝 서 있는 GS타워와 좋은 대조를 이루고 있다. 이 건물 역시 관공서답게 이전의 한국전력처럼 여유 있는 공간을 자랑한다.

　　행정구역상 서울은 아니지만 과천 제2청사와 과천 신도시 건설도 강남 개발의 일환이라고 할 수 있다. 과천은 광명시와 함께 경기도에서 서울 전화번호를 쓰는 유이무삼의 도시이기도 하다. 박정희 대통령은 1960년대 후반부터 관악산을 등지고 동쪽에 청계산, 남쪽으로는 인덕원 고개에 둘러싸인 이 분지를 주목했다. 관악산을 등지고 있어 적의 포격과 폭격에 안전하다고 보았기 때문이다. 박정희는 5·16 쿠데타 동지였던 김재춘에게 1967년부터 1968년까지 136만 평의 땅을 사게 했고, 핵폭탄과 미사일 등 비밀 무기를 만들 연구소와 생산 기지를 건설하려고 했다. 하지만 이조차 북한이 보유한 프로그 미사일의 유효 사정거리 안에 있다는 사실이 밝혀지면서 정부 청사와 대공원을 건립하는 쪽으로 계획이 전환되었다.

1978년 1월, 과천이 제2정부종합청사 후보지로 발표되었다. 그해 10월 30일에는 대공원이 공사에 들어갔고, 다음 해 4월 10일에는 제2정부종합청사가 착공되었다. 하지만 박정희 대통령은 완성을 보지 못하고 비명에 가고 말았다. 1982년 6월부터 새 청사에 경제부처를 중심으로 한 정부기관들이 입주했고, 1984년 5월 1일에는 대공원도 완공되었다. 주택공사가 과천 신도시의 건설을 맡았는데, 수도권 신도시 중에 가장 저밀도로 설계해서 과천에는 높은 빌딩이 드물다. 주택공사 관계자 중에는 이런 저밀도 신도시가 과천 하나로 끝났다는 데에 대해 아쉬워하는 이들이 적지 않다.

이렇게 만들어진 과천시는 전국의 기초단체 중에서 가장 높은 재정자립도를 자랑하는데 이유는 간단하다. 인구는 적은 데 비해 지자체 입장에서는 가장 수입이 좋은 경마장이 있기 때문이다.

대형 병원의 메카가 되기까지

도시에 가장 필요한 시설 중 하나는 병원이다. 그래서 강남 개발 초기인 1977년 7월 2일, 서울시는 시립 중부 및 남부 병원을 통합하여 서울시립강남병원을 삼성동에 개원했다. 이 병원은 2011년 5월 중랑구 신내동으로 이전했는데, '강북 역류' 현상이라고 할 수 있겠다. 가톨릭대 부속병원인 성모병원도 고속버스터미널 남쪽의 부지를 사서 1977년 5월 기공식을 열고 강남성모병원이라는 이름으로 1980

년 5월 개원했다. 놀랍게도 당시에는 인도가 포장되어 있지 않아 비가 오면 장화를 신어야 했고, 가로등도 없어 간호사들은 경비실 직원의 호위를 받으며 퇴근해야 했다. 강남성모병원은 이후 눈부신 발전을 이루었는데, 개원 다음 해인 1981년 8월 국내 최초로 시작한 호스피스 활동이 가장 주목할 만하다.

그래도 두 병원만으로는 부족했다. 이에 서울시는 연세대학교 세브란스병원이 마침 병원 신설을 추진하자 조봉구의 삼호개발로 하여금 도곡동 토지를 연세대학교에 팔도록 했다. 이렇게 하여 영동세브란스병원의 역사가 시작된다.

> 1975년 영동 지역의 의료 시설은 일반 개업의 27개소 정도로 열악했다. 1983년 연세의료원은 8년의 준비 끝에 '영동세브란스병원'을 개원했고 강남 주민들은 종합병원이며 대학병원인 이곳에 만족하며 진료를 받았다. 영동세브란스라는 지역성이 가미된 명칭은 2009년 3월에 강남세브란스로 개명됐다. 영동세브란스의 개원부터 지켜봤던 지역 주민들은 영동에서 강남으로 변화된 시대의 흐름을 병원의 명칭 변화에서도 함께 느낄 수 있었다.
>
> _『영동세브란스병원사』

산부인과의 대명사인 차병원 역시 모태는 강북이지만 1984년 강남차병원을 개원하면서 본격적으로 발전하기 시작했다. 현대의 아산병원과 서울삼성병원의 개원은 1989년 6월과 1994년 11월로 이들보다 한참 늦었다. 일원동 원주민들의 증언에 따르면 서울삼성병원 자리는 원래 자연녹지로 물이 잘 차는 땅이었다고 한다. 서울삼성병원은 삼성 특유의 일등주의 덕분인지 빠른 속도로 국내 최고의 병원 중 하나로 올라섰다. 하지만 2015년 메르스 사태로 자존심에 큰 상처를 입었다. 아산병원의 경우, 개원 초기 홍수로 인해 1층이 침수되어 수십억 원의 장비 손해를 입었다. 그 후 둑 공사를 하여 지금은 그런 염려가 없어졌다. 2009년 9월에는 강남을지병원도 도산대로에 개원했다. 강남을지병원은 튀는 건물 외관으로 건축 잡지 『스페이스(Space)』가 선정한 최악의 건축 16위에 선정되는 불명예를 얻기도 했다.

이렇게 강남은 의료 시설 면에서도 한국 최고의 지역이 되었다. 그 증거 중 하나가 한국의 5대 병원, 즉 서울대, 삼성, 아산, 성모, 세브란스가 모두 범강남권에 병원을 가지고 있다는 사실이다. 한국 최고의 명문 대학을 칭하는 속칭 SKY 중 하나인 고려대 병원이 5대 병원에 들어가지 못하는 이유가 강남권에 병원을 가지고 있지 못하기 때문이라면 지나친 생각일까? 강남에 병원은 물론 전화도 없어 돌연한 사고나 병이 생겨도 속수무책이었던 시절이 있었다는 사실을 아는 이는 몇이나 될지 궁금하다.

교회와 성당 이야기

현재의 강남을 만드는 데 기여한 존재로 대형 교회들을 빼놓을 수 없다. 이 교회들의 사회적 영향력이 얼마나 막강한지는 김영삼과 이명박 두 대통령의 탄생으로 증명되고도 남는다.

강남의 대형 교회는 두 가지 형태로 나눌 수 있다. 하나는 처음부터 강남에서 시작한 경우이고, 다른 하나는 강북에서 이전한 경우이다. 전자의 대표는 이명박 정권 시기를 풍미했던 유행어 '고소영'의 한 '축'을 이룬 소망교회다. 이 교회는 곽선희 목사가 1977년 8월 24일 11명의 신자를 모아 시작했으며, 같은 해 10월 2일 현대아파트 11동 1101호에서 창립 예배를 거행했다. 신자들이 늘어나자 근처 건물의 일부를 임대했는데, 묘하게도 당시 천주교 압구정 본당도 같은 건물에 있었다. 시작은 미약했으나 결국 거대한 소망교회를 이룬 곽 목사는 압구정 소망교회를 물려주지는 않았으나 분당 소망교회를 아들에게 맡겼다. 옥한흠 목사가 개척한 사랑의교회도 강남에서 문을 열었다.

옥한흠 목사 사후 사랑의교회는 서초동에 3,000억 원짜리 성전을 짓다가 지하 공간이 위법하게 건설되었다는 사실이 적발되는 등 말도 많고 탈도 많았다.

물론 강남에서 시작한 교회들이 다 대형 교회로 성장한 것은 아니다. 이 책에 등장하는 은마아파트의 상가에는 믿기 어렵지만 한때 100개가 넘는 개척 교회가 들어섰다고 한다. 그중에서 지금까지 남아 있는 교회가 몇 개인지는 아무도 알 수 없다.

후자의 대표적인 사례는 충현교회와 광림교회다. 두 교회 공히 담임목사 세습으로 세간의 큰 비판을 받았다. 특히 충현교회는 부자 간의 싸움까지 일어나 교인이 전성기의 40퍼센트 수준으로 줄어들었다고 알려져 있다. 그러면 왜 개신교는 강남 아파트 단지에서 대성공을 거두었을까? 여기서 김상현의 논문 「실제적인 전도방법—아파트 전도를 중심으로」의 일부를 소개한다.

첫째, 대한민국 상당수의 사람들이 아파트에 살고 있기 때문이다. 호랑이를 잡으려면 호랑이 굴로 가야 하지 않겠는가? 둘째, 좁은 지역에 많은 세대가 살고 있으므로 이동거리가 길지 않아도 많은 사람을 만날 수 있다. 셋째, 평수에 따라, 분양/임대에 따라, 어떤 지역에 있는 아파트인가에 따라 비슷한 계층의 사람들이 모여 살기에, 대상에 맞는 효과적인 전도전략을 세울 수 있다. 넷째, 아파트는 전도할 수 있는 다양한 공간, 즉 주거공간, 생활공간, 세대별 공간이 한곳에 밀집해 있으므로 다양한 전도방법을 사용할 수 있다.

현재 한국 교회의 문제 중 하나는 좋은 인적 자원이 대형 교회에 몰려 있다는 것이다. 대형 교회가 반드시 좋은 교회라고 할 수는 없지만, 그와 별개로 멀리서 강남의 교회를 찾은 훌륭한 인물들이 대형 교회에 집중되어 있는 것이다. 지역 교회에서 크게 쓰임을 받을 수 있는 좋은 자원들이 대형 교회에서 일개 군중으로 '전락'해버리게 되는데 이는 큰 문제가 아닐 수 없다. 특히 큰 교회들이 거대한 건물과 시설로 교세를 자랑하는 모습은 결코 기독교 정신에 부합한다고 할 수 없을 것이다. 또 다른 문제는 아무리 대단지 아파트라고 해도 종교 용지를 따로 배정하는 경우는 거의 없다는 것이다. 분당이나 목동 같은 신도시 정도의 규모가 되어야 종교 용지가 배정된다. 그렇기 때문에 종교 시설이 상가로 들어가고, 불필요한 경쟁이 벌어지며, 불미스러운 일도 일어난다. 이런 이유로 많은 신자들이 대형 교회를 선택하고, 신앙이 생활의 일부가 아니라 시간을 내어야 하는 특별한 일이 되어버린다.

여담이지만 『압구정 다이어리』의 지은이 정수현은 괜찮은 강남 남자를 만날 수 있는 좋은 장소로 광림교회를 꼽은 적이 있다. 예배가 끝난 후 데이트하기 좋은 근사한 장소가 많기 때문이라나. 광림교회는 명동성당보다도 크고 비싼 파이프오르간을 자랑한다. 하지만 전문 연주자들은 명동성당을 훨씬 선호한다. 왜 그럴까? 명동성당은 벽돌로 지은 건물이어서 연주의 잔향이 2초가량 유지된다. 하지만 광림교회 건물은 목사의 설교가 최우선이기 때문에 강력한 흡음제로 마감해서 잔향 시간이 0.5초에 불과하다. 더구나 자랑하기 위해서인지는 몰라도 파이프오르간을 강단 양쪽에 배치했는데 이 역시 문제다. 파이프오르간 소리는 머리 뒤쪽에서 울려야 호소력이 더 강하기 때문이다. 명동성당의 파이프오르간은 유럽의 성당들처럼 뒤쪽에 설치되어 있다.

성당 이야기가 나온 김에 하는 말인데, 강남의 대형 교회에 가려져 있어서 그렇지 강남의 성당들 역시 규모가 만만치 않다. 특히 1984년 9월 2일 첫 미사를 봉헌한 역삼동성당이 대표 주자인데 아주 잘 지었다고 소문난 성당이다. 강남에서도 요지인 이곳은 어느 사업가가 꿈에 이상한 문장(그림)이 자기 땅에 있는 것을 보고 무엇인지 궁금해하다가 요한 바오로 2세가 방한했을 때 그게 교황의 문장이라는 사실을 알고는 하느님의 성전 터라 믿고 기증했다고 한다. 금싸라기 땅이니 하늘에 보화를 쌓았다고 할 수 있을까? 역삼동성당의 규모는 명동성당과 비슷하다. 그러나 지하 등 활용 공간이 많아서 오히려 더 넓게 쓰는 듯하고 또 첨단 시설이라는 측면에서 봤을 때 더 '좋은' 성당이라고도 할 수 있을 것이다. 지구장좌라는 지위도 있고 강남가톨릭문화원 및 서강대학교 사회교육원, 청소년회관 등이 있어 문화 활동 지원이란 면에서도 많은 역할을 하고 있다. 역삼동성당은 방배동성당과 함께 강남에서 가장 인기 있는 가톨릭 신자들의 결혼 식장이기도 하다.

어쨌든 강남의 교회나 성당도 예전 같은 성장세를 보이지는 못하고 있다. 한국을 움직이는 막강한 파워 엘리트들이 다니는 강남의 교회와 성당들은 앞으로 사회의 '빛과 소금'이 될 수 있을까? 아니면 '그들만의 리그'를 형성하고 말까?

진짜 강남의 시작: 반포 주공아파트 1단지

논현동에 공무원아파트 공사가 시작되기는 했지만 진짜 강남의 시작은 최대 60평대의 대형 아파트를 포함하여 4,000세대에 가까운 반포 주공아파트 1단지의 공사로 보아야 할 것이다. 당시로는 어마어마한 규모였다. 우선 반포라는 지명부터 살펴보자.

1963년의 서울 대확장으로 반포 일대도 서울에 편입되었다. 하지만 반포는 방배동, 서초동, 양재동, 잠원동과 함께 성동구가 아니라 영등포구에 속했다. 따라서 1973년 7월 1일 관악구가 독립했을 때 반포는 관악구에 포함되었다. 아마 강남, 송파, 강동 지역이 경기도 광주군 땅이었던 데 비해 이 지역은 시흥군 신동면 땅이었기 때문일 것이다. 지금은 전혀 어울려 보이지 않는 이 지역의 관악 시대는 1980년까지 계속되었다. 그 후 강남구에 속했다가 1988년 서초구가 독립하면서 지금까지 이어지고 있다.

따라서 1971년 8월 25일 반포 주공아파트 1단지 공사가 시작될 당시 이 일대의 공식 지명은 반포가 아니라 동작동이었고, 정확하게 는 영등포구 동작동 307번지였다. 하지만 이미 매립 당시부터 동작 동이라는 지명은 전혀 사용되지 않았다. 정확한 이유는 알 수 없지만 몇 가지 추정은 가능하다. 우선 지금의 동작구와 서초구의 경계를 이 루는 반포천의 존재 때문일 것이다. 반포의 옛 지명은 서릿개로, 이 지역의 한강 어귀를 칭하는 이름이었다. 뱀이 똬리를 틀듯이 한강물 이 소용돌이처럼 휘감아 '서리는' 곳이라 하여 그렇게 불렀다. 이를 한자로 '서릴 반+물가 포'자를 써서 반포(蟠浦)라고 했고, 뒤에 서릴 반이 소반 반(盤)으로 변해 반포(盤浦)가 되었다는 설이 유력하다. 소 반 반자는 물받이 '대야'라는 뜻이 있으니 이 역시 물과 관련이 있다. 그만큼 항상 물로 가득 차 있던 상습 침수 마을이었던 것이다. 또한 어느 정도 도시화가 되어 있던 다른 동작 지역과 달리 반포 일대는 버드나무와 갈대밭, 채소밭, 모래밭만 있는 존재감이 전혀 없는 시골 이었다. 그 때문에 역설적으로 영동 개발의 상징성을 보여줄 수 있었 던 것으로 보인다.

　반포 주공아파트 1단지의 1차 공사는 1971년 8월 25일 930호 규모로 착공하여 1973년 6월 30일에, 1,490호 규모의 2차 공사는 1973년 4월 16일 시작하여 그해 12월 17일에 준공되었다. 3차 공사 는 1973년 7월 26일 착공해 1974년 12월 25일에 마쳤다. 모두 3,786 호에 달하는 엄청난 규모였다. 22평형이 1,490호, 32평 이상이 2,296 호였으며, 모두 106개 동이었다. 직전에 여의도와 동부이촌동에도 아파트 단지가 건설되었지만 반포 주공아파트 1단지는 그와 차원이 다른 규모였다. 또한 전신주 없이 지하로 전기를 공급하고 상록수,

활엽수 등 다양한 수종을 식재하는 등 새로운 시도를 많이 했다.

반포 주공아파트 1단지 건설에는 정치적 의도, 즉 정권 친화적 중산층 육성이라는 목표도 있었다. 이를 위해 서울대 교수들에게 170호, KDI에 23호, 숫자 미상의 군 장성 등에게 특별 분양을 했다. 마침 서울대를 관악산 기슭으로 이전할 계획이었기에 더욱 궁합이 맞았다. 좋은 말로 하면 "해외에 있는 두뇌의 국내 유치와 석학을 위해 주택 및 후생 복리에 특별한 배려"를 한 것이고, 삐딱하게 말하면 "물질을 매개로 맺은 정치권력과 과학 기술자의 동맹"인 셈이었다.

실제로 반포에서 관악 캠퍼스로 가는 셔틀버스가 운행되었다. 당시 교수들 가운데 가장 유명했던 인물은 수필가이기도 했던 피천득이었는데, 1974년 정년퇴직한 걸 고려하면 관악 캠퍼스 출입은 많지 않았을 것으로 보인다. 한편 반포 주공아파트 1단지 공사가 시작된 1971년, 공교롭게도 반포와 마찬가지로 허허벌판이었던 대구 만촌동에도 주택공사가 건설한 교수촌이 탄생한다. 박정희가 영남대를 본격적으로 키우려던 시도와 맞물려 일어난 일인데, 그 덕분만은 아니겠지만 수성 일대는 대구의 강남으로 급격하게 성장한다. 다만 만촌동 교수촌은 반포와는 달리 단독주택 단지였다.

반포 주공아파트 1단지는 첫 강남답게 많은 유명인이 살거나 배출되었다. 여고 시절부터 스타였던 이미연(97동, 세화여고 출신), 잘 나가던 미남 아이돌 김원준(73동, 반포중 출신)과 류시원(88동, 세화고 출신), 성시경(반포 출생, 세화고 출신), 김태우(반포 출생, 세화고 출신), 1·21 사건의 주역 김신조 등이 대표적인 인물이다.

일반적으로 반포는 중산층이 사는 지역처럼 인식되기도 했지만

그림 12 철거 중인 반포 주공아파트 1단지.

출발 당시부터 부촌이었다. 그리고 반포 이후로 아파트와 자동차는 사회적 신분의 상승을 보여주는 '코리안 드림'의 상징이 되었다. 더 정확하게 말하면 자가용을 타고 대규모 아파트 단지에서 사는 삶이 성공한 화이트칼라의 상징이 되었다. 문제는 그 외의 지역은 점점 성공에 이르지 못한 서민들의 주거 지역으로 인식되었다는 것이다. 이는 미국의 '아메리칸 드림'과 유사하다. 물론 미국인 중산층의 집은 교외의 아름다운 단독주택이라는 차이점은 있지만 말이다.

그럼에도 강남의 고질적인 취약점인 '물 문제', 즉 수해에 대한 취약성은 여전했다. 어린 시절을 잠실과 반포에서 보낸 문헌학자 김시덕은 홍수가 나면 수돗물이 끊겨 급수차가 와야 했고, 고속버스터

미널 지하상가에 물이 차고, 고속버스터미널 동쪽 사거리가 물바다
가 되었다고 생생하게 증언한다. 그는 반포 둔치에 갔다가 1미터 높
이의 진흙에 빠져 죽음의 공포를 느껴본 적도 있다고 말한다(김시덕
은 1975년생이다). 한강종합개발이 끝나고 충주댐이 완공된 이후에는
이런 일이 잘 벌어지지 않았지만 기후 위기 때문인지 최근에 다시
등장하기 시작했다. 이와 관련된 이야기는 뒤에서 다시 다루도록 하
겠다.

· 5 ·
8학군의 신화

강남으로 모여드는 명문 학교들

강남을 현재의 강남으로 만드는 데 큰 역할을 한 것들이 적지 않지만 무엇보다 명문고들의 강남 이전을 빼놓을 수 없다. 1970년대 초 서울의 명문 고등학교라고 하면 흔히 5대 공립과 5대 사립을 꼽았다. 경기고, 서울고, 경복고, 용산고, 경동고가 5대 공립이었고, 중앙고, 양정고, 배재고, 휘문고, 보성고가 5대 사립이었다. 여학교로는 경기여고, 창덕여고가 명문 공립이었고, 이화여고, 숙명여고, 진명여고, 정신여고가 명문 사립이었다. 이 중에서 용산고와 경동고를 제외한 모든 학교가 사대문 안에 몰려 있었다. 그런데 이 명문 학교 대부분이 강남으로 이전한다.

영동 개발을 시작한 구자춘 시장의 다음 구상은 명문고의 강남 이전이었다. 구자춘 시장이 명문고를 강남으로 옮기기로 한 배경에는 3핵 도시 구상―기존 사대문 안과 여의도-영등포, 그리고 강남―의 실현과 함께 도심 교통난 완화도 있었다. 종로구와 중구에 몰려 있는 이른바 명문고에 다니는 학생들의 등하교로 인해 도심 교통 체증이 더욱 악화되고 있다고 여겼던 것이다. 물론 틀린 생각은 아니었지만 또 다른 속셈이 있었다. 아직 4·19혁명과 6·3학생운동의 기억이 생생할 때였고, 학생들의 힘을 잘 알고 있던 권력 집단들에게 청와대와 중앙 부처 가까이에 있는 서울대와 고등학교들은 신경 쓰이는 존재가 아닐 수 없었다. 한편으로 사대문 안에 밀집해 있는 학교들의 장래를 위해서도 이전은 불가피했다. 더구나 1974년부터는 서울에서 고교 평준화가 실시될 예정이었다.

당시 구자춘 시장은 서울시교육위원회 의장이자 막강한 권력자였다. 하지만 여느 사안들과 달리 명문고 이전만은 강제로 추진할 수 없었다. 사회 지도층 인사들 중에서 이 지역 명문고 출신이 많았기 때문이다. 명문고 이전은 바로 이들의 추억과 향수를 송두리째 빼앗는 일이었다. 특히 구자춘 시장은 종로구 화동의 경기고등학교를 강남구 삼성동으로 옮길 때 가장 강력한 반발에 부딪혔다.

자의 반 타의 반

그럼에도 소위 명문고의 강남 이전은 결국 성사되었고 현재의 강남을 탄생시킨 결정적 요인이 되었다. 좀 더 구체적으로 그 과정을 살펴보자.

1960년대 '남서울 신도시 계획안' 발표와 제3한강교의 건설로, 강남이 비로소 서울 생활권에 편입되었지만 영동권 개발 사업은 생각처럼 잘되지 않았다. 정부는 강남 개발을 진두지휘하기 위해 1975년 '강남구'를 신설하고 '부동산억제세 면제'와 '한강 이북 택지 조성 불허' 등의 조치를 단행했다. 이와 동시에 추진한 것이 한국 사회의 교육열을 역이용한 명문고 이전 조치였다. 명문고 이전은 명문고 선호 심리를 이용한 인구 유입 방안이었던 셈이다.

1972년 10월 28일 문교부 장관은 경기고를 영동 제2구획정리지구로 이전한다고 발표했다. 앞으로 3년 동안 사업비 6억 9,600만 원을 들여 3만 2,000여 평의 대지에 현대식 시설을 갖춘 교사를 지어 이전한다는 내용이었다. 일류 중고교의 개념부터 바꾸겠다는 정부의 강한 의지도 담겨 있었다. 10여 일 전인 10월 17일 유신헌법 발표와 비상계엄령 선포로 정부의 결정에 반대하기 어려운 분위기여서 경기고 이전은 정부의 계획대로 추진되는 듯했다. 그런데 정부는 재학생뿐 아니라 국내외 동문까지 합세한 강력한 반대 여론에 부딪혔다. 결국 양측은 기존 교사(校舍)를 그대로 유지해 정독도서관으로 사용한다는 조건으로 이전에 합의했다. 1976년 3월 경기고 이전에 이어 1978년 휘문중고등학교가 대치동으로 옮겨갔다. 기존 휘문중고 부지는 현대그룹이 인수했고, 현대그룹은 그 자리에 사옥을 지었다.

당시 대통령 연두 순시는 다른 사안을 압도하는 권위가 있었다. 구자춘 시장은 명문고의 강남 이전을 독려하기 위해 이를 이용했다. '강북 각급 학교의 강남 이전'을 대통령 지시 사항에 넣어달라고 청와대 측에 미리 요청해둔 것이다. 그에 따라 1978년 서울시에 대한 대통령 연두 순시 지시에 "강남 이전을 희망하는 학교에 대해서는 행정적·재정적 지원을 해 가능하면 많은 학교가 이전되도록 할 것"이라는 내용이 포함되었다. 이제 서울시는 강남의 구획정리지구에 있는 서울시 소유의 체비지를 학교용지로 헐값에 불하해줄 구실이 생겼고, 학교 측에 은행 융자를 알선해줄 수도 있게 되었다. 게다가 교사 건축비 지원, 토지 정지 작업과 도로 개설 및 포장, 상하수도 시설 완비, 용지 매입에 따른 취등록세 감면 같은 엄청난 특혜가 베풀어졌다. 당시로는 엄청난 거리를 통학해야 하는 학생들은 고생이었지만 원주민들에게는 희소식이었다. 그때까지도 대치동에는 중학교가 없어 나룻배를 타고 성수동까지 통학을 해야 했기 때문이다. 동문을 설득할 명분을 얻은 학교들은 너도나도 강남 이전 계획을 세웠다. 경기고(1976년), 휘문중고(1978년)에 이어 1978년 12월, 정신여고가 잠실로의 이전을 결정했다. 1980년에는 숙명여중고가 강남구 도곡동으로, 서울고는 서초동으로 옮겨갔다(서울고는 본래 신림동 남부경찰서 자리로 이전할 예정이었지만 서초동으로 변경되었다). 1984년에는 중동고가 일원동으로, 배명고가 송파구 삼전동으로, 1986년에는 창신동에 있던 동덕여고가 방배동으로, 1988년에는 경기여고가 개포동으로 이전했다.

한편 1974년 서울 지역에서 고교 평준화와 함께 학군제가 실시되었다. 서울 시내를 5개 학군으로 나누고 중학교 졸업생은 같은 학군의 고교로만 진학하도록 하는 제도였다. 1978년에는 학군 수가 인구 증가와 신(新)개발지 확대 등으로 9개로 늘어났다. 이 해는 강남에 대규모 아파트 단지가 들어서던 때였다. 경기고, 서울고, 숙명여고 등 이른바 강북 명문고가 옮겨간 강남구와 서초구는 그 유명한 '8학군'

의 핵심이 되었다. 현재의 강남을 만들었다는 말이 나올 정도로 이 학군의 위상은 대단했다. 부동산 부양 때문에 학교를 옮기는 것인지, 아파트가 지어지면서 학생 수가 늘어나 학교를 이전시키는 것인지에 대한 구별은 시간이 갈수록 의미가 없어졌다.

그리하여 1970년대부터 1990년대에 걸쳐 결과적으로 중앙고와 경복고, 용산고를 제외한 대부분의 명문고가 강남으로 이전했다. 세 학교가 이전하지 않은 이유는 간단하다. 세 학교 다 외진 곳에 위치해 있어 '팔릴 땅'이 아니었기 때문이다. 상당수 학교는 자발적으로 강남행을 선택했다. 숙명여고, 정신여고, 배재고 등은 옛 교사의 협소함과 학생 수의 감소 등으로 새로운 돌파구를 찾아 이전한 경우이다. 그리고 강남으로 이전한 학교들은 모두 이른바 '강남 8학군'과 '강남 교육특구'를 형성했다. 배재고는 다소 '변방'인 고덕동에 자리를 잡았다. 2017년에는 풍문여고가 안국동에서 내곡동으로 이전했다.

그에 비해 대학교의 경우에는 국립대학인 서울대와 서울교대를 제외하고 이전이 이뤄지지 않았다. 다만 단국대가 헌릉 일대에 30만 평을 마련해 이전하려고 했지만 해당 지역이 그린벨트로 묶여 뜻을 이루지 못했고, 대신 사범대 부속고등학교만 대치동에서 개교하는 데 그쳤다. 만약 실현되었다면 단국대는 강남 유일의 종합사립대학으로 교세를 상당히 키울 수 있었을 것이다.

사립대학의 이전이 지지부진했던 이유는 막강한 동문의 힘 때문이 아니었을까 싶지만, 정부의 시선이 더 먼 데 있었던 탓 같기도 하다. 정부는 사립대를 아예 강남도 아닌 경기도나 더 먼 지방으로 이전시키려고 했다. 그 결과 성균관대, 경희대, 한양대, 외국어대, 중앙대, 경기대, 명지대, 외국어대의 경우에는 경기도로 캠퍼스의 상당 부분이 이전했다. 고려대, 연세대, 건국대, 동국대, 홍익대 등은 아예 경기도를 넘어서 지방 캠퍼스를 건립했다. 이는 학생운동권의 약화를 노린 정책이었지만 운동권 세력이 지방에 확대되는 '역효과'를 낳기도 했다. 단적으로 운동권 세력이 약했던 '여자대학'들은 상명여대(현 상명대)를 제외하면 지방 캠퍼스를 만들지 않았다는 사실이 정부의 의도를 증명해준다.

서울대는 동숭동의 문리대, 을지로6가의 음대, 공릉동의 공대, 월곡동의 사범대, 소공동의 치대 등 캠퍼스가 분리되어 있었고 그마저도 포화 상태였다. 이것이 서울대가 관악 캠퍼스로 이전한 가장 큰 이유였다. 하지만 앞서 말한 정부 측 논리가 여기서도 반복되는데 가장 강력한 반체제 세력인 대학생, 그중에서도 가장 상징성이 큰 서울대를 외진 곳으로 이전하여 학생운동의 위력을 반감시키려고 했던 것이다. 강남이 아닌 관악으로 이전한 이유도 대학생들의 데모를 신시가가 아닌, 그야말로 대학 캠퍼스 외에 아무것도 없는 외진 관악산 기슭에 가두어두기 위해서였던 것이다. 당시 신림 캠퍼스에 처음 온 교수는 학교가 아니라 전선의 야전 사령부에 가까운 분위기였다고 회상했다. 1990년대 초 미얀마의 군부 독재 정권이 이를 본받아 수도 양곤의 대학들을 지방으로 이전시켰다고 하니 새마을운동만 외국에 수출된 것은 아니었던 것 같다.

하지만 지금에 와서 보면 정부의 '조치'를 불순했다고 욕할 일만은 아닌 듯하다. 서울대마저 양재동이나 대치동쯤에 옮겨졌다고 생각해보라. 그랬다면 강남 집중이 더했을 테니 결과적으로 서울대가 관악에 자리 잡은 게 다행이 아닐까?

명문 학교들의 개척 시대

명문 학교들의 이전은 세월이 지난 후에는 다르게 기억되었다. 기득권자들이 강남으로 이동하면서 학교까지 다 가지고 갔다느니, 그런 식으로 강남 주민들이 아파트 단지 단위로 동질적 거주 집단을 형성하는 선례를 만들었고 결국 중계동이나 목동 같은 '준강남'을 탄생시켰다는 설득력 있는 비판도 나왔다. 하지만 1970년 후반과 1980년대 초반에 허허벌판이었던 강남으로 이전했던 당사자들, 적어도 학교의 교사와 학생들이 겪었던 고생은 속된 말로 장난이 아니었다. 초기에 경기고 학생들은 체육 시간이나 교련 시간에 천지에 널려 있는 돌을 주워야 했고, 은마아파트까지 왕복하는 교내 단축 마라톤을 할 때면 경찰의 도로 통제가 필요 없을 정도로 차 한 대 다니지 않는 오지에서 생활해야 했다. 당시 휘문고 교장이었던 김태식 씨의 증언이다.

> 주변 상황이 아주 열악했습니다. 우선 대중교통망이 제대로 되어 있질 않아 버스 노선이 별로 많지 않았죠. 그나마 학교 앞까지는 연결되지 않아 학생들이나 선생님들이 버스를 타려면 10여 분 거리의 테헤란로나 지금의 삼성역까지 걸어가야 했어요. 도로 포장도 되어 있지 않아 비가 올 것 같으면 진흙탕 길을 걸어야 했고, 가로등도 가설되지 않아서 불편이 이루 말할 수 없었지요. 또 어려웠던 일은 우리 학교가 허허벌판에 덩그러니 위치해 있고 인근에 은마

그림 13 이전 초기 경기고등학교의 모습.

아파트를 짓기 위해 건설 인부들이 이용하는 간이식당들이 생겼어
요. 그런데 이 식당에서 오물을 제대로 처리하지 않아 악취가 나고,
오물 주변에서 번식한 파리들이 교실, 특별실, 행정실에 날아다니
고 (…) 천장과 벽에 시커멓게 붙어 있어 학생들의 위생과 수업에
지장이 많았습니다.

휘문중고에서 일하는 교사들은 점심시간에 2년 전에 먼저 와
서 자리 잡은 경기고 근처의 식당을 가거나 준비한 도시락으로 끼니
를 때웠다고 한다. 서울시에서 경기고와 휘문중고를 위해 버스 노선
을 많이 배정해주었지만 이런 불편은 상당히 오래 계속되었다. 사실

1980년대 중반까지만 해도 경기고가 위치한 수도산 언덕에서 보이는 건물은 휘문중고와 국기원, 그리고 관세청 청사 등 몇몇 빌딩과 현대와 은마, 공무원 아파트, 반포 주공아파트 1단지 정도에 불과했다. 하지만 토요일 오후에는 탄천이나 양재천에 가서 고기를 잡고 매운탕을 끓여 먹는 등 도심에 살던 학생들에게 시골 생활을 느낄 수 있는 기회가 주어졌다는 '장점'도 있었다.

신생 학교들의 굴기

강북의 명문 학교들이 대거 강남으로 이전했지만 이 학교들로 수요가 다 채워지지는 않았던 탓에 신생 학교들도 대거 생겨났다. 대표적인 학교가 상문고와 영동고, 현대고, 청담고, 서문여고, 세화고·세화여고 등이다. 압구정에 대단위 아파트 단지가 건설되면서 현대그룹이 현대고를, 서울시 교육청이 청담고를 세워 좌청룡 우백호처럼 두 학교가 신설되었다.* 현대고는 검사 출신의 정치가 한동훈 등 엘리트를 많이 배출했고, 청담고는 인근에 연예 기획사가 밀집했던 덕분인지 홍성민, 지효 등 연예인을 많이 배출했다.

　한편 상문고는 앞서 이야기한 영의정 상진의 가문인 목천 상씨의 문중 땅에 자리 잡았는데, 목천 상씨 종중이 묘소를 지키기 위한 방편으로 학교를 세웠다고 한다. 실제로 학교 안에 상진의 묘소와 신도비가 있다. 그에 비해 땅부자 김형목이 세운 영동고는 엄청난 부지 면적으로 유명하다.

* 현대고에는 설립자 정주영의 기념 공간이 조성되어 있다.

강남의 신생 학교들은 당연하게도 강북에서 이전한 명문 학교들이 가지고 있는 전통이 없었다. 그런 이유로 엄격한 교칙을 내세웠고, 명문대를 보내기 위한 스파르타식 교육을 강행했다. 그 때문인지 명문대 진학률이 높아졌는데, 시간이 흐르면서 강남으로 이전한 명문고들과 어깨를 나란히 할 정도로 성장했다. 하지만 자연스럽게 학생들 사이에서 '악명'도 높아졌는데, 상문고 등 일부 학교에서는 사학 비리 문제로 큰 홍역을 치르기도 했다.《말죽거리 잔혹사》와 《두사부일체》에 등장하는 고등학교의 모델이 상문고라는 사실은 꽤 유명하다.

사교육 1번지 대치동 소사(小史)

명문 학교들이 이전하여 8학군이 형성되었지만 이것이 바로 강남의 사교육 특구화로 이어진 것은 아니었다. 전두환 정권이 과외 금지와 재학생의 학원 수강 금지 등 강력한 사교육 억제 정책을 폈기 때문이다. 과외 금지는 가장 강력한 반정부 세력인 대학생들의 자금줄을 끊으려는 조치였다고도 하는데, 하지만 일부 부유층은 '대학생 몰래 과외'를 했으며 이것이 강남 학원 문화의 근원이 되었다. 1987년 6월 항쟁 이후로는 정부가 기존의 과외 금지를 계속 유지하기 힘들었다. 결국 1989년, 대학생에 한했지만 개인 과외 교습이 허용되었다.

사실 이때까지만 해도 사교육은 주로 전국의 재수생이 대상이었고, 서울 도심이나 노량진 유명 학원의 대중 강의가 주류였다. 이 시기에 대치동의 고학력 학부모들은 묘안을 만들어냈다. 상대적으로 임대료가 싼 작은 면적의 상가를 임대하여 소규모 교습소를 만들고,

명문대 학생이나 학생운동 '전과'로 늦게 졸업하게 된 학생들을 임시 강사로 삼아 소모임 형태의 과외 수업을 시작한 것이다. 기존 학원에 비하면 고가였지만 이런 방식은 과외 비용을 분담할 수 있었고, 각자의 필요에 따라 취약한 과목을 집중적으로 배울 수 있었다. 강사들도 비교적 높은 보수를 받았다. 노량진보다 낫다는 대치동 '불법 과외 교습소'에 대한 입소문이 퍼져나갔다. 이것이 우리나라 교육 전체를 뒤흔드는 '대치동 사교육'의 시작이 될지는 그때는 아무도 상상하지 못했다. '영동 개발'이 그랬듯 말이다. 여기에 1991년 7월 19일, 정부가 재학생의 학원 수강 가부를 시도 교육감에게 위임하면서 사실상 학원 수강이 허용되었다.

거의 동시에 불법 과외 교습소들이 학원으로 간판을 바꾸어 달았고, 여기서부터 대한민국 사교육 1번지 대치동의 신화가 본격적으로 시작되었다. 은마아파트 사거리를 중심으로 한 대치동 학원들은 노량진과 도심에 위치한 대형 학원들과 달리 소규모이지만 전문화되고 세분화되어 어디에서도 없는 교육 서비스를 제공했다.

이런 교육 서비스에는 당연히 우수한 강사들이 필요했는데, 아이러니하게도 이 강사들의 상당수는 전교조 해직 교사와 운동권 출신이었다. 대표적인 인물이 시인 황지우의 동생이자 플라톤 논술아카데미를 창립한 황광우(서울대 77학번), 메가스터디의 창립자인 이범(서울대 88학번)이었다. 이들이 이 길을 걷게 된 이유는 당시에는 '운동 전과'를 가진 이들의 사회적 공로를 인정하는 분위기가 만들어지지 않아 갈 곳이 없었기 때문이기도 하고, 제도권에 머리 굽히고 들어가지 않겠다는 나름의 자존심 때문이기도 했다. 이들은 운동권 세미나를 통해 토론에 익숙했기에 때마침 시작된 논술 시험에 가장 적합한 인재들이기도 했다. 어쨌든 사회변혁을 꿈꾸었던 운동권 출신들이 대한민국의 가장 고질적인 문제 중 하나인 '사교육 몰빵'을 만드는 데 큰 역할을 했다는 사실은 아이러니가 아닐 수 없다.

『학벌주의와 부동산 신화가 만나는 곳 대치동』의 저자 조장훈은 대치동이 사교육 1번지로 자리 잡을 수 있었던 이유를 학원 관련 규제의 완화, 입시제도의 대대적인 변화, 역량을 지닌 인재들의 유입이라는 세 가지 이유로 정리했다. 동의할 수밖에 없지만 삼성로 등의 대로보다 상대적으로 싼 대치동의 임대료와 상대적으로 고소득에 높은 학력을 지닌 학부모가 많이 살았다는 사실도 덧붙여야 할 것이다.

2000년대 초반 인터넷 강의가 본격적으로 보급되면서 대치동 학원가의 위상은 더욱 올라간다. 대치동제 인터넷 강의는 곧 '전국화'되었다. 하지만 이것만이 대한민국 사교육의 '성지' 대치동을 만든 요인은 아니었다. 결정적인 계기는 1997년 외환 위기였다. 이때를 계기로 조직이 개인을 책임진다는 '평생 직장' 개념이 무너졌고, 이를 목도하며 자라나는 세대들은 믿을 것은 자기 자신, 즉 '스펙'뿐이라고 생각하며 현실을 재정의하기 시작했다. 그런 가운데 고등학생의 대학 진학률은 1990년 33.2퍼센트에서 2000년 68퍼센트로 2배 이상 올라갔다. 한국의 교육열이 아무리 높다고 해도 지나치게 높은 진학률인데, 이 말은 '대학 졸업장'의 가치가 떨어진다는 의미이기도 했다. 대학 진학을 위해 더 많은 학생들이 학원에 유입되었지만 그것만으로는 학원가의 호황을 설명하기에 모자라다. 더 좋은 대학, 즉 명문대 진학의 가능성을 학생들의 손에 쥐여줄 수 있어야 했다. 이 지점에서 대치동의 학원들은 현실적인 목표, 즉 '명문대 진학'이라는 목표에 이르는 해결책을 제시해주었고 그럭저럭 학생들의 성적을 잘 '관리'해서 성과를 냈다. 그리하여 대치동 학원들은 이전까지의 통념, 즉 '학원'은 공교육의 보완재에 불과하다는 통념을 깨뜨렸다.

대치동 학원들이 강세를 보이게 된 또 다른 이유는 '수능'의 등장이다. 1993년 이전의 학력고사는 암기 위주의 시험이었기에 공교육의 '야자(야간 자율학습)'가 효과를 거둘 수 있었다. 하지만 수능은 야자로 대응하기에는 한계가 있는 시험이었다. 특히 2001년에 수능이 어렵게 출제되면서 학생들의 평균 성적이 크게 하락하는 '수능 파동'이 일어났는데, 그런 가운데 서울대 정시모집 합격자 1,103명 중 강남구가 239명, 서초구가 152명, 송파구가 89명으로 기초자치단체 순위 1~3위를 휩쓸어버리는, 결코 우연으로 치부할 수 없는 결과가 나왔다. 이런 결과는 다시 강남 아파트값 상승과 강남 학원가 쏠림 현상으로 이어졌다. 게다가 수능 도입 이후 계속 바뀐 입시제도 덕에 맞춤형 사교육을 제공하는 대치동 학원들은 더욱 성장했다. 어느 정도냐 하면 심지어 학원을 들어가기 위한 학원이 생길 정도였다. 이렇듯 명실상부하게 대한민국 사교육 1번지가 된 대치동에서는 수많은 신조어가 탄생했다. 대표적인 단어가 독학학원, 독재학원, 돼지엄마, 대전족, 대원족, 연어족, 원정족 등이다. 우선 모순된 단어로 결합된 독학학원부터 알아보자.

독학(재수)학원은 독학과 일반 재수 단과종합반의 특징을 섞은 형태의 학원을 말한다. 따라서 독학재수학원, 약자로 독재학원이라고도 한다. 독학학원은 재학생들이 학교 수업을 받고 있는 낮시간 동안 강의실을 재수생들에게 자율학습 공간으로 제공한다. 기존의 단과 시스템을 유지하여 재수생들에게 자유로운 학습 선택권, 즉 자기가 부족한 과목을 집중적으로 공부할 수 있도록 보장하는 것이다. 여기에 명문 대학 학생들을 아르바이트로 고용해 자율학습 시간에 질문을 받거나 지도를 해주는 등의 서비스를 제공했다. 재수생들은 선택과 집중을 할 수 있었고, 학원 입장에서는 공실을 활용할 수 있어 양쪽이 윈윈할 수 있는 시스템이었다.

돼지엄마란 자신의 네트워크를 이용해서 많은 수강생을 확보하고 적절한 학원을 찾아주는 주부를 뜻한다. 새끼가 많고, 냄새를 잘 맡는다는 의미에서 생긴 단어지 외모를 비하하는 단어는 아니다. '능력' 있는 돼지엄마는 학원의 영업실장으로 스카우트되기도 하고, 억대 연봉을 받는 경우도 있었다고 한다. 하지만 최근에는 전문성에서 한계를 드러내며 많이 사라졌다.

대원족은 '대치동 원주민'의 약자이기도 하고 대원외고의 전성기를 이끌어냈다는 이중적인 의미를 가지고 있는데, 이들이 사교육 1번지 대치동의 중심이라는 것은 너무도 당연하다. 일부는 손자와 손녀의 교육 문제에도 영향을 미친다. 연어족은 2000년대 재건축 붐이 불면서 대치동으로 돌아온 원주민 2세대로, 이미 학창 시절에 대치동 사교육의 세례를 받고 만족했던 학부모들이다. 이들은 대치동 학원가를 한티역 부근까지 확장시킨 주인공이기도 하다. 대전족은 '대치동 전세족'의 약자로, 소득수준이 높지 않은데도 자식 교육을 위해 이주한 부류이다. 이들은 자신들의 삶을 '대전살이'라고 자조하기도 한다. 원정족은 강남 3구 외의 서울 출신, 경기도 동남부 출신, 심지어 지방에서 올라온 유학생들을 일컫는다. 학원 수업이 종료되는 밤 10시, 대치동 학원가 주변 도로는 몰려드는 차량들로 몸살을 앓는 풍경을 연출한다.

문제는 이런 방식의 사교육은 비용이 많이 들 수밖에 없다는 점이다. 실제로 강남 지역의 사교육 비용은 전국 평균의 3배가 넘는다. 이런 이유로 대치동 학원들은 선망과 동시에 증오의 눈초리를 견뎌야 하는 신세가 되었다. 물론 사람들이 싫어하건 말건 돈 있는 학부모와 학생의 '수요'가 엄연히 존재하고 또 대치동 학원들이 그러한 요구에 충실히 부응하기 때문에 이들이 쉽게 무너지지는 않을 것이다. 최근 들어 수능이 쉬워지면서 대치동 학원에 대한 수요도 많이 줄었다고 하는데, 반가운 소식이긴 하지만 좀 더 지켜봐야 알 일이다.*

대치동 학원가는 영화《울학교 이티》와 드라마《강남엄마 따라잡기》의 무대로 등장하기도 했다.《강남엄마 따라잡기》는 주인공인 엄마—하희라가 열연했다—가 새로 강남으로 이사까지 하며 아들을 특목고에 입학시키기 위해 동분서주하는 내용이다. 이때 나온 재밌는 비평 가운데 하나가 드라마의 '현실감'이 떨어진다는 것이었는

---

* 강남의 과열된 교육열은 공교육의 위상을 떨어뜨리는 데 그치지 않고 교사들의 강남 기피 현상까지 낳았다. 강남 3구의 학급당 학생 수도 많은 데다 학부모 민원이 잦고 강도도 매우 강하기 때문이다. 실제로 2023년 7월 18일 서이초등학교에서는 24세 여교사의 자살 사건이 벌어지기도 했다. 이런 분위기로 인해 기존 교사들이 타 지역으로 빠져나가 서울교육청 신규 발령자의 61퍼센트를 이 지역으로 배정하여 그 자리를 메우는 기현상이 일어나고 있다.

데, 강남권 학부모들은 이미 특목고가 아니라 국제중에 입학시키기 위해 뛰어다니는 시대라나 뭐라나. 어쨌든 학원 때문에 집값이 들썩이는 신화 또한 강남에서 시작된 것이었다.

· 6 ·
개발 초기의 풍경

초기 강남의 랜드마크들

고유명사가 되어버린 '뱅뱅사거리'는 서울 사람이라면 누구나 알고
있는 유명한 곳이다. '뱅뱅사거리'라는 이름은 청바지 브랜드 '뱅뱅
(BANG BANG)'의 제조사인 뱅뱅어패럴이 이 사거리에 매장을 차린
데에서 유래했다.

'뱅뱅' 브랜드로 첫 국산 청바지가 생산된 것은 1970년이었다.
면바지에 파란 물감을 들인 탓에 빨기만 하면 줄어드는 가짜 청바지
와 미군 부대를 통해 흘러나온 밀수 청바지가 판을 치던 시절이었다.
이때 제조사는 뱅뱅어패럴의 전신인 제일피복이었다. '국내 섬유업
계의 대부', '청바지 전도사'로 통하며 지금도 현역인 권종열 뱅뱅어
패럴 회장이 1961년 동대문 평화시장에서 시작한 의류업체에 뿌리
를 둔 회사였다. 뱅뱅은 본래 홍콩 브랜드로 영어의 '총소리' 표기에

서 따온 것일 뿐 달리 특별한 뜻은 담겨 있지 않았다. 1960년대 의류업으로 성가를 높인 권종열 회장이 홍콩 '뱅뱅'이 폐업한 뒤 이 브랜드를 가져다 썼다고 한다. 당시에는 지금처럼 지적재산권 규정이 엄격하지 않았다.

뱅뱅 브랜드가 폭발적인 인기를 끈 계기는 1982년의 '교복 자율화' 조치였다. 또 하나 뱅뱅의 성공 요인은 마케팅에 있었다. 뱅뱅의 마케팅 전략에서 두드러진 점은 당대 최고의 톱스타를 광고 모델로 기용한 것이었다. 처음 TV 광고를 시작한 1983년 당시 모델은 당대 최고의 스타 전영록이었다. 이 광고로 뱅뱅은 널리 명성을 얻었고, 매장 앞 거리에 '뱅뱅사거리'라는 이름이 붙었다. 세월이 지나 고층 건물들이 속속 들어서면서 4층짜리 뱅뱅빌딩은 사거리의 랜드마크 자리를 내주었다. 특히 사거리 모퉁이에 들어선 대신증권빌딩에 가렸다. 하지만 뱅뱅어패럴은 나중에 그 빌딩을 사들여 1층에 매장을 열었고(지금은 현대자동차 강남대로지점), 오랫동안 유지해왔던 빌딩 간판마저 떼어내 대신증권빌딩의 흔적을 지웠다. 명실상부한 뱅뱅사거리가 완성된 것이다.

뱅뱅 매장의 대각선 맞은편에는 '논노빌딩'이 있었다. 8층짜리이 빌딩은 1978년 준공되어 10여 년간 강남의 대표적인 건물로 자리 잡았다. 논노빌딩은 당시 별다른 건물이 없던 강남의 랜드마크이기도 했지만 한국 대중문화에서도 큰 역할을 해냈다. 논노빌딩이라는 별칭 자체가 잡지 『논노』의 대형 사진을 건물에 붙여 생긴 것이었다. 하지만 세월이 지나면서 이 건물은 외관은 물론 내부도 시대에 뒤처졌고 건물주가 부도를 내면서 관리도 제대로 되지 않아 꽤 오

그림 14 뱅뱅사거리의 랜드마크였지만 지금은 사라진 논노빌딩(위)과 이제는 뱅뱅어패럴의 소유가 된 옛 대신증권빌딩(아래). 참고로 대신증권빌딩 왼편의 4층 건물이 뱅뱅빌딩이다.

랜 기간 도심의 흉물로 남아 있었다. 그러다가 골드만삭스 소속의 자산관리사가 이 빌딩을 매입해 대대적인 리모델링을 실시했다. 시대에 뒤떨어진 외관을 주위 환경에 맞게 새로 단장했을 뿐 아니라 내부 시설도 첨단 인텔리전트 빌딩 수준으로 변신시켰다. 논노빌딩은 유명 증권사 및 스타벅스 등 인지도가 높은 우량 입주자 유치에 성공해 수익을 내는 빌딩으로 변신했다. 하지만 넓은 대지지분 때문인지 철거되었고, 대신 20층짜리 오피스텔 2동이 세워졌다. 초기 강남의 역사를 알려주는 또 하나의 상징이 사라진 것이다. 논노빌딩 앞에는 준공 표지석조차 없었는데, 직접 찾아가보니 비록 층수는 높지 않지만 넓은 대지를 차지한 건물임을 알 수 있었다. 또 지난 세월 사람들의 눈에 어떻게 비쳤을지 그 비중도 가늠할 수 있었다. 뱅뱅사거리와 논노빌딩은 강남 초기를 대표하기도 하지만 1980년대부터 시작된 청바지와 일본 문화 유입의 상징이기도 했다.

하지만 초기 강남에서 가장 눈에 띈 것은 강남구가 생기기도 전에 세워진 '국기원'이었다. 당시에는 국기원이 아니라 '대한태권도협회 중앙도장'이란 이름으로 1972년 11월 30일 착공에 들어갔다. 물론 일대는 농지와 초가집밖에 없는 황량한 시골이었다. 건립 당시 국기원에는 모든 태권도인의 염원이 담겨 있었다. 국기원이 없던 시절에 태권도인들은 태권도 경기를 개최하려고 해도 변변한 장소 하나 찾기 힘들었다. 대부분 학교 체육관에서 눈칫밥을 먹으며 대회를 진행해야 했다. 이런 상황에서 태권도 전용 수련장과 경기장이 생겼으니 태권도인들에게는 벅찬 감동으로 다가올 수밖에 없었다.

국기원 건립의 일등 공신은 김운용 전 IOC 위원이다. 김운용은

1971년 1월 대한태권도협회 7대 회장에 취임해 곧바로 첫 공약 사업이었던 대한태권도협회 중앙도장 건립에 착수했다. 그리하여 1971년 11월 19일 기공식 이후 376일 만에 국기원이 완공됐다. 건립에 투입된 총공사비는 2억 원으로 당시에는 보기 드문 대규모 공사였다. 개관식 행사에는 김운용을 비롯하여 김종필 국무총리, 양택식 서울시장, 김택수 대한체육회 회장 등이 참석했다. 1973년 2월 6일, 중앙도장이라는 명칭이 태권도의 본부라는 상징성과 맞지 않다고 하여 국기원으로 바뀌었다.

　허허벌판에 서 있던 국기원 건물은 국민학생 시절 국기원을 방문했던 필자의 눈에 깊은 인상으로 남아 있다. 건립 당시 국기원은 최고의 건축물이었다. 국기원 설계를 담당했던 서울대 건축학과 이광노 교수는 "한국 태권도의 위세를 과시하는 상징적인 모습을 건축에 담고자 한국 고유의 얼이 담긴 청기와를 지붕에 덮고, 태권도 팔괘형에 부합하는 8개의 둥근 기둥을 건물 전면에 배치하는 등 우리 전통 무예 도장의 면모를 갖추는 데 주력했다"고 회고한다. 그러나 '격세지감'이라고 했던가. 국기원 건립 당시 논밭이었던 주변은 최첨단 건물들이 들어선 '서울 강남' 중에서도 심장부가 됐다. 당당했던 국기원 건물은 고층 건물에 가려져버렸고, 강남역 근처에서 일하는 사람들조차 대부분 그 존재를 모르고 있다. 심지어 국기원은 서울 강남에 가장 어울리지 않는 건물이라는 평가까지 받는 신세가 되었다.

　강남 초기에 세워진 시설 중 국기원과는 비교할 수 없을 정도로 중요한 시설이 삼성동에 자리 잡는다. 바로 코엑스(한국종합무역센터)다. 코엑스를 만든 인물은 훗날 최규하 대통령이 물러났을 때 잠시나마 그리고 형식적으로 대통령 권한대행을 맡았던 박충훈이었다. 그는 공군 소장 출신으로 경제부총리까지 하면서 박정희 정권의 수출 드라이브에 상당한 역할을 했다. 하지만 경부고속도로 건설 현장에 한 번도 가지 않았다는 이유로 물러나야 했고, 대신 1973년에 한국무역협회장이 되었다. 절치부심하며 기회를 노린 그는 강남을 눈여겨보았다. 영동대교를 건너 강남땅을 살피던 그의 눈에 봉은사 건너편 터가 들어왔다. 박충훈은 바로 박정희를 찾아가 수출품 전시장을 그곳에 만들겠다는 제안을 했다. 그리하여 김원을 비롯한 김수근 사단이 설계를 맡아 1979년 5월 무역협회 전시장이 완공되었다. 하지만 이 전시장은 8년 만에 철거되고 마는데, 코엑스 이야기는 뒤에 다시 다룰 예정이니 우선 이 정도에서 줄여야겠다.

앞의 건물들과 규모 면에서는 비교조차 되지 않지만 오래도록 강남의 랜드마크 자리를 지켜온 가게도 있었다. 바로 지금은 사라진 뉴욕제과이다. 1975년 황량했던 강남에 문을 연 이 제과점은 강남으로 이전한 학교 학생들이 즐겨 찾던 아지트 같은, 추억의 장소였다. 약속 장소로도 인기가 높았지만 상가 임대료가 급등하여 제과점 운영보다 임대 수익이 더 높아지자 건물주 역시 현실에 순응할 수밖에 없었다. 2013년 5월 뉴욕제과는 문을 닫았고, 다음 해 5월 평당 5억 원에 빌딩이 매각되었다. 자본의 힘이 얼마나 강한지 실감나는 장면이다. 하지만 아무리 강남이라도 자본이 전부는 아니다. 의외라고 생각할 수도 있겠지만 전통시장도 여럿 남아 있다. 영동전통시장이 대표 주자인데, 몇 남지 않은 초창기 강남의 터줏대감이다. 화려한 가구들이 즐비한 논현가구거리와 붙어 있는데, 다른 전통시장들에 비해 떡 같은 먹거리가 높은 비중을 차지하고 있다. 그 외에도 논현종합시장, 신사시장, 청담삼익상가 같은 전통시장이 여전히 건재하다.

초창기 강남을 노래하다

사람이 모이면 그곳이 유행가의 공간이 되는 법이다. 앞서 이야기한 〈제3한강교〉에 이어 초창기 강남을 노래한 곡들 중 대표 주자는 역시 1982년에 발표된 윤수일의 〈아파트〉다.

> 별빛이 흐르는 다리를 건너 바람 부는 갈대숲을 지나
> 언제나 나를 언제나 나를 기다리던 너의 아파트
> 그리운 마음에 전화를 하면 아름다운 너의 목소리
> 언제나 내게 언제나 내게 속삭이던 너의 목소리
> 흘러가는 강물처럼 흘러가는 구름처럼
> 머물지 못해 떠나가버린 너를 못 잊어
> 오늘도 바보처럼 미련 때문에 다시 또 찾아왔지만
> 아무도 없는 아무도 없는 쓸쓸한 너의 아파트

윤수일은 서구적인 외모를 지닌 혼혈 가수로 그 자신이 1970년대에 지은 회현 제2시민아파트의 입주자이기도 했다(당시 KBS가 남산에 있었고, 많은 연예인과 방송인이 그 주위에 살았다). 아파트 문화를 먼저 체험한 '선구자'였던 것이다. 그래서일까? 그는 이 노래로 스타덤에 올랐다. "갈대숲"이라는 표현은 지금 같으면 절대 나올 수 없지만 어쨌든 이 곡은 개발 초창기의 강남, 즉 1980년대 한강 건너에 있

는 아파트촌 풍경을 잘 보여준다. 누군가는 이 곡의 아파트가 여의도 시범아파트라고 하고 또 누구는 압구정동 현대아파트라고 주장하지만, 어쨌든 매력적인 그녀가 사는 곳, 그녀와 연애하던 곳, 그리고 이제는 만나주지 않는 그녀를 하염없이 기다리던 곳이 바로 '강남의 아파트'였다. 혹자는 "아무도 없는 쓸쓸한 너의 아파트"라는 가사를 두고 그 이유를 당시 강남 풍경에 빗대어 추리하기도 했다. "위장 전입자의 집일까? 아니면 야반도주한 빚쟁이의 집일까? 그것도 아니면 경매 집행 방해범의 집일까?" 역사학자 전우용은 최근작 『잡동산이 현대사』에서 〈아파트〉의 가사에 대해 색다르지만 그다운 해석을 내놓았다.

> 그곳에 있는 아파트는 내가 지은 집이 아니라 이미 다 지어져서 나를 기다리는 집이다. 좀 더 직설적으로 표현하자면 '내 돈'을 기다리는 집이다. 집의 구조나 디자인에 대한 묘사는 당연히 필요 없다. 그냥 건설 회사가 만든 대로, 자금 사정에 따라 '평형'만 정하면 그뿐이다.

이화여대 건축과 임석재 교수도 『교양으로 읽는 건축』에서 전우용과 비슷하지만 시야를 좀 더 확대한 견해를 내놓았다.

> 집은 늘 오른다는 전제가 있어야 하며, 됐다 싶을 때 팔고 뜬다는 가정 아래 계획되고 지어진다. 이렇다보니 작품성은 꿈도 못 꾸고 하물며 식구들에게 맞는 '포근한 보금자리' 같은 개념도 큰 걸림돌

이 될 뿐이다. 예를 들어 식구 중에 '골방 같은 아늑한 방'을 원하는 사람이 있더라도 이런 방을 만들지 못한다. 나중에 값을 올려 팔 때 방해가 될 수 있기 때문이다. (…) 여차하면 팔고 뜰 심산으로 집을 짓다보니 가정도 안정될 리가 없고 이런 사람들이 모여 사는 동네도 안정될 리 없다. 동네 사람들은 모여서 살기 좋은 동네를 만들려는 지혜를 짜내는 것이 아니라 아파트 값 올리는 담합을 쑥덕이게 된다. 숫자상의 재산은 증가하는데 돈 셈만 난무하는 정글 속에서 늘 사주경계의 긴장에 시달리는 현대판 떠돌이 생활만 남는다.

어쨌든 윤수일의 〈아파트〉는 당대 가요계의 흐름, 즉 나훈아의 〈고향역〉, 남진의 〈님과 함께〉 같은, 주로 고단한 도시 생활 속에서 고향을 그리워하는 곡들이 주름잡던 흐름을 바꾸었다는 데에도 큰 의미가 있다. 1980년대 초 이미 아파트가 사람들의 동경의 대상이자 사회문화적 현상으로 자리 잡았음을 보여주는 노래가 바로 윤수일의 〈아파트〉였다. 후에 김건모가 가사는 그대로 두고 신나는 분위기로 리메이크했으며, DJ DOC도 시대 변화에 따라 가사 중의 "아파트"를 '오피스텔'로 바꾸고 랩을 추가해서 또 다른 리메이크곡을 냈다. 제목도 〈아파트〉가 아닌 〈오피스텔〉이었다.

한편 윤수일은 〈터미널〉이라는 노래도 발표했는데 여기서도 '정서'의 변화가 확인된다. 〈대전부르스〉 같은 예전 트로트에서는 이별의 공간으로 주로 '기차역'이 등장했다면 이제는 '터미널'이 이별의 공간으로 자리 잡기 시작한 것이다.

고속버스 차창 너머 외로운 소녀 울고 있네

가지 말라고 곁에 있어달라고 애원하며 흐느끼네

기약 없이 서울로 가는 머시매가 너무 야속해

차창을 두드리며 우네 땅바닥에 주저앉아 우네

터미널엔 비가 오네

마지막으로 1989년에 발표된 문희옥의 〈사랑의 거리〉를 보자.

여기는 남서울 영동 사랑의 거리

사계절 모두 봄봄봄 웃음꽃이 피니까

외롭거나 쓸쓸할 때는 누구라도 한 번쯤은 찾아오세요

아아아, 여기는 사랑을 꽃피우는 남서울 영동

사랑의 거리

"남서울 영동 사랑의 거리"란 가사가 나온다. 지금의 강남을 '남서울'이라고 부르는 이는 없을 것이다. 그러니 '남서울'이란 노랫말 자체가 초창기 강남을 묘사했다는 좋은 증거이리라. 한편 예언자 이호철도 소설 『미개인』에서 공간적 배경인 S동을 "한참 뻗어가는 남서울 근처 어디쯤으로 최근에야 서울시에 편입된 곳"으로 묘사했는데, '남서울'이란 단어가 당시에는 영동과 함께 상당히 보편적으로 사용되었음을 보여준다. 어쨌든 주현미와 문희옥이 앞장선 신(新)트로트가 과거의 '청승'을 벗고 강남의 유흥 문화를 배경으로 쏟아져나왔는데, 이 이야기는 룸살롱으로 대표되는 강남의 향락 문화를 다루면서 다시 얘기해보자.

초기 거주자의 증언

막 개발되기 시작한 강남의 그때 그 모습을 가장 잘 기억하고 있는
이들은 누가 뭐래도 그때 그곳에서 살았던 사람들이다. 오늘날과 완
전히 달랐던 그 풍경, 그때의 강남은 과연 어떤 곳이었는지, 그리고
어떻게 살았는지를 그들의 목소리로 직접 들어보자.

나는 어렸을 때 강남에 살았다. 경기고등학교 사거리 일대는 나의
동네였다. 지금은 별천지가 되었지만 내가 초등학생이던 80년대만
해도 강남은 자연의 냄새가 나던 곳이었다. 어린 시절을 강북의 도
심에서 보냈던 친구들과 이야기를 해보면 내가 훨씬 많은 자연의
혜택을 받았다는 걸 알 수 있었다.

지금은 전국에서 가장 비싼 아파트가 되어 있는 삼성동 아이파
크 터는 내가 개구리와 물방개를 잡고 놀던 곳(주: 그 뒤로는 골프 연
습장이 되었다고도 한다)이다. 버려진 녹지가 많았던 아파트 단지는
메뚜기와 달팽이 천지였다. 소박한 절이었던 봉은사에 놀러가 연못
에 살고 있는 커다란 우렁이를 잡았고, 지금의 청담공원이 그저 야
트막한 야산이었을 때 군데군데 버려진 무덤들을 밟고 다니며 전
쟁놀이를 했다. 겨울이 되면 세상은 눈밭이 되었고, 몇몇 밭들은 물
을 채워 스케이트장으로 운영되기도 했다.

어렸을 적 살았던 아파트의 놀이터에는 모래가 깔려 있었는데
요즘처럼 배수 시설이 잘되어 있지 않아 비가 온 후엔 그네 밑과

미끄럼틀 주변에 물이 고였다. 그럴 때마다 맨손으로 모래를 퍼내 물길을 내고 섬을 만드는 놀이를 즐겼다. (…)

가끔 삼익아파트 단지를 지날 때면 굳이 안에 들어가보기도 한다. 시간이 멈춰버린 듯 20년 전에 있었던 일들이 생생하게 떠오른다. 피구를 했던 2동 앞도, 야구를 했던 관리 사무소 옆도, 38선 게임을 했던 10동 뒤도, 새마을 봉사 활동을 했던 3동 놀이터도, 몰래 병아리를 키웠던 9동 비상구도, 아이스케키 전략 지점이었던 단지 정문 내리막길도, 음란 잡지를 숨겨놨던 12동 뒤도 모두 그대로 있다. 다만 단지의 자랑이었던 야외 수영장은 이미 흙으로 덮여 주차장으로 쓰이고 있고, 나머지 녹지 공간들도 모두 주차장으로 전용되고 있는 상태다. 자전거 보관대는 사라져버렸고, 놀이터 중 일부는 폐허처럼 남아 있다.

_오영욱, 『그래도 나는 서울이 좋다』

1971년 서울시는 논현동에 12평과 15평짜리 아파트 12개 동 360가구를 건설해 무주택 공무원들에게 분양했다. 나는 72년 초등학교 2학년 때, 공무원인 아버지를 따라 이곳으로 이사했다. 당시 논현초등학교가 개교 전이라 78번 버스를 타고 남영동에 있는 학교를 다녔다. 하굣길에 버스를 타고 오다 신사동에 내려야 하는데 잠시 졸다 신사동을 지나쳐 종점인 말죽거리에 내리면 허허벌판 시골 모습을 보며 울었던 기억이 선명하다.

그 후 나는 역삼동에 있는 아파트로 이사했다. 논현초등학교를 졸업하고 진선여중 1회, 강남으로 이전한 숙명여고의 첫 번째 입학생이 되었다. 당시 진선여중이나 숙명여고는 사립학교로 난 개발지에 걸맞게 새로 지은 건물에 시설이 좋은 학교를 다녔다. 반면에 나의 연년생 언니는 논현초등학교, 남녀공학인 영동중학교, 은광여고를 다녔다. 언니는 학교까지 가는 버스가 없어 역삼동 집에서 논과 밭이 군데군데 남아 있던 말죽거리에 있는 중학교와 고등학교까지 걸어 다녔다. 언니는 강남 토박이 친구들도 많았고 나보다 훨씬 강남 토박이 문화 속에 살았던 것이다.

대학을 다닐 때는 1983년에 개통한 2호선 역삼역을 이용했는데 그때는 역삼역을 이용하는 사람들이 드물어 역에서 사람을 만나면 조금 무섭기도 했다. 요즘도 나는 내가 살던 동네이며 모교인 숙명여고가 보이는 아파트에 산다. 강남 이주 2세대인 나는 어느새인가 강남이 나의 고향이란 마음이 든다.

_전소정(강남 이주 2세대)[•]

1974년 초등학교 5학년 때 강남으로 이주했는데 제3한강교(한남대교)를 건널 때면 신사동 초입에 '영동개발지구'라고 커다랗게 쓰인 간판이 있었다.

그때 강남은 농촌과 도시가 공존한 지역으로 비가 오면 진흙탕 길을 걸어 다니고 무밭에 가서 무도 뽑아 먹고 뒷산에서 칡뿌리를 캐 먹기도 했다. 오히려 강북으로 학교를 다녔던 형과 누나에 비해 난 시골 아이 같은 경험을 많이 했다.

[•] "상전벽해로 농촌에서 자족적인 도시로 변모", 『내일신문』(2011. 2. 14).

그리고 강남에 중학교가 하나밖에 없었기 때문에 논현, 신중, 신동, 언주, 도곡 초등학교 학생 모두가 영동중학교에 입학했다. 1969년에 양재여중으로 개교한 이 학교는 1972년에는 영동여자중학교, 1973년에는 남녀공학인 영동중학교로 바뀌었다. 1977년부터는 여학생이 강남으로 이전한 숙명여중과 신설 학교인 진선여중으로 진학했기 때문에 남학생만 선발했다. 개발 당시 전학생의 수급에 맞춰 여중에서 공학, 그리고 남중으로 바뀌고 학급 수도 해마다 놀랍게 증가하곤 했다. 1978년에는 영동중학교 3학년은 한 반에 70명씩 23학급으로 국내 최대의 학생 수를 기록했다.

　　당시 영동중학교에 가려면 신사동에서 버스를 타고 영동시장 앞, 제일생명 앞, 뉴욕제과 앞을 지나 그다음인 영동중학교 앞이라는 정류장에서 내려야 했다. 강남대로 주변에 건물이 없어 가장 상징적인 건물의 이름이 정류장 명칭이었던 시절이었다.

　　지금도 화려하고 복잡한 강남대로를 지나다보면 지난 시절 한가하게 등하교했던 그 시절이 오버랩되곤 한다. 강남은 하루아침에 갑자기 화려하게 변해버린 도시가 아니다. 지난 40년 동안 꾸준히 발전하면서 지금의 모습으로 발전한 것이다. 초등학교부터 지금까지 나와 함께 성장한 강남에 강한 동지 의식을 느낀다.

_김득준(강남 이주 2세대) •

초기 거주자로서 강남을 가장 많이 형상화한 인물은 역시 《강

• "상전벽해로 농촌에서 자족적인 도시로 변모", 『내일신문』(2011. 2. 14).

그림 15 압구정동의 개발 당시 풍경.

남 1970》의 감독 유하일 것이다. 그는 1974년 강남으로 이사를 왔고, 그의 눈에 비친 강남은 농경 문화와 도시 문화가 극단적으로 충돌하는 기이한 공간이었다.

신식 양옥집과 황토색 황금물결, 다 쓰러져가는 집들이 공존했고, 《말죽거리 잔혹사》에 나온 학교 또한 이주민과 원주민의 자녀들이 책상을 나란히 하고 있었다. 그리고 어느 순간, 원주민이었던 친구들이 더 남쪽으로 밀려나 자퇴 또는 퇴학의 형태로 학교를 떠났다.
　　돈이 최고의 가치가 된 한국의 천민자본주의. 나는 그 양극단의 맨얼굴이라고 할 수 있는 넝마주이와 오렌지족을 다 강남에서 만났고, 그 극단의 사이를 걸어가며 경계인으로서 시도 쓰고 영화도 만들었다.

제2부

더,
더 커지는 강남

· 7 ·

아시안게임과 올림픽, 그리고 잠실

개발 이전의 잠실

서울올림픽이 한국 현대사에 미친 영향은 지대했는데, 강남에 미친
영향은 특히 컸다. 잠실에 건설된 대규모 경기장과 롯데타운, 그리
고 아파트 단지, 그중에서도 아시아선수촌아파트와 올림픽선수촌아
파트는 강남의 변신과 확장에 크게 기여했다. 먼저 개발 이전의 잠
실을 알아보자.

　잠실은 조선 세종 때 왕명으로 지금의 해당 지역에 뽕나무를 심
고 '동잠실'이라고 불리면서 역사에 등장했다. 정확하게 말하면 동잠
실은 지금의 서대문구 연희동 쪽에 있던 서잠실과 함께 만들어졌는
데, 조정은 두 '잠실'에서 실을 뽑아 승정원에 바치게 하고 그 정교함
과 수량에 따라 상벌을 내렸다고 한다. 하지만 '동잠실'은 홍수가 자
주 나 뽕나무밭이 엉망이 되기 일쑤였고 결국 지금의 잠원동으로 옮

겨가고 말았다. 하지만 '잠실(蠶室)'이라는 지명은 남았다.

　지금은 상상하기 어렵지만 예전에 잠실은 섬이었다. 한강이 송파 쪽으로 흐르면서 신천강(새내)과 송파강으로 갈라져 큰 섬인 잠실섬(360만 평)과 그 남서쪽에 작은 부리섬(30만 평가량)을 만들었다(부렴마을이 있던 부리섬은 비가 오지 않을 때는 잠실과 백사장으로 연결되었다). 또 잠실섬 왼쪽에서는 무동이라는 작은 섬이 한강의 수량 변화에 따라 생겼다가 사라졌다가를 반복했다.

　예전 한강은 광진교를 지나 남북으로 갈라져 흘렀다. 남쪽 물길(송파강)은 현재의 석촌호수와 지하철 2호선 신천역 남쪽을 거쳐 잠실종합운동장 자리에서 탄천과 합쳐졌다. 북쪽 물길(신천강)의 흐름은 현재의 한강과 비슷하지만 폭은 지금의 절반 이하로 평상시에는 잠실섬의 남쪽으로만 한강이 흘렀고 물이 불어날 때만 북쪽으로도 흘렀다고 한다. 잠실섬과 부리섬이 육지가 된 것은 한강 공유수면매립 사업 때문이었다. 따라서 송파나루터는 지금의 석촌호수 자리에 있었다. 이처럼 '잠실섬'은 반세기 전만 해도 강남이 아니라 강북에 가까웠다. 한편 1963년 당시 잠실섬에 사는 주민은 56가구 383명에 불과했다.

　송파나루터는 고려와 조선 왕조에 이르는 1,000년 동안 한성, 충청도, 경상도로 이어지는 중요한 상업 교통로였다. 송파장은 전국 각 지방의 산물이 집산되는 중심지로 상설―5일장이 아니라―점포들이 일찍부터 형성되었고, 조선 시대 15대 장터 중의 하나였다. 또한 송파나루터는 병자호란 때 인조가 청나라 태종에게 굴욕적인 항복을 하고 청나라의 강요로 청태종공덕비(삼전도비)를 세운 곳이기

그림 16 1971년 잠실지구종합개발 기공식 기념 잠실섬 폭파 장면.

도 하다. 한편 송파나루터의 건너편에는 광나루(廣津)가 있었는데 이 이름은 넓은 나루라는 뜻이 아니었다. 지금의 광주시와는 비교할 수 없을 정도로 엄청나게 넓었던 '광주군(廣州郡)으로 가는 나루터'라는 뜻이었다!

　　1971년 한강 개발 사업에 의해 잠실 지역은 엄청난 변화를 맞았다. 잠실이라는 지명 그대로 원래 뽕밭이었던 이곳이 금싸라기 땅으로 변했으니 『서울택리지』의 지은이 노주석 기자의 표현을 빌리면 '상전금지(桑田金地)'로 변한 셈이었다. 잠실섬 남쪽으로 굽이돌던 송파강을 메우자 섬은 육지가 되었고, 섬 외에도 새로 75만 평의 부지가 조성되었다. 대신 잠실 북쪽을 물속으로 가라앉히고 신천강의 너비를 넓혀줌으로써 새로이 한강 물길이 형성되었다. 이렇게 한강 개발 과정에서 한강의 범람 때나 일시적으로 생기고 사라지곤 했던 신천강이 한강 본류가 되고, 실질적인 한강의 물길이었던 송파강은 메워지고 말았다. 하지만 기존 물길의 일부는 메우지 않았고 오늘날 석촌호수가 되었다.

그런데 이런 거대한 잠실 물막이 공사가 서울시의 정식 허가도 받지 않고 시작됐다면 누가 믿을 수 있을까? 당시 서울시 기획관리관이었던 손정목 교수의 증언에 의하면 이는 사실이다. 이 공사의 실시 계획 인가가 떨어진 시기는 1971년 6월 19일이었고, '공식적인' 착공일도 그와 같았다. 하지만 실질적인 착공은 넉 달이나 이른 2월 17일에 시작되었고, 4월 16일에는 이미 가장 어려운 물막이 공사가 완전히 끝나 있었다. 내막은 이러했다. 서울시 한강건설사업소 공사 과장은 주요 건설 회사 중역들을 모아놓고 홍수가 오기 전에 잠실섬 남쪽의 한강 물줄기를 막아버리기로 결정했다. 사실 법대로 한다면 사금 채취를 위한 광업권 문제를 해결하고 또 섬 안에 들어서 있던 무허가 건물들을 철거해야 했지만 모두 무시하고 공사가 진행되었다. 손정목 교수가 당시 서울시 담당관이었음에도 이 공사를 모르고 있었을 정도였으니 얼마나 비밀리에 또 전격적으로 밀어붙였는지 짐작할 수 있다.

물막이 공사가 끝난 후 매립 공사가 시작되었다. 하지만 매립에 쓸 토사가 부족해 당시 시내에서 배출되는 연탄재를 모아서 가져다가 쏟아부었다. 사실 건설사 측에서는 풍납토성과 몽촌토성을 '헐어' 부족한 토사를 대신하려고 했지만 다행히도 서울시가 이를 허가하지 않았다. 그리하여 두 토성이 보존될 수 있었다.

잠실 개발이 시작되다

서울은 이미 1970년에 아시안게임 개최지로 확정되었지만, 동대문
운동장과 효창구장, 장충체육관, 그리고 대학교들이 보유한 체육관
몇 개가 전부인 상황에서 대회 개최는 무리였다. 결국 개최권을 반납
할 수밖에 없었고 대신 방콕이 1966년에 이어 연속으로 아시안게임
을 치렀다. 그 대가로 정부는 25만 달러를 태국 정부에 지급해야 했
다. 또한 방콕 아시안게임에 참가한 선수단은 일본에 이어 2위를 차
지했지만 한편으로 방콕 시민의 야유를 감수해야 했다.

　박정희는 1972년 7월 1일 잠실대교 준공식 때 처음으로 잠실
땅을 밟았다. 마침 물막이 공사가 끝나 잠실과 송파는 하나가 된 상
태였다. 이날은 서울 도시 개발 역사상 기념비적인 날이었다. 도봉에
서 잠실에 이르는 동1, 2로와 잠실대교를 거쳐 성남(당시는 광주대단
지)에 이르는 성남대로도 같은 날 개통되었기 때문이다. 그뿐 아니라
잠실대교-워커힐-구리에 이르는 도로도 이날 개통되었다. 여기서
알아두어야 할 사실은 적어도 이때 잠실대교는 잠실 개발을 위해 만
들어진 다리가 아니라 광주대단지로 내쫓겨 '정착한' 철거민들을 위
해 만들어진 다리였다는 점이다.

　하지만 다음 해인 1973년을 기점으로 잠실 또한 완전히 다른
미래로 도약하는 개발 시대를 맞는다. 박정희 대통령의 지시에 따라
잠실 주변 터까지 합쳐 340만 평의 넓은 땅에 5개 단지 규모의 잠실
주공아파트와 잠실종합운동장을 만드는 잠실지구종합개발계획 사

업이 추진되기 시작한 것이다.

1974년 12월 잠실은 구획정리지구로 지정되었고, 1975년 초부터 서울시 개발촉진지구로 지정되었다. 서울시는 46만 7,442평을 집단체비지(集團替費地)로 만든 다음 그중에서 38만 평을 대한주택공사에 양도하여 집단 아파트 지구로 개발하게 하고 나머지는 서울시의 아파트 건립 지구로 지정하였다. 이런 대담한 방식은 이전까지 전혀 시도된 적이 없었다.

서울시 잠실시영아파트 119개 동 4,520가구(13평형)가 건립된 시기는 1975~1976년이었고 주로 '불량 주택'에 살던 철거민들에게 분양되었다. 총 1만 1,660가구에 달하는 잠실 주공아파트 제1, 2, 3, 4단지도 거의 같은 시기에 주택공사에 의해 완공되었고, 주민들이 대거 입주하였다. 당시 가장 많은 이들이 입주한 1975년 11월과 12월 주말에는 서울 시내가 들썩거릴 정도였다. 이 아파트들은 모두 5~6층 규모였고 연탄 난방 방식이었다.

하지만 잠실 주공아파트 5단지는 여러모로 완전히 달랐다. 1976년 8월에 기공되었는데 23평형과 25평형의 '대형 평수'로 이루어진 아파트 단지였다. 너무나 단조로운 이름이지만 이 단지는 한국 아파트 건축의 전환점이 되었다. 우선 5단지의 면적 자체가 앞선 4개 단지보다 훨씬 넓었다. 3단지가 5만 3,828평, 4단지가 4만 2,249평인데 비해 5단지는 약 2배인 9만 8,000평이나 되었던 것이다.

또 5단지를 건설하기 전까지 주택공사가 건설한 아파트는 한남동의 힐탑아파트(12층)와 남산 외인아파트(16, 17층)를 제외하면 모두 5~6층이었다. 사실 민간 기업은 이미 1975년부터 압구정 현대아파트와 대치동 은마아파트를 비롯하여 고층 아파트를 짓고 있었지만 공기업인 주택공사는 보수적인 분위기 때문에 별다른 근거 없이 고층 아파트는 "자라나는 아이들의 정서에 문제가 있다"는 이유로 저층 아파트만 고집해왔던 터였다.*

하지만 점차 '25평 안팎, 12층 이상, 지역난방'이라는 개념이 대세가 되어갔고, 공기업인 주택공사도 이를 거스를 수 없게 되었다. 주택공사는 5단지 아파트 건설에 그동안 축적한 모든 노하우를 쏟아부었다. 당시로서는 최고의 효율을 자랑하는 고온수 지역난방이 깔렸고 스티로폼을 넣은 이중벽과 이중창—당시에는 최신 시설이었다—이 설치되었다. 일조권을 확보하기 위해 동과 동 사이의 거리는 70미터에 달했다. 발코니나 싱크대에도 많은 신경을 쓴 역작으로 이후 5단지 아파트는 한국 중산층 아파트의 표준이 되었다. 또한 당시로서는 놀랍게도 아파트 단지 내에 실내 수영장과 헬스클럽까지 갖춘 연건평 758평의 새마을체육관까지 지어놓았으니 그야말로 차원이 다른 아파트 단지였다(수영장은 오래전에 매립되어 주차장이 되었다). 이 체육관과 5단지 아파트는 1978년 11월 28일에 함께 준공되었다. 주택공사는 1~5단지, 10만 세대 규모의 잠실 주공아파트 단지의 기공에서 완공에 이르는 전 과정을 '의지의 열매'라는 제목의 다

• 그들의 고집 덕분에 '저층' 아파트들은 상대적으로 넓은 대지지분을 가지게 되었고 후일 금싸라기 아파트로 변모해 먼저 재건축되는 결과를 낳았다. 하지만 당시에 이 저층 아파트들은 불편한 아파트였다. 현관 마루턱의 높이가 40센티미터나 되는 엽기적인 구조였고, 연탄 갈기가 힘들어 1~4단지 주민들은 인근의 장미아파트나 5단지 고층 아파트 주민들을 부러워했다.

큐멘터리로 만들어 영구 보존하고 있다. 한편 잠실의 다섯 개 단지에는 모두 약 300평의 2층 건물인 새마을회관이 있었는데, 건물의 절반 정도를 새마을 작업장에 할당했다. 전업주부들이 자투리 시간을 이용해 봉제 작업 같은 부업을 해서 소득을 올리게 했던 것이다.

잠실 주공아파트 옆에는 라이프주택의 장미아파트와 미주아파트, 미성아파트가 들어섰고 우성아파트까지 포함해 잠실지구는 더 대형화되었다. 그뿐 아니라 시영아파트 동쪽에도 1979년까지 5,930세대에 달하는 거대한 둔촌 주공아파트 단지가 건설되어 잠실 일대는 완전한 아파트 단지가 되었다.

하지만 입주 시기에 별 차이가 없었음에도 이 잠실 대단지는 강남 주민들에게 '강남 취급'을 받지 못했다. 아무래도 10평대가 주류이고 5단지만 20평대인 이 아파트 단지 주민들을 강남과 묶어 말하기는 힘들었던 것이다. 마침 잠실 단지 조성이 완전히 끝난 다음 해인 1979년 10월 1일, 탄천 동쪽 지역은 서울시 강남구에서 강동구로 분리되었다. 하지만 잠실의 강남화는 곧 다가온다.

지하철 2호선, 강남을 관통하다

서울 지하철 노선 중 유일한 순환선이자 가장 붐비는 2호선은 강남 개발의 역사에서 빼놓을 수 없는 존재이다. 1974년 초, 1호선 완공을 눈앞에 둔 당시 2호선의 예정 노선은 왕십리-을지로-마포-여의도-영등포였다. 하지만 구자춘 서울시장은 '3핵 도시안'에 매료되어 있었다. '3핵 도시안'은 기존의 서울 도심을 첫 번째 핵으로, 여의도와 영등포 산업 지대를 두 번째 핵으로 삼고, 세 번째 핵으로 강남을 건설한다는 도시계획이었다. 사실 구자춘 시장의 입장에서 여의도 개발은 전임 김현옥, 양택식 두 시장의 업적이었기에 그 지역에 대한 중복 투자를 피하고 싶어했고 마포에 뚫어야 할 하저 터널도 큰 부담이었다. 따라서 기존의 지하철 2호선에 대한 구상을 바꿔 세 핵을 연결하는 순환선 쪽으로 사업 방향을 틀었다.

구자춘 시장은 2호선이 구로공단과 서울대도 지나가야 한다고 보아 자신의 생각대로 2호선 노선을 확정 지었다. 사실 대다수 학자들과 서울시 간부들은 역사적으로 서울의 교통망이 방사형으로 형성되어왔으므로 지하철도 그렇게 만들어야 한다고 생각했다. 하지만 3핵 도시안에 미쳐 있는 구자춘 시장에게 감히 도전하지 못했다. 단 한 사람, 서울대 주종원 교수가 반대 의사를 표명했는데 그는 곧 서울시 도시계획위원에서 해촉되었다.

지하철 2호선의 길이는 54.2킬로미터에 달했다. 당시 서울시는 노선 길이가 10킬로미터도 안 되는 1호선의 부채도 갚지 못한 상황이었고, 1호선 건설에 절대적인 도움을 준 일본 측으로부터 방사형 노선을 먼저 건설해야 한다는 메시지를 간접 전달받았다. 하지만 당시는 '안 되면 되게 하라'는 유신 시대였다. 결국 1978년 3월 9일 대역사가 시작되었다. 서울시는 지하철 공채를 발행하여 건설 자금을 겨우겨우 충당해나갔다. 그 과정에서 노선이 약간 수정되었다. 오늘날 2호선 노선도를 잘 살펴보면 구의에서 잠실로 가는 최단 거리 노선이 있었음에도 구태여 강변과 잠실나루를 거쳐 구의로 가도록 만들어져 있다. 덧붙여진 이 두 역은 주변의 대규모 아파트 단지를 '배려'한 조치였다.

그림 17 지하철 2호선 강남역 공사 당시 강남사거리.

지하철 2호선은 여러 기록을 세웠다. 우선 기공식이 세 번이나 거행된 유일한 노선이었다. 정확하게 말하면 1978년 3월 9일에 강남 구간 기공식이 열렸고, 다음 해 3월 17일에는 성수동-강북 구간-구로 구간 기공식이 열렸다. 마지막으로 1980년 2월 26일에는 왕십 리-을지로-구로동 구간의 기공식이 열렸다.

하지만 완공식은 무려 다섯 차례나 열렸다! 먼저 신설동에서 잠 실종합운동장 구간이 1980년 10월 31일 완공되었다. 아무래도 지 상 구간이 많았던 덕분이었다. 잠실종합운동장에서 교대까지의 5.5 킬로미터 구간은 1982년 12월 23일에, 을지로입구에서 성수까지의 8.6킬로미터 구간은 1983년 9월 16일 개통되었다. 교대에서 서울대

입구까지의 구간은 1983년 12월 17일, 마지막 남은 을지로입구-신촌-신도림-서울대입구 구간은 1984년 5월 22일 개통되었다.

1977년 말 서울 인구는 772만 명이었는데, 강북에 489만 명이 살고 강남에는 263만 명이 살았다. 하지만 지하철 2호선이 완전 개통된 후인 1985년 조사에서는 서울 인구 964만 명 중에서 강북 인구는 522만 명, 강남 인구는 442만 명이 되었다. 강북 대 강남의 인구 비율이 65 대 35에서 8년 만에 54 대 46으로 바뀐 것이다! 더 나아가 1999년에는 강북 인구는 거의 정체된 데 반해 강남은 510만 명으로 늘어 거의 동수가 되었다.

이런 인구 분포의 변화가 전부 2호선 때문만은 아니겠지만 2호선이 강남의 기세에 엄청난 영향을 미친 것은 틀림없다. 지하철 2호선은 을지로나 구의동도 바꾸어놓았지만 특히 강남 지역에 강력한 영향을 미쳤다. 한국전력 본사를 시작으로 55층의 한국종합무역센터(코엑스), 33층의 인터콘티넨탈호텔 등 고층 빌딩이 테헤란로와 그 주변에 들어서기 시작했다. 이후 걷잡을 수 없을 정도로 고층 빌딩이 올라가기 시작하여 지금의 빌딩 숲을 이루게 되었다. 물론 때맞추어 열린 1986년 아시안게임과 1988년 서울올림픽이 큰 역할을 하였다.

2호선은 서울시 지하철 중에서 유일하게 확실한 흑자를 내는 노선이다. 실제로 가장 붐비는 강남역, 신도림역, 잠실역, 시청역, 건대입구역, 신촌역, 합정역, 사당역, 당산역, 홍대입구역 등이 모두 2호선을 통과한다. 하지만 개인적인 소회로는 신촌역의 일부 출구를 제외하면 이 역들의 출입구는 무미건조하기 짝이 없다. 최소한 유동인구가 많은 역은 특색 있게 꾸며도 되지 않을까?

아시안게임과 올림픽

비록 1970년 아시안게임 개최에 실패했지만 박정희 대통령은 1982년 아시안게임 유치를 준비하고 있었다. 그리하여 1973년 9월 잠실지구에 국제 수준의 스포츠 시설 건설에 관한 연구를 지시했고 12만 평의 부지가 확보되었다. 1975년 3월에는 건축가 김수근을 불러 복합 스포츠센터 건설 계획을 맡겼다. 그리고 다음 해 9월 22일 잠실종합운동장 건설 계획이 발표되었다.

이때쯤 되면 국민들은 유신 체제에 염증을 느끼고 있었고, 정부는 국민들의 불만을 누그러뜨리기 위해 3S 정책—국민들을 스포츠(sports), 스크린(screen), 섹스(sex)에 집중하게 만듦으로써 정치, 사회 문제에 대한 관심을 희박하게 만드는 통치 수법—을 적극 모색하고 있었다. 국가 대항전 규모의 제대로 된 '스포츠'를 즐기기 위해서는 그에 걸맞은 이벤트와 인프라가 필요했고, 아시안게임 유치와 잠실종합운동장 건설은 그런 동기에 잘 부합했다.

1979년 2월 15일 육영수 여사 피격 사건의 책임을 지고 물러났던 박종규가 대한체육회장에 취임했다. 그런데 그는 놀랍게도 이때부터 아시안게임이 아닌 올림픽 유치를 구상하고 10월 8일 올림픽 유치문을 발표했다. 하지만 우리는 1979년이 어떤 해였는지 잘 알고 있다. 유신 체제는 말기 증상을 보이고 있었고 8월의 YH 사건에 이어 김영삼 신민당 총재 의원직 제명 사건이 이어지면서 사람들의 관심이 온통 거기에 쏠려 있었다. 결국 10월 26일, 유신 체제는 종말을 맞고 말았다.

하지만 국민들의 민주화 요구는 1980년 5월의 비극이 상징하듯

무참하게 짓밟혔고 전두환의 제5공화국이 출범했다. 정통성 문제는 물론 광주의 원죄를 안고 태어난 전두환 정권은 아예 시작부터 3S 정책을 밀고 나갔다. 범정부적 지원으로 1981년 9월 30일, 서독 바덴바덴에서 열린 총회에서 서울이 1988년 제24회 하계 올림픽 유치 장소로 결정되었다. 잘 알려져 있지 않지만 1986년 아시안게임 유치는 올림픽보다 오히려 두 달 늦게 결정되었다. 하지만 올림픽 유치가 이미 결정된 이상 아시안게임은 떼어놓은 당상이었다.

두 대회의 유치가 한국에 미친 영향은 엄청났다. 특히 서울에 미친 영향은 한 권의 책을 쓰고도 남을 정도이다. 물론 강남 또한 두 대회를 통해 도약의 시기를 맞았다. 강남이나 준(準)강남의 변화만 뽑아보자면, 가장 먼저 언급해야 할 잠실종합운동장의 건설을 비롯하여 한강종합개발과 올림픽대로 건설, 코엑스와 예술의전당 건설, 아시아공원과 올림픽공원, 양재시민의숲 조성, 두 대회를 위한 선수촌아파트 건설, 목동 신시가지 건설, 지하철 3, 4호선의 조기 개통, 가락동 도매시장 건설, 가락지구 토지구획정리사업 등이다.

잠실야구장과 주경기장

1976년 12월 31일 실내체육관 착공으로 시작된 잠실종합운동장 건설은 실내수영장, 학생체육관 건설로 이어졌다. 잠실야구장은 1982년 7월 15일 완공되어 9월에 세계야구선수권 대회를 치렀다. 1983년부터는 서울 연고의 프로야구단 MBC 청룡이 잠실야구장을 홈구장으로 삼았고, 이후에는 두산 베어스와 LG 트윈스가 잠실야구장에 자리 잡고 팬들의 사랑을 받고 있다. 야구장을 포함한 잠실의 스포츠 대단지 건설은 주경기장이 1984년 9월 29일 완공되면서 마무리되었다.

잠실종합운동장은 올림픽과 아시안게임은 물론 수많은 국내외 스포츠 행사를 훌륭하게 치러냈다. 하지만 놀랍게도 2000년 7월 5일까지도 흉물스러운 철조망과 날카로운 철물이 둘러싸고 있었다. 올림픽 때 선수들을 테러로부터 보호한다는 명목으로 쳐두었는데, 무려 12년이나 그렇게 남아 있었던 것이다. 어쨌든 3만 평이나 되는 공간이 시민들에게 닫혀 있다가 장애물이 철거되면서 오늘날과 같이 개방되었다. 하지만 올림픽로를 장식하는 멋진 조각들은 여전히 대부분 중앙분리대 위에 있어 시민들이 감상할 기회가 없다는 점은 아쉽기만 하다.

현재 주경기장은 노후한 데다 활용도가 낮아 서울시의 골칫거리가 되고 있다. 사실 야구장을 제외한 다른 시설들의 활용도는 낮은 편이다. 특히 주경기장의 경우 상암 월드컵경기장의 등장으로 축구 경기가 거의 열리지 않아 애물단지로 전락하고 말았다. 잠실종합운동장은 매년 적자가 100억 원대에 달했다. 최근 야구장 광고료 인상, 주차장 직영화 덕분에 적자 폭이 줄긴 했지만 그래도 수십억 원대의 손실을 본다고 한다. 사실 야구장 덕분에 이 정도지 주경기장만 계산하면 적자 규모는 상당하다. 한동안 고연전이 가장 큰 행사였을 정도로 체육 행사는 드물고(최근에는 고연전조차도 다른 경기장에서 진행된다), 콘서트장이나 종교 행사장으로 이용되는 경우가 더 많다보니 금싸라기 땅을 이렇게 놀려도 되느냐는 의견이 빗발쳤다. 결국 이전이 예정되었던 탄천 건너편의 한국전력 본사 터와 함께 묶어 개발한다는 안이 나왔다. 현재 서울시는 잠실야구장을 허물고 돔구장을 건설한다는 계획을 확정했다. LG와 두산 두 구단은 새 돔구장이 완공되는 여섯 시즌 동안 주경기장을 리모델링해서 사용할 예정이다.

한편 잠실종합운동장이 차지하고 있는 넓은 땅은 새로운 기회를 주고 있다. 민간에서 제안한 철도 노선의 출발역으로 뜨고 있기 때문이다. 하나은행, 동부엔지니어링, 쌍용건설 등이 사업의향서(LOI)를 통해 제안한 신강남선은 잠실종합운동장에서 시작해 성남을 지나 용인, 수원, 화성으로 이어지는 총연장 39킬로미터, 총사업비 약 4조 4,336억 원의 복선 전철 사업이다. 현대건설이 중심이 되어 구성된 민간사업자도 서울-청주 철도 노선안을 제출했는데 이역시 잠실종합운동장이 출발점이라고 한다. 국민은행이 이끄는 컨소시엄도 잠실종합운동장에서 전남 여수까지 이어지는 민간 철도건설안을 제출했다. 이는 잠실·삼성 일대가 국제교류복합지구로 개발되기 때문인데, 이에 대한 이야기는 '삼성동' 편에서 다루도록 하겠다. 다만 셋 중 하나만 실현되어도 잠실종합운동장은 강남, 아니 서울의 새로운 철도 교통 중심지가 될 것이다. 그렇게 되면 강남 사람들에게 업신여김을 받던 잠실 1~4단지의 10평형대 아파트들이 으리으리한 대형 아파트로 변하는 동안 한때 최고의 아파트 중 하나였던 5단지는 여전히 그대로인 상태가 되니—'대박'이 예정되어 있기는 하지만—세상일이란 돌고 돈다는 말이 틀리지 않은 듯싶다.

한강종합개발

1960년대 후반 이후 급격한 경제 발전으로 '한강의 기적'이란 말까지 나왔지만 정작 한강 자체는 엉망진창이었다. 급격한 산업화로 수질이 심하게 오염되었고, 강변을 매립하면서 필요한 골재를 무절제하게 근처에서 퍼올리는 바람에 강바닥은 요철이 심해졌으며, 오염은 더 악화되었다. 굳이 올림픽을 대비한 전시용 개발이 아니더라도 한강은 더 이상 방치하면 안 되는 상황이었다. 그리하여 1982년 9월 28일 마침내 한강종합개발사업이 시작되었다.

강바닥을 고르게 정비하는 저수로(低水路) 사업, 수중보, 둔치 정비가 시행되었다. 한강변에 54.6킬로미터에 달하는 대형 분류식 하수관로를 설치하고 새로 건설된 난지, 탄천, 안양의 3개 하수처리장에서 하수를 처리하도록 했다. 그리고 서울시 교통 흐름의 중심이 되는 올림픽대로가 건설되었다. 정확하게 말하면 암사동에서 염창동까지의 26킬로미터는 기존의 4차선을 8차선으로 확장했고, 다른 노선은 길이 2킬로미터의 노량대교를 건설하는 등 4차선 도로를 신설하였다. 양화대교에서 행주대교까지의 10킬로미터 구간은 제방을 새로 쌓아 6차선 도로를 만들었다. 이렇게 해서 총 42.5킬로미터에 달하는 올림픽대로가 완성되어 한강은 지금 우리가 보고 있는 모습으로 변신했다. 그래서일까, 다소 지나친 표현일 수도 있겠지만 한 학자는 지금의 한강은 예전의 한강이 아니라 모조품에 불과하다고까지 비판했다.

사실 한강뿐 아니라 탄천, 중랑천, 안양천 등의 하천 주변은 서울 시유지인 데다 장애가 되는 건축물이 없었기에 도시 성장에 필요한 기반 시설(도로, 상하수도관, 교량 등)이 들어서기 좋은 장소였다. 따라서 어김없이 순환도로가 들어섰고 보행자의 접근이 어려워졌다.

실개천들은 아예 복개되어 도로로 변신했다. 서울 시민들은 편의성과 속도를 얻었지만 대신 서정성과 추억을 잃는 대가를 치러야 했다.

예술의전당 이야기

예술의전당과 코엑스는 강남을 상징하는 랜드마크 중 하나이다. 하지만 둘 다 아시안게임과 올림픽이 없었다면 규모가 줄거나 상당히 늦게 태어났을 것이다.

우선 예술의전당 이야기부터 해보자. 독립기념관 건설을 떠들썩한 화제로 만들어 한참 동안 국민들의 관심을 돌리는 데 성공한 전두환 정권은 올림픽을 앞두고 서울에 세종문화회관을 제외하고는 별다른 문화 공간이 없다는 지적을 받았다. 사실 전두환 정권은 '3S 정책'의 일환으로 '문화'를 가장 적극적으로 활용한 정권이기도 했다. 그래서 여러 프로 스포츠가 본격적으로 시작되었고 《애마부인》 등의 에로 영화가 전성기를 맞았다. 국풍81°과 미스유니버스 대회도 그런 이유로 열렸다. 또한 대중문화뿐만 아니라 이른바 '고급문화'에서도 이미지를 포장할 필요가 있었기에 전두환 정권은 올림픽을 계기로 다시 대규모 건설 프로젝트를 시작했다. 건축가 김원 소장을 중심으로 한 '독립기념관팀'이 다시 한 번 가동되었다.

사실 대형 건축은 태평성대 못지않게 엄혹한 독재 체제에서 번성한다. 동서고금을 막론하고 권위적이고 억압적인 정치인일수록 자

• 전두환 정부가 민족문화의 계승과 대학생들의 국학에 대한 관심 고취라는 명분을 내세워 여의도광장에서 주최한 관제적 성격의 문화 축제. 당시 이 행사를 기획하고 주도했던 허문도 전 문공부 장관은 '전두환 정부의 괴벨스'라고 불린 인물이었다.

신의 치적을 거대 건축물로 남기려고 하기 때문이다. 건축물은 오래 지속되고 누구나 눈으로 직접 볼 수 있는 것이기에 정치인들은 건축물로 자신을 대중의 기억 속에 남기고 싶어하고 독재자일수록 그런 경향이 강하다. 전두환 역시 예외가 아니었다. 그래서 탄생한 거대 건축물이 바로 잠실종합운동장과 올림픽공원에 세워진 '평화의문', 그리고 서울 '예술의전당'과 과천 '국립현대미술관'이었다.

전두환 정권이 대형 문화시설 건축에 관심을 기울인 이유는 당시 세계적인 흐름의 영향도 컸다. 독재 정권은 아니지만 강력한 권위를 추구했던 프랑스의 프랑수아 미테랑 대통령이 파리에 신개선문과 국립도서관, 루브르박물관의 유리 피라미드 등 새로운 대형 공공 건축물들을 건설하는 '그랑 프로제' 사업으로 세계적인 주목을 받으면서 세계 각국이 대형 랜드마크 건축 경쟁을 벌이던 시절이었다.

또한 당시는 문화 공간 개념에서도 장르별로 따로 취급되던 공연장이나 전시장, 오페라극장 등을 하나로 묶는 건축, 즉 '아트센터'가 전성기를 맞은 시기였다. 미국의 링컨센터와 영국의 바비칸센터 같은 복합 문화 공간이 그러한 예였다. 당시 이진희 문공부 장관은 이런 흐름을 따라 국악까지 아우르는 국내에 없었던 대형 문화 공간 건설을 주도했다. 예술의전당 영문 이름(Seoul Arts Center)에 '뮤지엄'이 아닌 '아트센터'가 들어간 이유도 그 때문이다.

그런데 이런 대규모 복합 시설을 만들기 위해서는 최소한 5만 평 이상의 부지가 필요했고, 서울에서 적합한 곳을 구하기가 대단히 어려웠다. 1차 후보지는 서울고가 이전하면서 비운 경희궁 터였는데, 이곳은 복원해야 할 궁전 터이기도 했지만 너무 좁아서 탈락했다. 2차 후보지는 서초동의 정보사령부 터였다. 사실 아트센터는 소리를 내야 하는 곳이므로 조용해야 했는데 서울에서 정보사령부만한 장소는 드물었다. 하지만 당시는 '민관군'이 아니라 '군관민'의 시대였다. 문공부는 뒤로 물러날 수밖에 없었다. 3차 후보지는 뚝섬이었다. 압구정동에서 성수대교를 건너면 삼표레미콘이 있는데(지금은 가동을 중지한 상태이다) 분진 발생 업체여서 이전 대상이었다. 하지만 코앞에 보이는 금호동의 달동네가 문제였다. 사실 올림픽 전까지 많은 달동네를 정리할 계획이었고 실제로도 그렇게 했지만 어쨌든 당시에는 그때까지 정리된다고 장담할 수 없었다.

그 외에도 여의도와 장충공원, 코엑스, 난지도, 지금의 대법원 자리까지 후보에 올랐지만 이런저런 이유로 모두 탈락하고 말았다. 전두환 재임 중에 완공 테이프를 끊어야 했으니 시간이 없었다. 마침 '통 크고 시원한' 것들을 좋아하는 전두환이 헬기를 타고 가다가 우면산 기슭을 보고 "저기 널찍하고 좋겠네"라고 말해서 1983년 7월에 지금의 부지가 결정되었다고 한다(아이러니하게도 예술의전당 건립 이념은 "예술의 '민주적 확산'과 대중의 참여 확대를 통한 문화복지"다). 이 '설'이 사실인지 아닌지는 모르겠지만 어쨌든 한국 최초의 복합 문화 공간인 예술의전당은 서초동 우면산 자락에 들어서게 되었다. 면적은 약 7만 평이어서 충분했다. 하지만 문제는 여기서 끝나지 않았다.

한국을 대표하는 문화 공간인 만큼 설계는 국제 공모로 진행되었다. 한국 건축을 20년 넘게 대표한 김수근과 김중업이라는 두 거물을 비롯해 쟁쟁한 외국 건축가들이 공모에 뛰어들었지만 당선자는 뜻밖에도 서른아홉 살의 젊은 건축가 김석철(전 아키반 대표. 2016

년 5월에 작고하였다)이었다. 김수근과 김중업 두 사람 모두에게 건축을 배운 독특한 이력을 거친 김석철은 두 스승과 외국 경쟁자들을 꺾고 6만 8,000평에 이르는 초대형 국가적 프로젝트 설계를 거머쥐며 단숨에 스타 건축가로 떠올랐다.

김석철의 당선 설계안은, 부지 가운데에 광장이 들어서고 주변으로는 음악과 미술 두 장르를 중심으로 건물군이 광장을 둘러싸는, 예술의전당 자체로 '작은 문화 도시'를 이루는 디자인이었다. 옛 파리와 짝을 이루며 연결되는 신도시 라데팡스처럼 강북의 문화 축과 연결되는 강남 문화의 핵심이라는 개념도 담겨 있었다. 사실 당시까지만 해도 강남에는 유흥가만 많을 뿐 문화시설은 거의 없었다.

이제 당선작도 나왔으니 목표는 예술의전당을 전두환 임기 내에 완공하는 것이었다. 그러나 예상치 못한 여러 이유로 완공은 계속 늦어졌고 결국 1차 목표였던 1986년 아시안게임 이전 완공에 실패했다. 그나마 1987년에 국립국악원을 완공했으나 다른 시설들은 전두환 임기 내에 완공하지 못했다. 대통령이 노태우로 바뀐 1988년에야 음악당과 서예박물관이 문을 열었고, 이후 1993년에 이르러서야 가장 중요한 오페라하우스가 완공되면서 예술의전당은 최종 완공되었다.

예술의전당은 김석철의 대표작이자 1980년대 한국 건축사에서 반드시 언급되는 주요 작품이지만 많은 비판을 받았다. 첫째, 시민들을 위한 문화시설임에도 '접근성'이 너무 떨어졌다. 물론 이는 건축가의 잘못은 아니었다. 전두환 임기 내에 공사를 마무리하기 위해 애초 설계와 달리 많은 부분이 바뀌었는데, 그중에서도 가장 아쉬운 부분은 지하철역과 예술의전당을 연결한다는 구상이 실현되지 못했다는 점이다. 넓은 부지 확보가 가장 중요하다는 이유로 외딴 지역을 골랐으면 접근성 악화를 만회하기 위해 더 신경 써서 대중교통과 연결해야 했는데 이를 실현하지 못한 것이다. 더구나 '시원'하게 뚫린 남부순환도로가 앞을 가로지르고 있어 예술의전당을 찾은 시민들은 마치 단절된 느낌을 받는다. 그래서 예술의전당은 지금까지도 "섬처럼 떨어져 있다"는 비판을 듣고 있다. 물론 관계자들도 이를 생각하지 않았던 것은 아니다. 원래 계획대로라면 남부터미널역에서 예술의전당까지 지하로 연결로를 만들고 그 공간을 쇼핑몰로 활용할 예정이었다. 하지만 예산 문제로 이 또한 이루어지지 못했다.

세월이 지나 다시 기회가 왔다. 1997년 IMF 외환 위기 시절에 진로가 인근에 종합 유통 단지를 만들려다가 실패하면서 부근의 땅을 매물로 내놓은 것이다. 군인공제회가 아파트를 짓기 위해 이 땅을 사들였다. 그러자 인허가권을 가진 서초구청은 이때다 싶어 군인공제회에 쇼핑몰 계획을 다시 내놓았다. 그러나 수백억 원이 들어가는 일이었고 군인공제회 쪽에서는 제안을 받아들일 수 없었다. 결국 타협안이 나왔다. 그 결과가 바로 예술의전당과 남부터미널을 연결하는 아쿠아아트 육교였다. 프랑스의 유명한 건축가이자 한불상공회의소 소장이기도 한 다비드 피에르 잘리콩(David-Pierre Jalicon)이 설계를 맡았다. 이 다리는 육교로서는 국내 최초의 사장교 형식인데, 이러한 이유들로 무려 55억 원의 건설비가 들어갔다. 그렇지만 이것으로 예술의전당의 접근성이 개선됐다고 생각하는 사람은 많지 않을 것이다. 지금도 예술의전당은 입지가 '천형'처럼 작용하여 시민들의 접근이 어려운 것은 물론이고, 무엇보다 주위에 이렇다 할 문화

그림 18 아쿠아아트 육교에서 바라본 예술의전당.

공간이 생겨나지 못하고 있으니 아무리 봐도 성공작이라고 하기는 어려울 것 같다.

예술의전당에 대한 두 번째 비판은 예술의전당을 대표하는 두 건물인 오페라극장과 음악당에 쏠린다. 비판의 요지는 두 건물의 지붕이 '한국의 전통성'을 상징하기 위해 각각 원형의 갓과 부채 모양을 하고 있는데 지나치게 직설적으로 표현되었다는 것이다. 전통 건축물도 아니고 주로 서구의 음악을 연주하는 두 공연장이 '한국적 디자인'으로 처리된 모습이 마치 "양복 정장 차림에 갓을 쓰고 부채를 든 꼴"이란 것이다. 이런 야유는 지금도 계속되고 있다.

사실 갓과 부채 모양에 대해서도 하나의 '설'이 따라다닌다. 당

그림 19 아쿠아아트 육교.

시 고위층이 한국을 대표하는 건물이니 한국적 디자인을 집어넣으라고 압박하여 디자인이 갑자기 바뀌었다는 것이다. 군사독재 시기에는 주요 공공 건축물을 발주하는 관청 쪽에서 건축가에게 전통 디자인을 집어넣으라고 압력을 넣는 일이 비일비재했다. 이 때문에 건축계는 전통 디자인 삽입을 강요하는 작태를 극도로 혐오했다. 아니나 다를까 예술의전당은 건축계에서 두고두고 욕을 먹었고, 몇 년 전 서울시 신청사가 등장하기 전까지 해방 후 최악의 건축 1위라는 자리를 계속 유지하는 '기염'을 토했다. 그래서 고위층이 멋대로 갓과 부채 모양을 집어넣어 디자인을 망친 건물이란 이야기는 '정설'로 굳어졌다. 물론 전두환 정권에 대한 반감까지 더해졌으리라.

하지만 설계자 김석철은 "와전된 이야기"라며 선을 그었다. 그는 부지 자체가 북향이어서 "정북향의 건물에 햇볕 문제를 해결하기 위해서는 원형 건물을 택할 수밖에 없었다. 원형 건물을 세우면 하루 종일 빛이 든다"라고 해명했다. 또 2,340석의 객석을 자랑하는 오페라하우스의 건물 모양 자체가 원통형이니 당연히 동그란 지붕이 나왔으며, 음악당 역시 시각적 집중을 위해 객석이 무대 쪽으로 좁아지는 구조로 설계되었기 때문에 자연스레 지붕이 부채처럼 바깥쪽이 넓게 펼쳐지는 모양이 되었다고 설명했다. '갓과 부채' 모양이라는 이야기는, 설계 이후 이진희 장관을 비롯한 관료들이 건물을 설명하면서 이런저런 의미를 덧대는 가운데 그런 이야기가 퍼져나갔다는 것이다. 사실 '원형'에 대한 김석철의 집착은 꽤 유명하다.

　　예술의전당 건물 중에서 '오해'를 받은 건물이 또 하나 있는데 바로 서예박물관이다. 서예박물관은 원래 건물 전면이 '사람 얼굴을 형상화한 것'으로 알려져 있었다. 이 이야기를 듣고 건물을 보면 정말로 사람 얼굴처럼 보였다. 그러나 이 또한 건축가는 사실무근이라고 해명하였다. 예술의전당 내 건물 속에서 존재감이 약한 서예박물관이만큼 그나마 이러한 '오해'라도 받아서 조금이나마 더 눈에 띄는 편이 낫지 않을까 싶은데, 1년 4개월간의 리모델링을 거쳐 재개관한 서예박물관의 모습은 퍽 달라졌다. 사실 서예박물관은 처음 건립 계획에는 없던 건물이었다. 정부 차원에서 서예 전용 공간이 필요하다는 이유로 갑자기 추가되었고 결정만큼이나 빨리 한 달여 만에 부랴부랴 설계를 마치고, 불과 4개월여 만에 완공되어 오히려 다른 건물보다 먼저 예술의전당 안에 들어섰다.

예술의전당이 건축적으로 비판받는 또 다른 이유는 건물이 남부순환도로 쪽으로 거대하고 높게 튀어나와 있어 시각적으로 부담감을 준다는 사실이다. 한국인의 정서상 앞에 열린 공간을 두고 뒤편에 건물을 배치하는 것에 익숙한데, 예술의전당은 정반대로 앞에 건물이 있고 마치 건물의 등에 업힌 것처럼 개방 공간이 뒤로 펼쳐진다. 한마디로 길 쪽에서 보이는 예술의전당의 첫 인상은 '거대한 성벽'이다.

건물이 이처럼 길가에 우뚝 솟은 모양이 된 이유는 암반이 많아 계획과 달리 전진 배치되었기 때문이다. 암반을 깰 수도 있었겠지만 그러려면 비용도 문제지만 공기가 길어져 전두환 임기 내에 완공하기 어려울 터였고, 결국 길 쪽에 가깝게 붙여 짓기로 한 것이다. 또한 공사비 절감을 위해 건물 외벽 마감을 대리석이 아닌 화강암으로 했는데, 당시에는 화강암이 타일보다도 저렴했다. 훗날 김석철은 적어도 오페라하우스만은 대리석으로 해야 했었다는 아쉬움을 토로했다. 장차 수백 년 동안 국내 최대의 문화 공간이 될지도 모르는 건축물을 충분한 시간을 두고 완벽하게 짓기는커녕 '민족 문화 창달'을 국정 목표로 내세운 대통령의 관심사란 이유로 빨리 짓는 데 급급했던, 어찌 보면 당시 한국 사회의 수준이 반영된 결과였다. 이처럼 건축을 문화적으로 바라보지 않고 치적 홍보용 이벤트로 여기는 공공기관과 정치인의 낮은 인식은 지금까지도 별로 고쳐지지 않고 있는 실정이다.

아주 좋은 증거가 있다. 건축 잡지 『스페이스』는 건축 전문가들을 대상으로 광복 이후 지어진 현대 건축물 중 최고와 최악을 뽑는 조사를 실시한 적이 있다. 이 조사에서 예술의전당, 특히 오페라하우스는 '최악의 건축' 부문에서 서울시청사에 이어 2위를 차지했다. 참고로 정치인들이나 공공기관이 주도한 건물 중 최악으로 뽑힌 건축물은 1위와 2위 외에도 4위 세빛둥둥섬, 5위 동대문디자인플라자, 6위 국회의사당, 7위 청와대 본관, 8위 용산구청, 10위 중앙우체국, 14위 광화문 광장, 15위 국립민속박물관, 17위 국립중앙박물관, 18위 세운상가, 19위 전주시청사가 올라 상위권을 독식하다시피 했다(강남의 건축물은 세빛둥둥섬 외에 9위 타워팰리스, 13위 아이파크타워, 16위 강남을지병원, 20위 충현교회가 이름을 올렸다). 그에 반해 최고의 건축물 20위 안에 든 공공 건축물은 간신히 20위에 턱걸이한 인천공항뿐이다(강남의 건축물 중에서도 최고의 건축물에 꼽힌 건물들이 있지만 이는 뒤에 다루기로 하겠다).

예술의전당에서 호평받는 공간도 있다. 앞쪽이 성벽처럼 부담스럽게 길을 따라 높게 솟았지만 대신 그 뒤의 진입부는 넓은 계단이 시민들을 맞으면서 펼쳐진다. 높고 낮은 공간과 공간을 이어주며 계단이 이어지는데, 이 계단은 시민들이 예술의전당에서 가장 좋아하는 공간이 되었다. 바닥과 계단, 건물이 모두 같은 석재로 지어져서 통일감을 유지하면서도 보는 위치에 따라 다양한 장면이 빚어진다. 김석철은 이 계단을 구상할 때 불국사의 공간 연결 동선을 떠올렸다고 한다. 한편 세계음악분수도 관심의 대상이었는데, 특히 주변에 사는 어린이들의 사랑을 듬뿍 받는 시설로 자리 잡았다.

사람들은 예술의전당에 대해 어떤 느낌을 갖고 있을까? 찾아가기 불편하고 너무 커서 정이 가지 않는다는 반응이 있는 한편, 건물과 건물 사이에 널따란 개방 공간이 배치되어 있고 우면산과 이어지는 정취를 느낄 수 있기에 나름의 매력이 있다는 반응이 공존한다. 싫건 좋건 예술의전당은 1980년대의 상징 가운데 하나임에 틀림없다. 무엇보다 세월이 흐르면서 주민들에게 예술의전당은 일상의 공간이 되었고 추억이 만들어지는 장소가 되었다. 조금 유별난 예일지 모르지만, 어느 힙합가수는 "예술의전당에 끌려가 겁나게 맞으며 알게 된 선배란 존재"를 노래에서 회상하기도 했다. 『광화문 연가』의 지은이 이영미 씨의 표현을 빌리면, 강북에서 나서 자란 이에게는 동묘나 동대문이 '동네 기와집'에 불과하듯이 예술의전당도 서초동에서 나서 자란 아이들에게는 '형'들에게 끌려가 맞고 삥 뜯기는 그런 곳이기도 하리라.

예술의전당에는 공공 건축물에 대한 1980년대 한국 사회의 욕망과 취향, 인식과 태도가 고스란히 담겨 있다. 특히 다양한 문화 예술 기능을 하나의 건축물, 그것도 외진 곳에 몰아넣은 중앙집권적 사고는 많은 부정적인 결과를 낳았고, 투자 대비 문화적 효과 또한 아쉬운 결과로 이어졌다. 예술의전당 건축의 가장 큰 동기는 군부 출신 독재자를 '문화 대통령' 이미지로 포장하기 위함이었지만, 한국에 복합 문화 공간이 필요했음은 사실이었고 예술의전당이 그 효시가 되었다는 사실을 부정하기는 힘들다. 더구나 시설과 규모는 세계 어디에 내놓아도 손색이 없고, 당시만 해도 문화 불모지였던 서울 강남 지역에 들어선 최초의 대형 문화 공간이란 의미도 작지만은 않다. 예술의전당은 어쨌든 우리 문화계에서 가장 중요한 공간으로 태어나, 여러모로 아쉽지만 그래도 나름의 역할을 하고 있고, 전국 곳곳에

'예술의전당'이란 이름을 붙인 복합 문화 공간들이 들어서는 계기가 되었다는 점은 평가받아야 할 것이다. 하지만 서울도 그랬는데, 라는 전례를 남겼고(교통이 불편한 외지고 널찍한 곳에 지어도 된다는), 많은 도시가 이를 답습하는 결과를 낳았다. 하드웨어는 훌륭하지만 소프트웨어 쪽은 많이 부족한 예술의전당은 급성장한 강남, 아니 대한민국의 축소판일지도 모른다.

코엑스 이야기

이미 1979년에 종합전시장이 만들어지기는 했지만 그 정도 시설로 올림픽 같은 대형 이벤트를 감당하기에는 언감생심이었다. 사실 1982년에 무역박람회, 1983년에 우주과학박람회가 열렸지만 인파로 인해 대부분 사람들은 구경도 제대로 못했을 정도였다. 1983년 국무총리를 지낸 거물 인사인 남덕우가 무역협회장으로 취임했다. 돌아보면 적절한 시기에 적절한 인사였다. 실세인 회장 덕분이었는지 정부는 가로 600미터, 세로 300미터나 되는 6만 평의 땅을 밀어버리고, 지어진 지 8년밖에 안 된 종합전시장을 1987년에 철거한 다음 새 전시장을 건설했다. 여기에 더해 올림픽 직전에 인터콘티넨탈 호텔과 현대백화점이 문을 열었다.

하이라이트는 세계적인 일본 설계 회사인 닛켄셋케이(日建設計)의 작품이자 63빌딩 다음가는, 지상 55층, 높이 228미터, 연건평 20만 평, 위로 올라갈수록 좁아지는 독특한 형상을 한 코엑스의 완공이었다. 일본 전문가들이 이 빌딩을 두고 "굉장히 급하게 성장하는 한국의 성장 그래프"란 그럴듯한 설명을 덧붙였다고 전해지는데, 실제로 불과 2년 전 아시안게임 때 방문했던 기자들은 올림픽이 열리기까지 그 짧은 기간에 들어선 55층 빌딩을 보고 놀랄 수밖에 없었다고 한다. 실로 한국의 고도성장이란 게 어떤 것인지 직감할 수 있는 강렬한 체험이었을 것이다. 하지만 이 마천루는 이후 서울, 특히 강남에 들어서는 고층 빌딩의 설계를 외국인에게 맡기는 선례를 남겼고, 외국 설계 회사의 '봉'이 되는 계기가 되었는데, 이에 대한 이야기는 뒤에서 좀 더 상세하게 다루도록 하겠다.

이제 독자들에게도 익숙한 내용이겠지만 코엑스가 완공된 시기는 '당연히' 올림픽 직전인 1988년 9월이었다. 그런데 이상하게도 이 초대형 빌딩의 완공 연도는 1988년, 1989년, 1990년 등으로 자료마다 차이를 보이고 있다. 1990년 5월에야 소유권보존등기를 했기 때문이다. 55층이나 되는 대형 건물이 2년 가까이 미등기 상태로 있었던 셈인데 여기에는 사연이 있다. 건물 신축 시 소유권을 확인하는 소유권보존등기를 언제까지 마쳐야 하는지는 따로 정해져 있지 않다. 하지만 미등기 부동산을 매매하는 경우 과태료가 부과되는 등 제재가 따르기 때문에 보통은 건물이 지어진 이후 등기를 마친다. 이때 필요한 절차가 건축물 사용승인이다. 당시는 현재의 사용승인과 유사한 준공검사 제도가 있었는데, 코엑스는 준공검사를 받기 전에 가사용승인 상태에서 먼저 문을 연 것이다. 준공검사도 하기 전에 건물을 사용할 수 있었던 이유는 물론 올림픽이 개막하는 1988년 9월 이전에 문을 열어야 했기 때문이고, 이는 서울시가 '특혜'를 제공한 덕분이었다.

개장이야 그렇다 치더라도 등기가 올림픽이 끝난 뒤에도 1년

반이나 걸린 다른 이유가 있었다. 당시 무역협회가 도로 관련 기부체납을 완료하지 않았다는 이유로 서울시가 준공검사를 미루었기 때문이다. 다른 건물은 준공검사를 받지 못할 경우 사용할 수 없지만 코엑스는 이미 사용 중이었기에 사실상 의미 없는 제재가 이루어지는 상황이 벌어졌다고 할 수 있다.

하지만 이는 이 건물을 둘러싼 스캔들 중 극히 작은 사건이다. 가장 유명한 일화는 시간을 더 거슬러 올라가 시공사 선정 과정에서 발생한 초유의 '이윤 1원 낙찰' 사건이었다. 발단은 시공 당시 무역협회가 시공사를 선정하기 위해 실시한 남다른 입찰 방식에 있었다. 국내에 잘 알려지지 않은 '코스트피(cost fee)' 방식을 채택했던 것이다.

일반적인 입찰 방식은 총공사비를 가장 낮게 써낸 업체가 낙찰을 받는 최저가 낙찰 방식이나, 시공 계획과 그에 따른 공사비를 제출하면 이를 검토해 현실적이고 합리적인 제안을 한 업체를 선정하는 적격 심사 낙찰 방식이었다. 그런데 무역협회가 시도한 코스트피 방식은 발주자의 예정 공사비가 먼저 제시되고 시공사가 챙겨갈 이윤을 두고 경쟁을 벌이는 방식으로 이윤을 더 적게 써낸 업체가 낙찰을 받게 되어 있었다. 실제 공사비를 절약하면 예정 공사비 중 절약한 부분만큼 시공사가 가져갈 수 있는 구조였다.

당시 언론 보도에 따르면 예정 공사비는 건물이 513억 원, 토목공사비와 이윤을 합친 금액이 약 87억 원으로 총 600억 원 규모였다. 당연히 수주전은 토목공사비와 이윤을 합친 비용을 누가 더 적게 제시하느냐에 달려 있었다. 일반적으로 토목공사비는 40억 원 수준으로 보고 있었으니 나머지가 이윤이었다. 다른 업체들은 30~70억

그림 20 건설 중인 한국종합무역센터(코엑스).

원을 제시했고 한 업체가 과감하게 10억 원을 제시했으나, 낙찰은 '1원'을 제시한 극동건설에 돌아갔다. 극동건설 측은 돈이 문제가 아니었고 이런 기념비적인 건축을 담당할 수 있다는 데에 의미를 두었다고 말했는데, 사실 고층 빌딩의 수주 실적을 위해 사실상 손실을 감수하고 뛰어든 것이다. 이는 훗날 신의 한수가 되었다. 삼성물산이 말레이시아 페트로나스 트윈타워를 수주하려고 했을 때 발주처는 50층 이상의 고층 건물 시공 경험이 있는 건설사를 요구했다. 삼성물산은 조건에 부합하는 극동건설과 컨소시엄을 이뤄 입찰에 성공했다. 만일 극동건설이 당시 코엑스 수주 실적이 없었다면 삼성물산은 해외 건설사와 컨소시엄을 이루거나 아예 수주 자체를 따내지 못했을 것이다.

결과를 말하면 극동건설은 총 500억 원에 공사를 수주했다. 전체 예상 공사비에 따른 낙찰가율은 83.3퍼센트 수준이었다. 이에 대해 공정거래위원회의 전신인 경제기획원 공정거래실이 공정거래법 위반 여부를 검토하기도 했다. 이유에 대해서는 문제가 없지만 토목 공사비까지 합친 액수가 1원이라는 사실은 문제가 될 수 있다는 취지였다. 하지만 결국 낙찰가율이 80퍼센트를 넘었기에 덤핑이 아니며, 따라서 1원 낙찰은 문제가 없다는 결론이 나왔다.

극동건설은 공사에 앞서 건설공제조합과 보험 계약을 체결했다. 계약 보증의 경우 수수료는 낙찰액에 따라 정해지는데 이윤이 1원에 불과한 낙찰이기 때문에 최소액인 200원이 적용됐다. 하지만 예정가와 낙찰액의 차액에 대한 보증 수수료는 1억 3,600만 원에 달했다. 즉 1원 이윤을 남기기 위해 보험 수수료만 1억 원을 넘게 쓰는 희한한 일이 벌어진 것이다. 일부에서는 제3, 제4, 제5공화국 시절 동안 남덕우 무역협회장이나 극동건설이 잘나갔던 것에 주목하며 둘 간의 유착을 거론하기도 했다. 하지만 그 시절에 그런 관계를 안 맺은 관료와 기업이 얼마나 되겠는가? 더구나 남덕우 회장도 2014년에 고인이 되었고 극동건설 역시 그동안 주인이 여러 번 바뀌었다. 진실은 55층 빌딩의 지하에 영원히 묻혀버렸다.

그런데 1990년에 코엑스 옆에 한국 최초의 도심공항터미널까지 들어섰지만 이상하게도 『서울신문』의 기사대로 "지난 20년의 경제성장의 노력을 자축하는 기념비적인 존재"라고 할 수 있는 건물 자체는 별로 주목받지 못하고 63빌딩에 눌려 있었다. 어쩌면 이규목 씨의 표현대로 "외국인의 손을 빌린 이류 상업주의 건물"이기 때문인지도 모르겠다.

그러다가 진짜 코엑스의 주인공이 등장했다. 바로 아쿠아리움과 코엑스몰인데, 한참 후에 등장한 이 코엑스의 진짜 주인공들에 대한 이야기는 '삼성동' 편에서 다루도록 하자.

아시아선수촌아파트

이제 강남을 만든 문화와 업무 공간을 떠나 새로운 주거 공간을 만든 선수촌아파트를 살펴보자. 사실 잠실, 송파 일대가 강남으로 '합류'할 수 있게 만든 주인공이 바로 아시아선수촌과 올림픽선수촌 아파트였다.

아시아선수촌아파트가 먼저 완공되었다. 이 아파트는 잠실 최고의 요지에 들어섰을 뿐 아니라 4만 8,000평의 단지 면적, 150퍼센

그림 21 아시아선수촌아파트는 성냥갑 같은 판에 박은 듯한 꼴을 벗어난 첫 번째 대단지 아파트였다.

트의 낮은 용적률, 9층짜리부터 18층짜리까지 계단 형식으로 세워진 건물, 대각선으로 마주 보는 배치, 따라서 자연스럽게 보장되는 넉넉한 동 간 공간을 자랑하고 2만 평이나 되는 아시아공원을 앞마당으로 둔 대한민국 최고의 웰빙 아파트였다. 세대수는 1,356가구였다. 현상 공모를 통해 선정된 설계자 조성룡과 문정일은 이 작품으로 한국 아파트 단지 문화의 전환점을 이루었다. 보행자와 차도를 분리 설계했고 건물 1층을 빈 공간으로 띄워서—필로티 구조라고 한다—주민들이 그 밑으로 자유롭게 커뮤니티 시설을 왕래할 수 있게 하는 등 단지 내 주민들의 이웃과의 공동생활을 최대한 고려했다.

　더구나 당시로서는 파격적이게도 이 아파트의 57평형과 66평형에는 지하 주차장까지 제공했다. 사실 좀 더 나중에 입주가 시작된 목동아파트조차 지하 주차장은 없었다. 등기까지 나와 있는 지하 주차장에 고급 차를 대면 단지 내에서도 귀족이었다고 한다.

설계자 조성룡은 이 아파트의 주민이기도 한데, 아파트 주민들이 사망했을 때를 대비해 엘리베이터의 안쪽 벽을 열면 관을 눕혀 내려올 수 있도록 설계했다. 한편 당시 무명이었던 그가 현상 공모에 당선될 수 있었던 이유 중 하나는 유명 건축가들이 독립기념관, 예술의전당 등 대형 프로젝트에 달려들어 아파트 단지는 거들떠보지 않았기 때문이라고 한다.

조금 낡기는 했지만 워낙 여건이 좋기 때문에 리모델링을 해서 보안과 부대시설 등을 보완하면 다시 국내 최고의 아파트가 될 수 있겠지만, 현재 주민들은 아직 시간이 좀 더 필요하다고 보고 있다. 사실 엘리베이터의 경우에는 그동안에도 대부분 새로 설치했다고 한다.

하지만 한국 아파트의 선두를 달렸던 아시아선수촌아파트는 2000년 송파구가 8학군 배정에서 제외되면서 급격히 쇠락한다. 학군이 아파트 가격에 얼마나 큰 영향을 주는가를 보여준 대표적인 사례다. 그리하여 강남구의 쟁쟁한 고등학교에 배정받던 아시아선수촌아파트 남자 중학생들은 잠실 2단지 내의 잠신고에 다니게 되었다. 잠신고는 15평형, 13평형으로 구성된 잠실 주공아파트 2단지의 학생들이 주로 다니던 학교로 38~66평이라는 대형 평수의 아파트에 거주하던 아시아선수촌아파트 주민들에게는 당연히 성에 차지 않았다. 하지만 달리 도리가 없었고 아시아선수촌아파트는 왕좌를 강남구 아파트에 내주게 되었다.

최근 잠실 주공아파트 1~4단지가 대형 평수의 새 아파트로 재건축되었다. 당연히 잠신고에 대한 기대 수준도 올라갔지만 미래에는 사정이 또 어떻게 변할지 모를 일이다.

강남 3구의 탄생

아시안게임이 끝나자 폭풍 같은 1987년이 시작되었다. 1월 14일 박종철 고문 치사 사건으로 문을 연 1987년은 6월 항쟁과 개헌, 12월 대통령 선거로 이어지는 거대한 드라마를 만들면서 막을 내렸다. 그리고 올림픽의 해인 1988년이 시작되었다. 1988년 1월 1일 서울시가 행정구역을 개편함에 따라 송파구가 강동구에서 분리되었다. 송파구는 한때 '올림픽구'라는 이름이 붙을 뻔했는데, 천년 송파나루의 이름을 버릴 수 없다는 여론이 일어 현재의 이름으로 결정되었다. '올림픽구'는 생겨나지 않았지만 대신 선수촌아파트가 들어서는 지역의 이름이 오륜동이 되었다.

강동구와 송파구의 경계는 강동대로였지만 풍납동만은 예외였다. 풍납동 주민들이 강동구 잔류를 강력히 거부해서 결국 송파구에 편입되었기 때문이다. 1984년 대홍수로 심각한 피해를 입었던 풍납동 주민들은 송파구 편입으로 수해 지역이라는 이미지를 벗고 싶어 했던 것이다.

또한 서초구가 강남구에서 분리되었다. 강남대로와 구룡산, 대모산의 산령이 경계가 되었다. 그리하여 흔히 말하는 강남 3구가 탄생했다. 송파구를 강남 3구에 합류시키는 데 결정적 역할을 한 올림픽선수촌아파트도 같은 해에 완공되었다.

올림픽선수촌아파트

현상 공모 방식으로 빛을 본 아시아선수촌아파트의 성과는 올림픽선수촌아파트로 이어져 더욱 발전했다. 올림픽선수촌아파트 단지는 나름 국제 현상 공모 방식을 채택해 전 세계에서 설계작을 구했고, 국내 건축가 30명을 포함해 총 39개 작품이 출품되었다. 그중에서 황일인과 우규승이 공동 설계한 작품이 선정되었다. 올림픽의 규모 자체가 아시안게임에 비할 바가 아니었으므로 아파트 단지도 그러했다. 올림픽선수촌아파트 단지의 규모는 20만 평에 달했고, 세대수는 25평형에서 64평형까지 122개 동 5,540세대에 이르렀다. U자형 중앙 광장을 중심으로 한 방사형 배치도 눈길을 끌었다. 위에서 항공 사진을 찍으면 거미줄 같은 모양을 하고 있고 태극 문양을 연상시키기도 하는데, 이는 남향 지상주의라는 기존 관념을 깨고 조망권을 중시했다는 점에서 혁신적인 배치였다.

용적률은 137퍼센트, 층수는 6~24층이었다. 1단지는 기자촌이었고, 2단지와 3단지는 선수촌이었다. 아파트 단지 중앙을 관통하는 Y자형 수로는 이 단지의 자랑거리 중 하나이고, 지하 주차장을 거의 전 세대에 제공하고 복층형 아파트가 들어간 최초의 대단지이기도 했다.

또한 단지 안에는 유치원이 두 곳, 오륜초등학교와 세륜초등학교, 오륜중학교, 그리고 전통의 명문인 보성중고등학교와 창덕여자고등학교가 강북 도심에서 이전해 자리 잡았다. 학생들은 이 모든 학교를 길을 건너지 않고 녹지를 따라 걸어서 통학할 수 있다. 따라서 정서에도 좋고 안전하기에 부모들은 자녀들이 고등학교를 졸업할 때까지 선수촌아파트를 떠나고 싶어하지 않는다.

평수는 34평형이 1,933세대로 가장 많고, 40평형이 약 1,400세대이다. 25평형도 있지만 43세대밖에 되지 않는다. 대부분 30~60평대의 중대형 평형인 데다 경관이 수려하고 환경이 쾌적한 전원형 아파트라 가격도 비싸고 주민 생활수준도 높다.

다른 아파트 단지에서 찾아볼 수 없는 장점은 최근 복원된 생태하천인 성내천과 오금천이 있다는 것이다. 성내천 복원 공사로 하천의 수량이 늘고 산책로와 자전거길이 생기면서 말 그대로 자연 친화형 명품 아파트가 됐다. 땅이 넓고 용적률이 낮아 살기에 아주 편해서 노인들의 만족도가 높다고 한다. 최근 이 단지에 들어오는 사람들은 자연환경을 그리워하는 중장년층이고 떠나는 사람들은 오랫동안 이곳에 살아서 새 아파트에 살기를 원하는 이들이라고 한다. 골조가 워낙 튼튼하고 두꺼우며 지하 주차장과 지상 주차 환경이 좋아서 리모델링을 한다면 앞으로 50년은 끄떡없을 단지이기도 하다.

물론 단점도 있다. 골조가 두꺼워 면적에 비해 생활공간이 좁고 천장이 낮아서 답답하고, 30여 년의 세월이 흐르다보니 손볼 데가 늘어나서, 특히 지하 주차장은 여기저기 물이 샌다고 한다. 40평형 이하 아파트는 욕실 겸 화장실이 하나뿐인데, 당시에는 당연했지만 지금은 큰 약점이 되었다. 물론 세대별로 내부 인테리어를 새로 한 집들이 늘어났다. 한편 올림픽선수촌아파트 단지의 가장 큰 단점이었던 지하철 노선의 부재는 1996년 3월 30일 지하철 5호선이 완공되면서 해결되었다.

롯데월드의 탄생

아시안게임과 올림픽을 개최하기 위해서는 기존의 숙박 시설 가지고
는 어림도 없었다. 이에 1986년 5월 12일, '올림픽 등에 대비한 관광·
숙박업 등의 지원에 관한 법률'이라는 특별법이 1988년 12월 31일까
지 적용되는 한시법으로 만들어졌다.

　　이 기간에 수많은 호텔과 이런저런 시설들이 들어섰지만 단연
눈에 띄는 존재는 롯데월드였다. 서울시는 잠실 개발을 진행하면서
석촌호수 북쪽의 4만 7,580평의 상업지역을 놓고 어느 기업에 개발
을 맡길지 고민했다. 서울시는 이곳에 백화점, 도서관, 병원, 아케이
드,* 극장, 위락 시설, 호텔 등이 들어가야 한다고 보았다. 단 조각조
각 땅을 팔아 무계획적으로 상업 시설이 들어서는 것은 원하지 않았
다. 처음 이 땅을 매입한 기업은 율산그룹이었다. 율산은 60층짜리
빌딩 2개 동과 30층과 40층짜리 빌딩 여러 동을 짓는 복합 단지 개
발안을 내놓았다. 그런데 이 계획을 내놓은 지 반년도 안 된 1979년
4월, 율산그룹은 해체되고 말았다. 이 땅을 인수한 기업은 한양이었
는데 그들은 서쪽 한구석에 쇼핑센터 하나만 짓고는 나머지 땅을 방
치해두었다(지금 한양쇼핑센터는 한화그룹에 넘어가 헐렸고 그 자리에 갤
러리아팰리스라는 주상복합이 들어섰다). 1981년 9월 30일 올림픽 유치
가 결정되자 이 땅의 가치가 더욱 높아졌다. 하지만 불운하게도 한
양도 국내외 건설 사업이 모두 실패하면서 사세가 크게 기울어 이런
대규모 사업을 할 처지가 못 되었다. 결국 이 땅은 한화그룹의 손에

---

* 아치형의 지붕이 있는 통로. 특히 양쪽에 상점이 있는 통로를 말한다.

넘어간 몫을 제외하고 롯데그룹이 차지했다.

롯데는 1984년 2월과 8월 두 차례에 걸쳐 한양으로부터 3만 8,794평의 토지를 매입하고 정부의 뜻에 따라 계획적인 숙박, 위락, 상업 시설을 짓기로 결정했다. 사실 더 자세한 건설 동기는 롯데가 직접 발간한 『롯데월드 건설지』에도 나오지 않으며 당사자 중 극소수의 생존자들이 고백하지 않는 한 더 이상의 내막은 알 수가 없다. 롯데는 1988년 9월 이전 완공을 목표로 빠른 속도로 건설을 시작했다. 설계는 일본에서 맡았고, 설계가 끝나자 다음 해 8월 27일, 토지 굴착 공사가 시작되었다. 다른 시설은 몰라도 호텔만은 올림픽 전에 완공되어야 했기에 시청, 구청, 소방서, 건설부, 상공부, 재무부, 관세청 등 관계 기관에서는 모든 지원을 아끼지 않았다. 결국 호텔이 가장 먼저 올림픽 직전인 1988년 8월 28일 개장했다. 백화점은 11월 12일, 쇼핑몰은 11월 19일, 실내 테마파크는 1989년 7월 12일, 매직아일랜드는 1990년 3월 24일에 공사를 다 마쳤다. 올림픽 때 외국인들이 본 호텔 외의 시설은 안에서는 공사가 한창이었지만 어쨌든 겉보기로는 그 자체로 장관이었고, 과연 높으신 분들의 의도대로 한국이 "눈부시게 발전하고 있다"는 사실을 전달하기에는 충분했다.

완공된 롯데월드의 규모는 엄청났다. 매직아일랜드를 제외한 전체 건물의 크기가 동서로 390미터, 남북으로 265미터나 됐고 바닥 면적만 2만 2,265평에 연면적은 17만 평에 달하는 사상 초유의 괴물이었다. 롯데월드의 건축물 대장을 떼보면 용도란에 '숙박·판매·위락·관람 집회·운동·전시 시설'로 되어 있다.

롯데월드에 대한 호불호를 떠나 이 건물이 한국 건축의 신기원이 된 것만은 틀림없고, 많은 국내 관광객을 끌어모으는 데도 성공했다. 실내 테마파크를 건설하기 위한 대공간 천장 공사, 테마파크와 매직아일랜드의 연결 외에도 수많은 최신 공법이 도입되었고, 심지어 곡선 에스컬레이터도 처음으로 설치되었다. 이런 이유로 롯데월드는 센트럴시티, 코엑스몰, 테크노마트, 부산의 센텀시티 등 대형 복합 상업 건물의 시조라는 타이틀까지 가지게 되었다.

너무나 당연하지만 롯데월드는 1990년 7월 1일부터 시행된 교통유발부담금 납부 1위를 오랫동안 지켰다. 그 후 롯데그룹은 롯데월드 대각선에 주상복합 롯데캐슬골드를 완공한 데 이어, 2017년 4월 3일에는 말 많았던 롯데월드타워를 비롯한 제2롯데월드를 완전 개장했다. 제2롯데월드는 건물 자체보다도 123층 빌딩이 성남 서울 비행장에 이착륙하는 항공기의 안전을 위협한다는 이유로 문민정부부터 참여정부에 이르기까지 15년 동안 거부되었는데, 이명박 정부 들어서 우여곡절 끝에 허가가 내려졌다. 롯데그룹은 소공동에 있던 본사와 보라매공원에 있던 롯데케미칼 등 주요 계열사들을 이 빌딩으로 이전하여, 잠실을 명실상부한 '롯데월드'로 만들었다.

어쨌든 롯데월드타워가 국내 건축물로는 처음으로 100층, 500미터를 돌파한 초고층 마천루이자, 진도 9의 지진과 초속 80미터의 강풍도 견딜 수 있는, 최첨단 공법이 동원된 기념비적 건축물이라는 데는 이견이 없다. 이 마천루에 사용된 콘크리트의 양만 22만 입방미터에 달하는데, 이는 전용면적 85평방미터 아파트 5,500가구를 지을 수 있는 물량이다. 우여곡절이 많았지만 이 마천루는 서울시에서 공식적으로 내세우는 서울의 상징 가운데 하나일 정도로 자리를 잡았다.

지하철 3호선, 남북을 관통하다

지하철 2호선이 강남의 동서를 관통한다면 지하철 3호선은 남북을 관통하는 노선이다. 1980년 2월 29일 공사를 시작한 3호선은 지축에서 출발하여 구파발, 불광, 종로3가, 을지로3가, 충무로, 약수, 옥수 등 강북을 거쳐 동호대교를 건너 강남으로 들어간다. 그리고 압구정, 신사, 잠원, 고속터미널, 교대, 남부터미널을 거쳐 양재가 종점이었다. 이 3호선은 5년 8개월 만인 1985년 10월 18일 완공되었다. 길이는 28.9킬로미터였다. 이 노선이 강남 시가지 형성에 미친 영향은 2호선에 비할 바는 아니지만 그래도 매우 컸다. 직접 강남을 통과하지는 않지만 지하철 4호선 역시 반포와 방배 쪽을 끼고 돌며 강남 발전에 적지 않은 영향을 미쳤다.●

지하철 3호선 노선 결정 과정에서 강남 구간에 관한 두 가지 비사가 전해진다. 하나는 앞서 소개한 예술의전당과 남부터미널역을 연결하는 것과 관련된 문제였다. 원래는 '당연히' 지하철역 출입구와 예술의전당을 연결할 계획이었는데, 이때 문공부가 지하철 4호선 공사로 보물 제1호인 동대문이 흔들린다며 서울시를 괴롭혔다고 한다. 이에 대한 보복으로 서울시가 문공부 최대의 역점 사업인 예술의전당에서 일부러 먼 거리에다 지하철역을 배치해 문공부를 '물먹였다'

● 3, 4호선은 1, 2선과 달리 전 역사에 냉방 시설을 갖추었다. 에스컬레이터도 훨씬 많이 설치했다. 전차 역시 경량화, 고속화를 이룬 신형을 도입하여 기술적으로도 큰 진보를 이루었다. 또한 놀랍게도 3, 4호선의 공구는 모두 48개에 달했음에도 동시에 착공되었다. 당시 중동 붐이 식으면서, 돌아온 건설업체들에게 일거리를 주기 위한 서울시의 조치였다고 한다.

는 것이다. 물론 지금 물먹고 있는 당사자는 문공부(지금은 문화체육관광부) 나으리들이 아니라 '예술의전당역'이 있을 뻔했다는 것조차 잘 모르는 우리 시민들, 어쩔 수 없이 남부터미널역에서 마을버스를 타거나 20분 이상 터벅터벅 숨차게 걸어가며 좌석을 찾아가는 일반 시민들이다.

다른 하나는 '대치역'에 관한 이야기이다. 오늘날 학여울역과 도곡역 사이에 대치역이 있는데 거리상으로는 결코 들어설 만한 역이 아니었다. 하지만 아줌마 부대의 집중포화가 서울시에 쏟아졌고 결국 서울시가 이를 견디지 못하고 대치역을 만들었다고 한다. 물론 '설'일 뿐이라는 것을 독자 여러분께 굳이 확인해둔다.

이후 지하철 3호선의 강남 구간은 계속해서 남쪽으로 연장되었다. 종점이었던 양재역을 지나 매봉, 도곡, 대치, 학여울, 대청, 일원, 수서라는 새 역들이 생겨났고, 2010년에는 오금까지 연장되어 5호선과 연결되었다. 또한 새로운 강남인 분당을 연결하는 분당선까지 만나기에 이른다. 새로 생긴 역사마다 주변에 새 시가지가 조성되었으며 서로 빈틈없이 연결되었다.

한편 1996년 11월에 지하철 8호선 잠실-모란 구간이, 2000년 8월에는 7호선 강남 구간이 개통되었지만 두 노선은 이미 시가지가 형성된 후에 만들어진 것이어서 강남 도시 형성에 기여한 바가 제한적이었다고 할 수 있다.

소비 특별시 강남

강남의 첫 핫플레이스: 방배동 카페골목

방배동 카페골목은 우리나라 카페 거리의 원조격이자 강남권의 첫 핫플레이스라고 부를 수 있는 공간이다. 1973년부터 이촌동에서 잘 나가던 카페 '장미의 숲'이 1978년 허허벌판이나 다름없던 방배동으로 이사 오면서 방배동 카페골목이 시작되었다. 이전에도 불구하고 단골들의 발길은 이어졌다. 작가 김주영과 김홍신, 성악가 박인수, 화가 김병종, 만화가 고우영, 가수 패티김과 조영남, 탤런트 이덕화, 한국 경제학의 태두 조순, 야당 중진 정대철 등 쟁쟁한 인물들이 그 단골이었다. 작곡가 김준은 패티김에게 카페 이름과 같은 제목의 노래 〈장미의 숲〉을 선물했을 정도다. 이렇게 방배동 카페골목은 초기 강남 지역에서 거의 유일한, 그리고 의미 있는 문화 공간이었다.

이어서 개그맨 주병진이 '제임스딘'을 열었고, '아라신', '회색도시', '준' 등 유명 카페들이 자리 잡기 시작했다. 이 카페들에서 노래 부르던 가수들도 스타덤에 올랐는데, 가장 대표적인 인물이 변진섭이다. 〈꿈에〉의 조덕배와 〈세월이 가면〉의 최호섭도 방배동 카페골목이 낳은 스타라고 할 수 있다(조덕배는 카페골목을 떠나 방배동과 대단한 인연이 있는 인물인데, 이 이야기는 별도로 다룰 것이다). 방배동 카페골목에서는 영원한 가인 유재하가 직접 연주하는 기타 소리를 들을 수 있었고, 제임스딘에 들러 주병진과 이야기를 나눌 수도 있었다. 차와 칵테일 가격이 다른 지역의 2배였지만 사람은 계속 늘어났다.

밤샘 영업을 하는 고급 옷가게들도 들어섰다. 조덕배는 1980년대에서 1990년대 중반까지 대한민국에서 예쁘고 멋진 사람들은 다 방배동 카페골목에서 만날 수 있었다고 회고한다. 그가 거론한 스타들 중에는 윤상, 지예, 이주호, 김현식, 최진실, 원미연, 이상우, 유익종 등이 있었고, 홍콩의 대스타 성룡도 있었다. 테너 박인수와 명창 채수정, 화가 사석원 등은 1인당 5만 원의 제철 요릿집인 '복있는 집'의 단골로 식당을 멋진 무대로 바꾸어놓기도 했다. 지금은 황실자이아파트로 재건축된 방배동 황실아파트를 거처이자 화실로 썼던 김흥수 화백도 방배동의 명성을 높였다. 이렇듯 방배동 카페골목은 1990년대 후반까지 전국적인 유명세를 탔다. 최근 한국 음악의 거장 김민기가 세상을 떠나면서 알려진 일화도 있다. '뒷것' 김민기와 '가왕' 조용필이 방배동에서 만났다는 것이다. 조용필이 김민기를 존경한다는 말을 듣고 음악 평론가 강헌이 둘의 만남을 주선한 것인데, 1997년 12월 아주 추웠던 어느 날의 일이었다. 강헌은 대학로에서 김민기와 함께 택시를 타고 방배동의 일식집으로 갔고, 셋은 20병이 넘는 소주를 비웠다고 한다. 가게가 문을 닫을 시간이 되자 셋은 노래방 기계가 있는 1970년대풍의 낡은 카페로 가서 '2차'를 시작했는데, 놀랍게도 조용필이 마이크를 잡더니 〈아침이슬〉을 불렀다고 한다. 강헌은 이 놀라운 경험을 혼자만 아는 '특권'을 누렸고, 30년 가까운 세월이 흘러 김민기가 고인이 된 시점에서야 공개한 것이다. 이 비화 역시도 당시의 방배동이 어떤 공간이었는지 잘 알려주는 이야기가 아닐까?

1992년 2월 19일, 방배동 에티커피숍이 국내 최초로 테이블마다 전화기를 설치하고 앉은 자리에서 편안히 전화를 걸고 받을 수 있는 파격적인 서비스를 실시했다. 이후 이런 서비스를 도입하는 카페가 크게 늘어났다. 휴대폰 시대가 된 지 꽤 오랜 세월이 지난 지금에서 보면 호랑이 담배 피우던 시절의 이야기나 다름없지만 말이다. 일부 카페들은 손님을 끌기 위해 호객꾼인 일명 '삐끼'를 고용하기도 했다. 게다가 퇴폐 영업까지 늘면서 삼호아파트를 비롯한 인근 주민들의 원성이 들끓었다. 유흥업소의 심야 영업에 대한 일제 단속이 시작되고 정부가 '범죄와의 전쟁'을 선포하면서 방배동 카페골목은 가장 먼저 단속 대상에 올랐다. 저녁마다 구청 직원들이 확성기를 들고 '청소년은 집으로 돌아가라'고 외쳤다. 하지만 단속 강화에도 퇴폐 영업은 그치지 않고 지하로 숨어들었다.

주당들은 '방배동에 가면 심야 영업을 한다'며 모여들었다. 경찰의 단속은 계속됐고, 변태 영업은 잠시 주춤하다가 더욱 기승을 부렸다. 음주, 퇴폐, 유흥 관련 뉴스의 첫 장면이 방배동일 정도였지만 역설적으로 단속이 심할수록 영업은 더 잘되곤 했다. 당연하게도 주당

그림 22 서초구에서 세운 방배동 카페골목 조형물.

들은 카페 대신 술과 안주를 찾았다. 그리고 이런 분위기가 이어지면서 카페는 하나둘씩 사라졌다. 그러면서 방배동 카페골목은 '낮에는 주택가, 밤에는 먹자골목, 새벽에는 유흥가'가 되었다. 하지만 이런 묘한 동거는 계속될 수 없었다. 결국 방배동 카페골목은 IMF 경제위기의 직격탄을 맞고 큰 침체기에 빠졌고, 2005년에는 저점을 찍기에 이른다. 이 기간 중 밤 1~2시까지는 노래방이나 단란주점으로 영업하다가 밤이 더 깊어지면 남자 접대부가 나오는 업소(호스트바)들도 대략 10여 곳 있었다. 하지만 단속이 강화되면서 사라졌고, 결국 방배동 카페골목도 평범한 '먹자골목'으로 전락한다. 서초구는 2009

년부터 개선 사업에 착수해, 조형물과 바닥 안내 돌판을 설치하고 주변 환경도 많이 바꾸었지만 당시 카페골목의 명성과는 여전히 거리가 먼 상황이다.

갈빗집과 패스트푸드점

신흥 중산층이 서서히 강남에 모이고, 삼저 호황과 부동산 가격 폭등으로 주머니에 여유가 생기자 사람들은 맛있는 음식을 즐길 수 있는 곳, 이왕이면 분위기 있는 식당을 찾았다. 1981년 삼원가든을 시작으로 늘봄공원, 초원공원, 수원성 등 커다란 가든형 갈빗집들이 논현동과 압구정동 일대를 중심으로 들어섰다. 세 자릿수에 달하는 종업원, 500명을 넘게 수용할 수 있는 좌석, 또 세 자릿수의 차량을 수용할 수 있는 주차장과 비단잉어가 노니는 연못, 인공 폭포와 물레방아, 국적 불명의 정자와 석등을 갖춘 가든형 갈빗집들은 전원생활에 대한 향수를 묘하게 자극하면서 성황을 이루었다. 한편 이에 자극받아 중국성이나 만리장성 같은 대형 중화요릿집도 문을 열었다.

이러한 고급 음식점들의 등장에 대해 어떤 사람들은 일종의 '키치(kitsch)' 문화에 불과하다고 비판하기도 했다. 이런 곳에서 식사를 하면 상류층이 된다는 허영에 기대어 급조된 문화라는 것이다. 그렇지만 이런 비판에도 불구하고 아파트에서 자란 소년들에게 이런 갈빗집들이나 중화요릿집들은 '멋진 신세계'나 마찬가지였다. 또 바이어들을 대접하기 위해 품위 있는 장소를 찾는 기업들이 애용하는 곳이기도 했다.

하지만 자동차 문화가 더 확산되는 가운데 교외에 더 좋은 갈빗집들이 생겨났고, 강남의 땅값이 더욱 치솟으면서 삼원가든을 제외한 대부분의 대형 갈빗집은 사라지고 말았다. 1980년대 초반에 등장한 강남의 가든형 갈빗집들은 '영동 문화'의 한 단면이었다.

갈빗집이 등장하기 얼마 전인 1979년 10월, 소공동 롯데백화점의 개장과 함께 롯데리아가 등장했다. 그와 함께 코니아일랜드, 던킨도너츠, 케이에프씨(KFC), 맥도날드, 버거킹 등 미국식 패스트푸드점들이 들어서기 시작했다. 이 패스트푸드점들은 햄버거, 핫도그, 아이스크림, 닭튀김 등 "간편하고 영양이 풍부한" 메뉴를 다양하게 내놓았고, 젊은이들의 약속 장소로 인기를 끌었다. 이를 계기로 당시에는 익숙하지 않았던 셀프서비스가 본격적으로 시작되기도 했다. 여기서 어린 시절 강남에서 성장한 『그래도 나는 서울이 좋다』의 저자 오영욱의 회고를 소개한다.

내가 6학년이 되었던 1988년, 여전히 전체주의 국가의 형태를 띠고 있던 대한민국은 올림픽의 열기로 가득했다. 우리는 곧 선진국의 일원이 될 수 있는 개발도상국의 선두 주자임을 자랑스러워하고 있었다. 그리고 압구정동에는 한국 맥도날드 1호점이 문을 열었다. 지금도 생생히 기억이 나는데, 우리 네 가족은 오픈에 맞추어 맥도날드로 외식을 갔다. 회사 연수로 미국에 다녀온 적이 있는 아버지께서 추억을 되새기듯 가보자고 하신 것이다. 우리 가족은 긴 줄을 기다려 가장 비싸고 맛있어 보이는 빅맥 세트를 주문했다. 여태껏 경험해보지 못했던 황홀한 맛은 아니었지만 마요네즈 범벅의 햄버거를 먹으면서 어쩐지 시골 촌뜨기에서 탈피하는 느낌이 들었다. 우리는 주류 문화권의 일원이 된 것이었다.

미국식 패스트푸드점은 엄청난 속도로 늘어났고, 기껏해야 짜장면과 학교 앞 '불량식품'에 만족해야 했던 꼬마들의 입맛을 미국식으로 바꾸어갔다. 1986년 강남 도산대로에서 자동차에 탄 채 메뉴를 받을 수 있었던 케이에프씨의 드라이브스루 스토어까지 문을 열었고, '맥드라이브'도 생겨났다. 그리고 1994년, 파파이스가 압구정동에 1호점을 오픈했다(파파이스는 한동안 인기를 끌다 2020년 철수했는데, 2년 후 다시 돌아와 강남역에 1호점을 열었다).

시간이 지나, 강남 사람들을 위시한 한국인들의 입맛이 까다로워지면서 칼로리가 높은 '정크푸드'로 인식된 미국식 패스트푸드들은 한물가기 시작했다. 특히 도산대로 케이에프씨의 드라이브스루 스토어는 강남 개발이 확산되면서 땅을 파는 쪽이 나았는지 곧 문을 닫았다. 1992년 TGI프라이데이스가 양재동에 1호점을 오픈하면서, 패스트푸드와는 '차원이 다른' 음식을 제공하는 패밀리 레스토랑이 속속 등장했다(지금은 일반화된 '음료 리필' 문화는 TGI프라이데이스의 개장으로 시작되었다고 한다). 이탈리아풍 레스토랑인 매드포갈릭도 압구정에 1호점을 내면서 사업을 시작했다. 본격적인 시푸드 뷔페인 마키노차야와 대형 퓨전 레스토랑이자 이자카야인 코다차야도 각각 역삼동과 신사동에서 영업을 시작했고, '19금 식당'인 후터스가 한국에 첫 점포를 낸 곳도 압구정동이었다. 하지만 음식 취향의 다양화, 반조리 식품을 사용하는 등 음식의 질에 대한 불만, 과당 경쟁에 금융 위기까지 겹치면서 패밀리 레스토랑은 2010년대 초반부터 빙하기를 맞았다. 전문 요리사가 만드는 특정 음식 전문점이 많이 생기면서 소비자들의 입맛도 변했고 저열량 건강식을 선호하는 경향도 패밀리 레스토랑 쇠퇴에 큰 역할을 했다. 그 결과 많은 패밀리 레스토랑이 아예 한국에서 철수했고, 남은 브랜드도 매장을 크게 줄였다. 다만 강남권은 상대적으로 많이 남아 있는 편이다.

패밀리 레스토랑의 쇠퇴와 더불어 중간 지대를 타깃으로 한 새로운 프리미엄 패스트푸드점들도 등장했다. 이들의 경쟁 무대 역시 강남이었다. 미국 3대 프리미엄 버거 브랜드인 쉐이크쉑이 2016년 7월 강남대로에 매장을 열었고, 나머지 멤버인 슈퍼두버와 파이브가이즈도 최근 강남대로에 진출해 치열한 3파전을 벌이고 있다.

한편 이런 서구식 패스트푸드만 강남에서 등장한 것은 아니다. 녹즙으로 유명한 풀무원의 시작도 압구정이었다. 풀무원의 원경선 원장은 1981년 7월, 무공해 농산물을 파는 작은 야채 가게를 열면서 풀무원을 시작했다. 풀무원은 값은 비싸지만 신선하고 위생적인 식자재를 내놓으면서 강남 주부들을 사로잡았다. 특히 1984년 획기적인 포장 두부를 판매하면서 우리나라 식품 역사에 신기원을 열며 단단한 기반을 쌓았다. 현재는 1조 원대 매출을 올리는 중견기업으로 성장했다.

백화점 기업들의 요람

서구와 일본에서 처음 등장한 근대식 백화점은 당연하게도 역에서 멀지 않은 원도심에 위치했다. 우리의 서울 역시 서울역과 가까운 명동 일대에 신세계백화점, 미도파백화점, 코스모스백화점이 자리 잡았고, 1979년 개장한 롯데백화점 역시 마찬가지였다. 즉 '백화점은 명동'이라는 고정관념이 서울 시민에게 있었다. 기껏해야 청량리의 롯데백화점 정도가 비교적 외곽에 있는 백화점이었는데 사실 이조차도 청량리역에 인접해 있었다. 그러나 새로운 도시 강남이 생기고 여기에 백화점이 속속 들어서면서 그러한 고정관념은 무너지기 시작했다.

　백화점과 비슷한 개념의 한양쇼핑센터가 1979년 압구정동에 들어선 것을 시작으로 1980년 12월에 뉴코아백화점이 반포에, 1983년 여의도백화점이 여의도에 생겼다. 그리고 1985년 백화점의 신기원을 이룬 압구정동 현대백화점과 도곡동 그랜드백화점이 들어섰다. 특히 1988년 삼성동에 들어선 현대백화점은 다른 백화점과 달리 대규모 문화센터와 금융, 부동산, 여행 등의 정보를 제공하는 정보센터를 운영하는 '파격'을 보여주면서 새로운 백화점 문화를 창조하였다. 한화는 한양쇼핑센터 영동점을 인수하여 1990년 9월 해외 명품 판매 위주의 갤러리아백화점으로 변신시켜 새로운 쇼핑 문화를 만들어냈다.

　삼풍백화점과 영동백화점은 강남에서 시작해 강남에서 끝난 백화점으로, 둘 다 팔자가 사나웠다. 지금의 강남구청역에 자리 잡은 영동백화점은 앞서 언급했지만 강남의 땅부자 김형목이 1983년 8월에 세웠다. 그는 1987년 차남인 김택에게 이 백화점을 물려주었다. 하지만 김택은 1990년 2월 강남 뉴월드호텔 등지에서 필로폰을 흡입하며 여배우와 성관계를 맺은 혐의로 구속되어 대표이사직을 내놓아야 했다. 그래서인지 영업 역시 안 좋은 쪽으로 흘러갔다. 현대백화점, 삼풍백화점과의 경쟁에서 밀리면서 1993년 폐점한 것이다. 이후 나산그룹이 인수하면서 나산백화점으로 바뀌었다. 나산백화점은 가격 파괴 전략으로 잠시 인기를 끌었다. 하지만 외환 위기로 인한 그룹 도산과 지하 기둥에서 심각한 균열이 발견되면서 10년 가까이 강남의 흉물로 방치되다가 한 투자회사가 땅을 매입해 2011년 지하 6층, 지상 23층의 POBA 강남타워를 세웠다. 투자사와 건설사는 이 땅의 '사나운 팔자'를 잘 알고 있었는지 땅의 귀신을 위무하는 위지령비와 돌사자를 세웠다. 그 덕분인지, 아니면 7호선과 분당수인선이 교차되는 지리적 입지 덕분인지는 모르겠지만, POBA 강남타워는 임대와 분양에 성공하며 영동백화점의 저주를 끊어냈다(해방 이후 최대의 비극을 낳은 삼풍백화점 이야기는 따로 하도록 하겠다). 한편 진로그룹이 양재동에 세운 아크리스백화점 역시 실패로 돌아갔다. 한신공영을 모태로 한 뉴코아백화점도 지나치게 확장하다가 1998년 해체되었고, 2003년 이랜드에 넘어갔다.

　　롯데와 신세계라는 백화점계의 두 거인도 강남에서는 그렇게 성공하지 못했다. 롯데는 잠실에 거대한 거점을 마련했지만 강남구와 서초구에는 신규 진출하지 못했다. 대신 2000년에 그랜드백화점을 인수해 롯데백화점 강남점으로 삼는 데 그쳤다. 아마도 롯데가 고급스러운 이미지에서 현대백화점보다 밀리는 이유는 강남을 선점하지 못했기 때문이 아닐까? 신세계도 영동백화점을 잠시 운영하다가 2000년 9월 센트럴시티를 완공하고서야 본격적인 강남 입성에 성공한다. 이렇게 보면 강남은 아파트 기업들과 마찬가지로 새로운 백화점 기업들의 요람이자 무덤이었다고 할 수 있다.

그림 23 위지령비와 돌사자.

    그리고 중요한 변화가 있었다. 신세계가 2017년 8월 본사를 회현동에서 반포로 이전했고, 현대백화점도 2019년 삼성동으로 본점을 이전했다. 롯데는 아직이지만 만약 잠실로 이전한다면 백화점 업계의 빅3가 모두 강남에 자리 잡게 된다. 그러면 명동-회현동이 한국 백화점의 얼굴이었던 시대는 과거가 되는 셈이다.

강남의 길거리 캐스팅과 연예 기획사

길거리 캐스팅은 말 그대로 길거리에서 연예 기획사나 광고 회사, 영화사 관계자의 눈에 띄어 캐스팅되는 것을 말한다. 외모가 출중하거나 담당자가 생각하는 이상적인 모습에 부합할 때 주로 길거리 캐스팅을 당한다. 이런 길거리 캐스팅이 가장 많이 일어나던 곳이 강남, 그것도 압구정동이었다. 대표적인 인물이 이정재, 정우성, 송지효이다.

이정재는 학원비를 벌기 위해 압구정동의 카페에서 서빙 아르바이트를 했는데, 눈에 띄어 모델로 발탁되었다. 이정재 입장에서는 모델료가 알바비보다 훨씬 많았기 때문에 모델업계에 몸을 담으면서 연예계에 뛰어들었고, 톱스타 반열에 올라섰다.

사당동 철거민 가족 출신이었던 정우성도 1988년경 서문여고 앞에 있던 햄버거집에서 재수생이라고 속이고 아르바이트를 했다. 키가 컸기에 가능한 속임수였다. 사실 당시 그는 은행 말단 직원이라도 하려고 경기상고에 진학했지만 1학년 때 자퇴하고 여러 아르바이트를 했는데, 그중 하나가 햄버거집이었다. 그런 그를 보기 위해 매번 여학생들이 장사진을 이뤘다. 화장실로 가는 벽면에는 정우성을 연모하는 여학생들의 낙서가 가득했다. 주변 세화여고, 동덕여고는 물론이고 봉천동에서도 모여들 정도였다고 한다. 그러다 압구정동 한 카페에서 일을 하게 되었는데 '얼굴 잘생긴 남자애가 있다'는 소문이 돌면서 CF에 출연한다. 결국 《구미호》로 데뷔했고, 《비트》가 히트하면서 영화배우로서 톱스타의 자리에 오른다(《비트》에서는 압구정동 등 강남 일대가 무대로 자주 등장한다). 정우성은 비슷한 나이에 비슷한 경로로 데뷔해서인지 이정재와 절친이라고 한다.

송지효 역시 대학교 졸업반 시절에 압구정동의 작은 카페에서 아르바이트를 하다가 연예계에 발을 들인 경우이다. 카페를 그만둘 무렵, 후임이 안 구해져 일주일만 더 일해달라고 해서 나갔다가 길거리 캐스팅되어 잡지 모델로 데뷔했고, 역시 톱스타 반열에 올랐다. 배우 이나영의 경우에는 아르바이트를 한 것은 아니지만 강남의 영어 학원에 가다가 캐스팅된 사례이다.

이런 사례들이 있어서인지 2000년대 초반까지는 많은 연예인 지망생이 관련 업계 사람들이 많이 다니는 거리에 아예 죽치고 있거나 방송국 근처에서 아르바이트를 하며 길거리 캐스팅당하기를 노렸다. 하지만 요즘에는 연예인 지망생이 워낙 많고, 상당수가 어린 나이부터 연습생 생활을 하는 일종의 레드오션이어서 길거리 캐스팅 자체가 크게 줄어든 상황이다.

한동안 이수만의 SM엔터테인먼트, 박진영의 JYP엔터테인먼트, 양현석의 YG엔터테인먼트, 방시혁의 빅히트엔터테인먼트를 국내 4대 대형 기획사라고 불렀다. 이 중 합정동에 본사가 있는 YG엔터테인먼트를 제외한 나머지 3대 기획사는 강남, 정확하게는 청담동 쪽에서 탄생했다. 청담동이 연예 기획, 정확하게 말해 K팝의 중심지로 자리한 시기는 SES, HOT, 핑클 등 1세대 아이돌이 등장했던 1990년대 중반부터이다. 대성기획 등 수많은 중소 기획사도 청담동을 중심으로 활동했다.

연예 기획사는 아니지만 Mnet도 1995년 3월 1일 청담동에서 개국했는데, 자연스럽게 녹음실도 청담동으로 모여들었다. 중견 연예 기획사들도 경영의 효율성을 고려해 강남에 자리를 잡았다. 강남 외곽에서 시작한 사업이 커지면 청담동 인근으로 진입하는 것이 당시 업계의 관행이었다.

거대한 대중문화 지대가 형성되자 강남구는 아예 압구정로데오역 2번 출구를 시작으로 청담사거리에 한류스타거리(K-Star Road)를 조성하며 곰 형태의 강남돌이 시민들을 반기게 만들었다. 강남돌(GangnamDol)은 '강남'과 '한류 아이돌(idol)', '인형(doll)'의 의미를 담은 합성어로, 사람 키만 한 곰 인형 조형물에 아이돌 그룹의 상징 이미지를 덧입힌 한류스타거리의 대표 볼거리이다.

하지만 2010년대에 들어 기존 방송국에 국한되던 미디어 시장이 유튜브 등 온라인 플랫폼으로 옮겨가면서 강남이라는 지역의 매력이 떨어졌다. 더구나 사업이 커지면서 사옥의 확장이 필요해지자 강남의 비싼 땅값도 기업 입장에서는 부담이 되었다. 이런 이유로 강남에 밀집됐던 엔터테인먼트 기업들의 탈강남 현상이 두드러졌다. Mnet은 이미 2009년 12월에 상암동으로 떠났고, 중소 연예 기획사들도 마포구 인근으로 이전했다. JYP엔터테인먼트도 2018년 청담동 사옥에서 강동구 성내동 신사옥으로 이전했다. 빅히트엔터테인먼트는 2021년 3월 용산으로, SM엔터테인먼트는 2021년 7월 성수동 아크로 서울포레스트 디타워로 떠났다. 그와 함께 청담동 엔터테인먼트 지구는 사실상 거의 붕괴됐고, 한류스타거리도 빛을 잃었으며, 상권 역시 크게 쇠퇴했다.

한편 아이돌 출신들이 경영하는 클럽도 신사동과 강남역 부근에 집중되어 있다. 버닝썬과 무인, 아레나가 그 대표격이었는데, 강남과 함께 양대 산맥을 이루는 홍대 앞 클럽들에 비해 사회적 물의나 범죄가 훨씬 많이 일어났다. 대표적인 사건이 논현동 르메르디앙 호텔에 있었던 버닝썬에서 일어난 초대형 게이트라고 할 수 있다. 이 과정에서 마약, 난교, 성매매, 외국 폭력 조직과의 관계, 공무원과의 유착 등 온갖 의혹이 터져나왔지만 빅뱅 출신의 승리와 가수 정준영의 구속 정도로 마무리되었다. 한편 최근 엄청난 사회적 물의를 일으킨 가수 김호중의 음주 음전 뺑소니 사건이 일어난 곳도 강남 신사동이었다.

외국 설계 회사들의 지배

앞서 코엑스가 닛켄셋케이 설계로 건설되었다고 했다. 거의 같은 시기에 완공된 잠실 롯데월드도 일본인 건축가 구로카와 기쇼(黑川紀章)가 설계했다. 그 후로 잠잠하던 외국(외국인) 설계 빌딩들이 WTO 가입과 한미 FTA를 계기로 크게 늘어났다. 외국의 대형 설계 사무소도 우리나라에 진출하기 시작했는데, 이들의 등장은 시장 잠식 수준을 넘어 우리나라 건축계를 완전히 바꾸어버리는 엄청난 결과를 초래했다.

먼저 사세(社勢)를 과시하고 싶지만 '실력이 부족한' 국내 건축가들 때문에 불만이 많았던 재벌 회장님들이 이들을 반겼다. 회장님들은 외국 손님들에게 자랑할 만한 새로운 대형 오피스 빌딩을 담당해줄 외국의 대형 설계 사무소를 선호했고, 이런 풍조는 대세가 되었다.

외국 설계 사무소에는 국내보다 2배 이상의 설계비를 지불해야한다. 게다가 한국에 없는 기술을 도입하다보니 엄청난 비용이 추가로 들어간다. 기술적 비중은 1~2퍼센트에 불과하지만 경우에 따라 두 자릿수의 비용이 필요한 것이다. 그 기술의 도입이 꼭 필요한지 객관적으로 증명되지 않지만 설계자가 필요하다고 하면 그만이다. 설상가상으로 기술 이전도 잘 이루어지지 않는다. 또한 해외의 '거장'들은 기본 디자인만 잡아주고 정작 세부적 설계는 파트너인 국내 설계 사무소가 진행하는 경우가 대부분이다. 겉모습만 그럴듯하다고 전부가 아니다. 구조, 전기, 기계 등 상황에 따라 설계 변경도 있을 수 있는데, 세계적 거장들은 많은 돈을 받으면서도 정작 끝까지 책임을 지는 설계를 하는 것이 아니라는 의미이다. 게다가 대관 업무나 현장 관리 등의 잡일은 국내 설계 사무소의 몫이다. 사실상 하청업체나 마찬가지인 셈이다.

『교양으로 읽는 건축』의 저자인 이화여대 임석재 교수는 이러한 현상을 국내 건축가들의 실력 부족 탓도 크지만 명품 구두나 가방 구입과 비슷한 구조라고 주장한다. 문제는 명품 구두나 가방은 개인적인 차원에서 끝나지만 거대한 빌딩은 최소 50년은 서 있을 것이고, 그 안팎의 공간을 지배한다는 사실이다. 임석재 교수의 책이 출간된 연도가 2008년이니 16년의 시간이 지났지만 상황은 별로 나아지지 않고 종속성이 오히려 더 강화되고 있다. 언론들 역시 이러한 점을 비판하기보다는 해외 유명 건축가들의 국내 진출을 반기는 듯한 기사들을 쏟아내는 실정이다.

그럼에도 어쨌든 강남에 들어선 유명 건축가들의 빌딩을 알아볼 필요는 있다. 앞서 다비드 피에르 잘리콩 같은 유명 건축가를 이야기했지만 이어 언급할 명단도 화려하기 그지없다.

우선 건축계의 노벨상이라고 불리는 프리츠커상 수상자들을 먼저 살펴보자. 1982년 수상자인 케빈 로시(Kevin Rouche)는 역삼동 스타타워를 설계했다. 1989년 수상자인 프랭크 게리(Frank Gehry)는 압구정동에 위치한 루이비통 메종 서울을 설계했는데, 특이하게도 동래 학춤의 우아하고 역동적인 동작에서 모티브를 얻었다고 한다. 2001년 프리츠커상 수상자인 자크 헤르초크와 피에르 드 뫼롱의 '헤르초크 & 드 뫼롱(Herzog & de Meuron)'●은 청담동 송은아트센터, 정보사터에 세워지는 서리풀 보이는 수장고, 도산공원에 조성되는 아트하우스를 설계했다. 공기업인 LH가 건설한 강남구 세곡동의 보금자리주택, 즉 공공 주택조차 야마모토 리켄(山本理顯)과 네덜란드의 프리츠 반 동겐(프리츠 판 동언Frits van Dongen)이 설계하는 일까지 벌어졌다(야마모토는 2024년 프리츠커상 수상자이다).

앞으로 지어질 프로젝트에도 쟁쟁한 건축가들이 참여한다. 강남의 노른자위 땅으로 꼽히는 반포동 옛 팔래스호텔 자리에 지어질 초고층 주거 단지 '더팰리스73'의 설계자로 백색 모더니즘 건축의 대가이자 프리츠커상 수상인 리처드 마이어(Richard Meier)가 초빙되었다. 압구정동 2지구 재건축에는 이화여대 지하 캠퍼스 건축으로 알려진 프랑스 건축가 도미니크 페로(Dominique Perrault)가 설계자로 참가한다.

강남의 마천루들 중에는 뉴욕에 본부를 둔 세계 최대의 건축 회사인 KPF와 시카고가 근거지인 SOM의 작품들도 많다. KPF는 서초동 삼성그룹 본사, 동부금융센터, 포스틸 본사, 푸르덴셜생명 빌딩 등을 설계했고, SOM의 작품에는 ASEM 컨벤션센터, COEX 인터컨티넨털호텔, 아셈타워, GS강남타워, 타워팰리스 III, 잠실 롯데월드 II 등이 있다.

• 스위스의 유명 건축가 자크 헤르초크(Jacques Herzog)와 피에르 드 뫼롱(Pierre de Meuron)이 공동으로 설립한 건축 사무소이다. 둘은 유치원 때부터 같이했던 죽마고우이기도 하다.

· 9 ·

더, 더 커지는 강남

괴인 정태수, 수서 개발을 준비하다

강남의 개발은 잠실뿐 아니라 수서와 일원 일대로 확대되어갔다. 그
런데 이 과정에서 국가적이라고 할 정도의 엄청난 홍역을 치르는데,
바로 대한민국 역사상 가장 큰 비리 사건 중 하나라고 할 수 있는 수
서 사건이다. 이 사건의 중심인물은 한국을 두 번이나 뒤흔든 한보그
룹 회장 정태수였다. 그는 단순한 악인이 아니라 괴인이기도 했다.

국민학교 졸업이 '가방끈'의 전부인 세무 공무원 출신의 정태수
는 공무원 생활을 그만두고 1974년 한보상사를 창업하여 구로동과
대치동에 저층 아파트를 지었다. 그러다가 1976년 10월 삼한건설을
인수하고 한보주택으로 개명하였다.

수서 사건 이전 정태수란 이름을 처음 알린 계기는 1979년 대
치동 은마아파트 완공이었다. 7만 3,000평이 넘는 은마아파트 터는

원래 농경지와 유수지로 6월경이 되면 침수하는 저지대였다. 그 대신 원주민들의 증언에 의하면 땅이 기름져서 가을에 채소나 과일이 아닌 밀과 보리를 심어 봄에 수확했다. 정태수는 서울시에서 탄천 제방을 축조하고 나면 이 땅이 수몰 지역에서 벗어난다는 사실을 미리 알고 일대를 헐값에 사들였다.

은마아파트는 14층짜리 26개 동 4,424세대에 달하는 초대형 단지였고, 단기간에 완공되어 건설업계를 경악시켰다. 1979년은 2차 석유 파동으로 경기가 상당히 좋지 않은 때였지만 한보가 이런 '쾌거'를 이룬 데는 이유가 있었다.

한보가 자꾸 결제를 늦추거나 아예 하지 않자 건설자재 업체들은 공사 현장에 납품하기를 거부하였다. 그러자 한보의 자재부 직원들은 상부 지시 아래 말도 안 되는 짓을 저지른다. 내막은 이러했다. 한보 직원들은 우선 을지로 건자재 상가에 가서 점포 주인에게 타일이나 합판 등 자재를 싣고 현장에 갖다주면 바로 대금을 지불하겠다고 약속했다. 물론 그때는 이미 모든 건자재 상인들이 한보에 관한 소문을 알고 있었으므로 그들은 직원들에게 현찰이 아니면 공급을 하지 않을 것이라고 얘기했다. 그러자 직원들은 그러면 현장에서 현금을 바로 지급할 테니 자재를 직접 싣고 오라고 설득했다. 만약 현금을 못 받으면 자재를 다시 싣고 가면 되는 거 아니냐는 것이었다. 결국 직원들의 설득에 따라 상인들은 자재를 싣고 현장에 갔다. 그런데 막상 현장에 도착하자 현장 직원들이 트럭에 실린 자재를 들쳐업고 가버렸다. 어안이 벙벙했지만 자재상들은 대금을 못 받고 그냥 돌아갈 수밖에 없었다. 한보의 '경영 철학'이 이러했던 것이다. 정태수는 풍수지리에 밝았고 미신을 신봉하기로도 유명했는데, 은마아파트 단지를 공중에서 보면 국화 모양이라고 하며, 30대 그룹에 진입하고 나서도 자신을 성공시킨 대치동을 떠나기 싫어 오랫동안 본사를 은마아파트 상가에 두기도 했다. 어쨌든 은마아파트 단지의 대형상가 지하 1층과 지상 1~2층에 들어선 슈퍼마켓은 초창기 강남 사람들의 쇼핑 중심지로 떠올랐다. 이 단지의 완공과 분양 대박으로 한보는 일약 건설업계의 신데렐라가 되었다.

한보그룹은 제5공화국이 시작되면서 더욱 커져갔다. 특히 반포의 미도아파트 단지, 목동 신시가지 조성, 지하철 3호선 연장 공사 등 강남 쪽 건설 사업으로 한보는 30대 그룹까지 도약했다. 또한 정태수는 하키협회장을 맡아 하키에 많은 투자를 하였다. 그 결과 1986년 아시안게임에서 남녀 하키팀 모두 금메달을 따는 데 큰 역할을 하여 정권에 도움을 주었고, 특히 당시 대한체육회장이었던 노태우와 깊은 인연을 맺었다.

정태수는 수서, 일원 일대를 황금알을 낳는 거위로 보고 계속해서 땅을 사 1989년 11월까지 5만 평 이상의 자연녹지를 확보했다. 더불어 치밀한 로비를 준비했다. 우선 서울시 간부 출신으로 강남구청장을 3년간 역임한 이영식을 한보주택 사장으로 영입했다. 하지만 일은 그의 뜻대로 돌아가지만은 않았다. 주택 200만 호 건설을 국정목표로 삼은 제6공화국은 대규모 신도시 개발을 위해 전국의 주요 도시 주변에 있는 광대한 토지를 사실상 거래가 불가능한 토지거래 신고지역으로 묶어버렸다. 여기에는 특히 서울과 직할시의 녹지지역이 포함되었다. 그에 따르면 한보가 수서에 사모은 5만 평은 꼼짝없이 수용될 운명이었는데, 정태수에게는 비장의 카드가 있었다. 바로 주택조합이었다.

주택조합은 무주택자인 동일 직장의 근무자나 지역 주민이 주택을 마련하기 위해 조합을 결성, 아파트를 건립하는 제도였다. 주택조합에는 85제곱미터 이하의 아파트를 지을 경우 금융 지원이 뒤따르고 건설업체와 공동으로 사업 주체가 될 수 있는 특혜가 주어졌다. 정태수는 그룹 임원들을 동원하여 한보주택과 파트너가 될 주택조합을 무더기로 결성했는데 주민들로 구성된 조합이 아니라 기관의 직원들로 만들어진 조합이었다.

놀랍게도 그 기관들은 산업은행, 한일은행, 농협중앙회, 주택은행, 대한투자신탁, 감정원, 매일경제신문, 농림수산부, 외환은행, 서울지방국세청, 대한투자금융, 강남경찰서, 금융연수원, 한국전기통신공사, 동양증권, 서울투자금융, 한국신용평가, 금융결제원, 경제기획원, 내외경제신문, 국군 모 부대 행정과, 중외제약이었다. 조합원 수는 모두 3,360명이었다.

중외제약을 제외하면 정부 부처나 공기업, 금융기관, 언론기관이었으니 그의 로비가 얼마나 대단했는지 알 수 있다. 이들의 힘으로 장애를 넘겠다는 것이 정태수의 계산이었음은 두말할 필요가 없다. 이 조합들은 한보주택의 토지를 매입하는 계약을 체결하고 이 토지를 주택조합원들에게 택지로 공급해달라는 민원을 1989년 9월 12일 서울시에 전달했다. 요구는 쉽사리 수용되지 않았다. 그러나 그들은 무려 37회에 걸쳐 서울시에 민원을 제기하며 집요하게 매달렸다.

그들의 요구가 받아들여지지 않은 이유는 두 가지 큰 문제가 있었기 때문이다. 첫째, 650명을 제외한 2,710명이 급조된 조합에 속해 있었다. 둘째, 그들, 아니 한보주택의 토지는 모두 자연녹지여서 공영개발 방식이 아니면 개발이 불가능한 곳이었다. 엄청난 로비와 인맥이 동원되었지만 서울시는 넘어가지 않았다. 그러나 정태수의 사전에는 "불가능이란 없었다".

서울시에 대한 로비와 압력, 청원이 통하지 않자 한보와 조합의 로비는 국회와 청와대로 향했다. 정태수는 올림픽이 끝난 지 3일 후인 10월 5일, 올림픽 조직위원장 박세직과 함께 하키협회장 자격으로 청와대 초청을 받아 노태우를 만났다(여자 하키 대표팀이 은메달을 땄다). 이 자리에서 다른 단체 협회장들은 주로 경기장 건설이나 병역 특례 확대 등을 요구했지만 정태수는 "정부의 주택 200만 호 건설 정책에 호응해 무주택자를 위한 아파트를 짓고 싶습니다"라고 말했다고 한다.

다음 해 12월 초, 정태수는 10억 원을 청와대에 전달했다. 곧이어 1990년 1월 8일, '대치·수서 지구 연합 직장주택조합' 명의의 탄원서가 청와대에 제출되었다. 그리고 2월 16일, 청와대 비서실장 명의로 민원을 들어주라는 내용의 공문이 서울시에 도착했다. 하지만 고건 서울시장은 놀랍게도 이 '요구'를 들어주지 않았다.

5월에 또 10억 원이, 이어서 9월에는 30억 원이 청와대에 전달되었다. 그리고 정태수와 주택조합들은 민자당에 민원을 넣으면서 국회 로비를 시작했다. 수서를 지역구로 두고 있던 이태섭 의원의 주선으로 1990년 10월 27일, 청원서가 제출되었다. 이때부터 정태수의 로비는 국회 건설위원회에 집중되었다. 그가 건설위원회에 얼마나 많은 돈을 뿌렸는지 정확한 액수는 아무도 알 수 없다. 다음 해 실시된 검찰 수사가 도중에 크게 축소됐기 때문이다. 정태수는 제1야당인 평민당에도 손을 뻗쳤고 평소 정태수와 친분이 있던 주택 건설업자 출신의 이원배 의원이 그의 마수에 걸려들었다.

11월, 정태수는 청와대에서 직접 노태우를 만나 100억 원을 전달했다. 이런 용의주도한 로비―라기보다는 매수 공작―로 고건 서울시장을 제외한 거의 모든 장애물이 제거되었다. 결국 고건 시장마저 압력을 받아 12월 27일에 물러나고, 그 자리는 박세직이 차지했다. 이제 수서 택지 문제는 해결된 것이나 다름없었다. 하지만 일은 바로 그토록 용의주도했던 정태수 본인의 입에서 틀어지기 시작했다.

정태수는 『한국경제신문』과의 대담에서 당진에 1조 2,000억 원을 투입해서 연 생산량 290만 톤 규모의 제철소를 세우겠다는 계획을 발표했다. 현대나 삼성도 없는 대규모 제철소를 겨우 30위권에 턱걸이한 한보가 짓겠다니 어느 누구라도 놀라지 않을 수 없었다. 당연히 재원에 대한 질문이 이어졌고 정태수는 재원의 상당 부분을 수서 개발로 충당하겠다고, '경솔한' 대답을 하고 말았다. 사실 수서지구가 개발되면 정태수와 한보는 최소 4,000억 원 이상의 이익을 기대할 수 있었다고 한다. 그는 청와대는 물론 언론과 여야에 충분한 로비를 해두었으니 별 걱정 없이 이런 이야기를 했을 것이다. 하지만 그는 1987년 6월 항쟁 이후 신생 언론사들이 많이 생겼다는 사실을 미처 염두에 두지 못했다.

1989년에 창간된 『세계일보』는 비록 통일교 계열이었지만 오너인 문선명 부자가 주로 미국에 살고 있었기 때문에 편집국장의 의지에 따라 보도 내용이 결정되었고, 이두석 편집국장은 신생 언론사에 걸맞은 패기로 이 사건을 집요하게 물고 늘어졌다. 1991년 1월 21일 서울시가 한보의 수서 개발을 승인하자, 『세계일보』는 2월 2일자 "수서 특혜 건설위 로비"라는 기사를 시작으로 거의 모든 취재진을 동원하여 이 사건을 파헤쳤다. 때마침 2월 4일, 국회 행정위원회가 열렸고, 이 자리에서 한보의 로비와 무관한 평민당 박실, 김종완, 양성우 의원의 예리한 질문이 쏟아졌다. 박세직 시장과 서울시 간부들은 말 그대로 박살이 났다. 2월 내내 『세계일보』의 지면 30퍼센트 이상이 수서 사건에 집중되었고, 점차 다른 언론들도 이 사건에 대한 기사의 비중을 높이기 시작했다. 결국 들끓는 여론에 밀려 노태우는 어쩔 수 없이 2월 5일 감사원 감사를, 2월 9일에는 검찰 수사를 지시하고 만다.

박세직은 시장에 취임한 지 53일 만인 2월 19일 경질되고 말았는데, 일제강점기의 경성부윤과 광복 후의 서울시장을 통틀어 가장 단명한 시장이 되는 불명예를 안았다. 감사원 감사로 서울시의 개발 허가가 '부적절'했다는 사실이 밝혀졌고, 검찰 수사가 시작되자 엄청나게 많은 사람들이 소환되었다. 조합장들은 물론, 한보주택 사장 강병수, 고건과 박세직 두 시장에다가, 2월 12일에는 정태수 한보그룹 회장 본인이 불려나갔다. 이후 이태섭과 오용운 건설위원장, 김동주, 이원배, 김태식 의원 등이 소환되었다. 조사 결과, 노태우도 연루되었음이 확인되었지만 이는 '당연히' 묻혀버렸고, 정태수 회장과 5명의 국회의원, 청와대 비서관 장병조, 건설부 국토개발국장 이규황, 농협 출신의 고진석 연합조합 간사가 구속되었다. 사실 이 정도로 끝나선 안 될 사건이었지만 누군가에게는 다행히도 걸프전쟁이 터지는 바람에 여차저차 봉합되었다. 당시 국민들의 관심이 그쪽으로 쏠려 사건을 더 키우지 않고 넘어갈 수 있었던 것이다. 한편 『세계일보』 이두석 편집국장과 손병우 부사장은 인사 보복을 당했고, 통일그룹도 전면 세무조사를 면할 수 없었다. 이런 보복을 가한 노태우의 수뢰 사실은 김영삼 정부가 들어선 다음인 1996년에야 밝혀졌다.

하지만 정태수 회장은 재기에 성공했고 한보를 재계 14위까지 더욱 끌어올렸다. 그러나 한보는 문민정부 말에 다시 무너졌고 경제위기의 중요한 원인을 제공했다. 이때 그는 재벌 회장 휠체어 코스프레의 원조가 되기도 했다. 그는 키르기스스탄 등 여러 나라를 전전하며 도피하다가 2018년 12월 에콰도르에서 객사했다. 그 일가의 각종 세금 체납액은 3,600억 원이 넘는다. 정태수가 '한국의 보물' 같은 기업을 만들겠다고 호언한 한보그룹의 말로는 이러했다.

수서지구는 결국 한보가 아닌 원래대로 서울시의 손에 넘어가 공영개발이 실행되었다. 1992~1994년에 141개 동 1만 2,494세대의 아파트가 지어졌다. 특이한 사실은 여기에 2,000세대가 넘는 대규모 영구임대아파트 단지가 포함되어 있었다는 점이다.

수서 임대아파트 단지의 그늘

강남의 외딴섬, 또는 강남의 음지로 불리는 수서의 임대아파트 단지는 그 큰 규모에도 여전히 인근 주민들의 눈엣가시였다. 집값 내려간다고 하는 정도는 불평 축에도 못 꼈다. 임대아파트 애들이랑은 놀지 말라며 문둥병자 취급하는 부모 중에 박사며 교수며 의사가 있었다.

김윤영의 단편소설 『철가방 추적 작전』에서 묘사한 이 모습은 우리 사회가 외면해오던 영구임대아파트의 불편한 진실이다. 이 아파트 단지에 사는 학생들에게 붙은 딱지는 '영구'였다. 1990년대 초 개포동 영구임대아파트는 주차장이 택시들로 가득 찬, 택시기사 가족들의 '집단 거주지'였다. 물론 30여 년이 지난 지금은 그때와 달라졌지만 여전히 '강남'답지 않게 주차장에 외제 차가 거의 보이지 않는 '이색 지대'이다. 최저 소득 계층에게 주택을 공급하겠다며 건설된 영구임대아파트가 실제로는 그들을 사회적으로 고립시키는 경우가 많았다. 물론 수서 임대아파트만의 문제는 아니다. 독자들께서도 임대아파트가 인근에 들어서는 것에 반대한다는 기사를 본 적이 많을 테니 말이다.

노무현 대통령은 41세까지 부산에서만 살았고 국회의원에 당선되어 여의도에 전세를 얻었다. 여의도 주변 시민들은 다 아는 사실이지만 여의도의 학교들은 여의도 출신만으로는 정원을 채우지 못했다. 그래서 정원 중 20~30퍼센트를 신길동이나 대방동 출신으로 채웠는데, 여의도 출신의 학생들은 이들을 따돌리곤 했다. 당시 노무현 의원의 아들 건호도 여의도에 집이 있기는 했지만 촌티를 벗지 못해 '따'를 당했고 할 수 없이 신길동이나 대방동 아이들과 친하게 지내야 했다고 한다. 몇 달 후, 노무현 의원이 청문회 스타가 되자 이 사실이 학생들 사이에서도 알려져 건호에게도 여의도 출신의 친구들이 생겼다고 한다. 노무현 대통령이 언젠가 노건호 씨가 여의도에서 신길동이나 대방동 아이들과 친했다고 '자랑'했다는 기사를 본 적이 있는데 실상은 이랬던 것이다.

분당 신도시 건설

1988년에 출범한 노태우 정부의 가장 큰 현안은 주택 문제였다. 집 값과 전세금 폭등으로 거리로 나앉게 된 가장이 자살하는 사건이 발생했고, 이는 자칫 체제 위기로까지 번질 우려가 있었다. 아직 6월 항쟁의 기억이 생생한 시기였다. 노태우 정부가 주택 문제에 집중한 또 하나의 이유는 1988년부터 미국의 원화 절상과 수입 개방 압력으로 삼저 호황이 막을 내리는 상황에서 새로운 경제성장 동력을 마련하기 위해서였다. 어쨌든 노태우는 선거 공약으로 내세웠던 주택 200만 호 건설을 실행에 옮기기 시작했다. 참고로 당시 서울의 주택 수는 160만 호였고 전국을 다 합쳐도 700만 호에 불과했으니 실로 어마어마한 규모의 사업이었다.

200만 호 중 90만 호를 수도권에 건설할 예정이었는데, 바로 분당, 일산, 중동, 산본, 평촌과 같은 제1기 신도시가 중심이 되었다. 이 중에서 강남의 연장이자 실제로도 강남 사람들이 많이 이주한 분당에 대해 알아보자.

분당은 서울의 정보산업, 서비스업, 공공기관을 유치함으로써 강남의 중산층 인구를 유인하는 자족형 도시로 계획되었다. 실제로 토지공사, 주택공사, 도로공사, 가스공사, 한국통신(지금의 kt) 등 많은 공기업이 이전했다. 나중에는 네이버나 엔씨소프트 같은 대형 IT

기업들이 많이 들어왔다. 하지만 분당을 자족형 도시라고 하는 이는 거의 없을 것이다.

어쨌든 분당은 5대 신도시 중 가장 넓은 596만 평, 수용 인구 39만 명에 약 9만 7,500호를 수용하는 초대형 신도시였다. 한국토지개발공사가 1989년 4월 12일에 개발 초안을 작성하고, 불과 2주 후인 4월 27일 신도시 건설 계획이 발표되었다. 7월 30일에 단지 현상 공모에 들어갔고, 11월 5일 신도시 중에서 가장 먼저 공사가 시작되었다.

필자는 성남이나 분당을 갈 때마다 수정구나 중원구 같은 성남 구시가는 분당 신도시보다 훨씬 먼저 형성되었는데 왜 산동네에 있는 것일까, 왜 그때 텅 비어 있는 분당에 신도시를 만들지 않았을까 하는 의문이 들었다. 이유는 매우 간단했다. 당국이 서울에서 쫓겨난 철거민들을 수용하기 위해 광주대단지, 즉 성남 구시가를 만들면서 땅값이 싼 임야를 그 터로 삼았기 때문이다. 저렴한 땅값 외에도 구릉지대이기 때문에 주민들이 쫓겨와서 또 '불량 주택'을 짓는다고 해도 눈에 잘 안 띈다는 '이점'도 있었다. 이렇게 성남은 두 번에 걸쳐, 다른 동기 아래, 서울에 의해 만들어졌다고밖에 볼 수 없는 도시가 되었다. 그것도 하나는 강북처럼, 하나는 강남처럼 말이다.

공사는 초고속으로 진행되었다. 건설 계획이 발표된 지 고작 반 년이 지난 1989년 11월 26일 모델하우스가 개관했다. 장소는 수내동 국도변에 있는 광주고속 창고 부지였다. 2만 평이 넘는 이 부지에 한신공영, 현대산업개발, 우성, 한양, 삼성 등 5개 업체가 무려 48개의 아파트 모델을 만들어 치열한 경쟁을 벌였다. 당시 분양가는 평당

180만 원에서 208만 원 수준이었다.

개관 첫날 15만 명이 넘는 엄청난 인파가 몰려들었다. 서울에서 출발하여 모델하우스까지 가는 데만 4~5시간이나 걸릴 정도의 열기였다. 사당역에서는 셔틀버스를 타려는 시민들의 줄이 길게 이어졌다. 심지어 지방 사람들이 수도권 나들이를 왔다가 버스를 분당으로 돌려 구경하고 가는 경우도 많았다.

분당에 집을 사려는 이들은 크게 세 부류였다. 첫째, 강남 아파트 가격의 40퍼센트 정도에 불과한 분당 아파트를 사서 평형대를 늘리려는 강남 주민들이었다. 둘째, 수도권의 무주택자들로 젊은 부부가 많았다. 마지막으로, 전문 투기꾼들이었다.

워낙 급하게 진행되는 바람에 분당 신도시 건설 과정에서 많은 부작용이 나왔다. 인력 부족으로 미숙련공은 물론 외국인 노동자들이 대거 투입되었다. 골재와 시멘트 등 건설자재 부족으로 어려움을 겪는 와중에 중국산 시멘트를 썼느니 바다 모래를 썼느니 하는 시비가 잇따랐고 아직도 괴담이 돌고는 한다. 그래도 시행사인 토지공사가, 그보다 몇 년 앞서 개발한 중계 단지의 용적률이 230퍼센트였음을 감안하면, 민간 업체들의 요구를 뿌리치고 용적률을 180퍼센트 수준으로 억제한 점은 평가받을 만하다. 또한 분당은 지하철 건설과 함께 역세권 개념이 처음 도입된 신도시이자, 녹지와의 연결이나 수변 공간인 탄천의 직선화 등 새로운 개념들이 대거 반영된 신도시였다.

지금은 '천당 아래 분당'이라는 찬사와 함께 '분당급 신도시'라는 말이 관용어처럼 사용될 정도로 성공한 도시지만 적어도 초기 입주자들에게 분당은 그 20년 전의 강남처럼 매우 살기 힘든 곳이었다. 1991년 9월 첫 입주가 시작된 이래 3년 후인 1994년 8월까지 입주민 중 약 15퍼센트가 '유턴'을 선택했다. 교통난과 편의 시설 부족, 그리고 높은 물가 때문이었다. 물가가 높았던 이유는, 대형 유통업체들이 유동 인구가 적은 신도시의 소비 잠재력에 의문을 표하며 투자를 주저하고 있었기 때문이다. 하지만 1993년 12월 우루과이라운드가 타결되자 환경은 완전히 달라졌다. 대형 유통업체들은 1996년으로 예정된 유통시장 완전 개방에 대비하여 지점 수를 늘이고 할인점 사업에 뛰어들기 시작했다.

1995년 뉴코아백화점의 진출을 시작으로 곧이어 수내역에 청구그룹의 블루힐(훗날 롯데가 인수), 정자동에 신세계의 이마트, 서현역에 삼성플라자(훗날 애경이 인수, AK플라자로 변경)가 진출하면서 분당은 유통 불모지에서 격전지로 변모했다. 심지어 2000년에는 고객 유치를 위해 150여 대의 셔틀버스가 운행될 정도—2001년 6월 30일 '여객자동차운수사업법'이 시행되면서 중지되었다—였다. 이렇게 유통업체들이 많이 진출하면서 분당은 진짜 신도시다운 면모를 갖추어나갔다.

몇 가지 아쉬움이 없진 않지만 분당은 성공한 신도시였다. 또 이후에 새로 건설된 판교, 송파(위례), 용인 일대와 더불어 거대한 신도시 지역이 형성되는데 분당은 그중에서도 핵심 지역이 되었다.

마지막으로, 일반인들에게는 거의 알려지지 않은 사실이지만 분당을 비롯한 1기 신도시는 원주민에 대한 '기록'에 있어서도 '신기원'을 이루었다. 부끄럽지만 1기 신도시 이전에는 토지공사를 비롯한 도시 개발 주체들이 개발 지역의 원주민들에 대한 기록을 남긴 예가 거의 없었다. 토지공사가 서울 지역에서 마지막으로 참여했던 개포와 중계 지역에서도 이는 마찬가지였다. 다시 말하면 이전까지 대한민국의 도시 개발사에는 그저 개발 면적과 몇 세대의 주택을 지었다는 기록만 있을 뿐, 이전 시기에 대한 기록은 아무것도 없었다. 전에 살던 주민들의 문화가 어땠는지, 시설은 무엇이 있었는지 등은 별난 호기심으로 치부할 수 있다고 하더라도 가장 기본적인 정보, 예를 들면 몇 명의 주민이 살았는지도 기록으로 남기지 않았던 것이다. 분당을 포함한 1기 신도시 개발은 6월 항쟁 이후에 실행되었고, 인과관계를 밝히는 것은 또 다른 문제겠지만, 어쨌든 개발 이전의 원주민에 대한 기록을 남기는 첫 사례가 되었다.

· 10 ·

강남의 부촌들

강남의 첫 번째 부촌: 압구정동

압구정동을 강남의 부촌 중 가장 먼저 소개하는 이유는 압구정동이 강남에 생긴 첫 번째 부촌이고 한국 현대사에 큰 영향을 미친 곳이기 때문이다. 압구정동은 잘 알려진 대로 세조부터 성종 때까지 권력과 부귀영화를 누렸던 상당군 한명회의 정자가 있었던 곳이다. 압구정(鴨鷗亭)은 한명회의 호이기도 한데, 명나라 제일의 문인인 예겸(倪謙)으로부터 받은 이름이다. 한명회는 대국의 문인에게 이름을 받을 정도의 권력자였던 것이다!

　　당시, 아니 1970년대 초까지만 해도 한강을 두고 서로 마주 보는 압구정동과 옥수동 사이에 저자도라는 섬이 있었다. 압구정동, 더 정확히 말하면 현대아파트 일대는 장마 때마다 침수되는 배나무 과수원골이었다.

세상에 공개된 1970년 이전의 강남 자료 사진을 보면 압구정 향우회에서 제공한 것이 많다. '경기도 광주군 언주면 압구정리'가 고향이었던 사람들은 지금도 정기적인 모임을 갖고 고향의 맥을 이어가고 있다. 압구정리에서 살던 사람들은 1960년대 말까지도 굽이치던 한강을 바라보면서 배농사를 짓고 평화롭게 살았다. 강남이 개발되면서 그들은 고향을 떠나는 사람, 잔류하는 사람으로 나뉘며 뿔뿔이 헤어져야 했다.

당시 현대건설은 경부고속도로 공사 대금으로 받은 압구정동의 한강 공유수면(국가 소유의 수면)을 매립해 아파트를 지었다. 압구정리 사람들은 어느 날 불도저의 굉음을 들으며 자신들의 집터가 십여 미터 땅속으로 묻히는 것을 지켜봐야 했다. 압구정 향우회 나종덕(55) 총무는 조상 대대로 압구정동에 살았고 그의 아버지는 그곳에서 배농사를 지었었다. (…) 그는 지금도 압구정동에 살면서 마음속에 고향을 간직하고 있다.[*]

1970년에 이촌동 단지와 경부고속도로 건설로 많은 재미를 본 현대건설은 1975년 3월 새 아파트 단지 건설에 착수했다. 4,979가구에 달하는 엄청난 규모였다. 지금 기준으로도 대단지이니 당시로서는 상상할 수 없는 규모였다. 현대건설은 저자도를 남김없이 파내어 건설용 골재로 사용했다. 현대건설 입장에서는 골재도 땅도 공짜였으니 그야말로 봉이 김선달 뺨치는 땅 짚고 헤엄치기, 꿩 먹고 알 먹

● "상전벽해로 농촌에서 자족적인 도시로 변모", 『내일신문』(2011. 2. 14).

고 식의 장사였다. 하지만 이곳에서 이런 식으로 떼돈을 번 회사는 현대건설만이 아니었다. 현대아파트 인근에 아파트 단지를 건설한 한양이나 미성 등 많은 건설업체가 이런 '봉이 김선달'식으로 돈을 벌었다.

어떤 의미건 기념비적인 압구정동 현대아파트는 아파트에 회사 이름을 붙인 첫 번째 단지로도 역사에 남았다. 그 전에는 대개 종암아파트, 마포아파트, 회현시민아파트 등 지역 이름을 붙였는데, 압구정동 현대아파트 이후 다들 회사 이름을 붙였다. 이에 대해 시민단체에서는 '이런 식으로 회사 이름을 홍보해주는 나라는 없다'고 혹독한 비판을 하지만, 이유야 어쨌든 아파트 작명법에 중요한 변화가 일어난 것은 분명한 사실이었다.

그런데 1978년 6월 말, 특혜 분양 사건이 터졌다. 현대건설이 자사 사원용으로 승인받은 현대아파트를 대거 사회 고위층에 분양해주다가 걸린 것이다. 부동산 시장에서 한동안 공공연한 비밀로 떠돌던 이 소식은 1978년 6월 한 통신사에 의해 각 언론사에 타전되고 다음 날 아침 신문들이 이를 대서특필함으로써 세상에 공개되었다. "공직자 220여 명, 아파트 특혜 분양?"이라는 머리기사였는데, 공직자만 특혜 분양을 받은 것이 아니었다. 언론인도 많았다.

특혜 분양에 관련된 언론인은 『경향신문』 6명, 『동아일보』 5명, 『서울경제』 4명, 『중앙일보』 4명, 문화방송 3명, 『조선일보』 3명 등 모두 37명으로 편집국장이나 정치부장, 경제부장 등 대부분 유력 언론인들이었다. 오랜 독재 시대를 거치면서 많은 언론인의 양식이 무너지고 도덕이 마비되었던 것이다. 그중 6명이 두 채 이상을 분양받았거나 수사 당시 이미 전매 차액을 남기고 분양권을 팔았다. 하지만 수사는 단 열흘 만에 숱한 의혹만을 남긴 채 마무리되었다. 아파트 분양권을 회수하고 재추첨을 해야 한다는 여론이 일었지만 철저히 무시되었다. 마지못해 검찰은 한국도시개발 정몽구 사장과 피분양자인 곽우석 당시 서울시 부시장 등 5명만을 구속 기소하는 데 그쳤다. 그나마 이들에 대해서도 법원은 무죄를 선고했는데, 특혜 분양을 통해 엄청난 액수의 프리미엄을 얻었지만 프리미엄은 뇌물이 아니라는 게 판결의 요지였다.

여론은 다시 들끓기 시작했다. 그러나 이미 특혜의 주인공들이 장악하고 있던 언론사들은 모두 꿀 먹은 벙어리가 되었고 결국 이 사건은 밝혀지지 않은 많은 사실을 뒤로한 채 역사 속에 묻혀버리고 말았다. 그런데 아이러니하게도 이 사건으로 현대아파트의 '명성'은 더 높아졌다. 물론 가격도 계속 오르기만 했다.

압구정동 현대아파트의 특징—사실 한국 아파트의 특징이라고 해도 무방하지만—은 거의 모든 동이 전통적인 남향 원칙을 따르고 있다는 점이다. 따라서 거실에서는 앞쪽의 아파트만 바라볼 수밖에 없다. 그러나 흘러가는 강을 보고 싶어하는 것이 인지상정. 하지만 한강은 압구정동 북쪽에 있다. 그리하여 너나없이 북쪽에 있는 부엌 쪽 벽을 뜯고 큰 창을 내기 시작했다. 이 때문에 한강변에서 현대아파트를 보면, 누군가의 표현처럼 전체주의자가 만든 아파트에 무정부주의자들이 산다는 느낌이 들 정도로 제각기 창이 다르다.

한국인들이 당연하게 생각하는 전 아파트의 남향은 실제로는 가능한 일이 아니다. 모든 건물을 남향으로 만들면 동 간 거리 확보에 문제가 생긴다. 1층까지 볕을 받기 위해서는 충분한 거리가 확보되어야 하고, 특히 아파트 외부 공간은 거의 볕을 받지 못해 기껏 심은 비싼 나무들이 고사 직전에 몰리게 된다. 당연히 외부 공간에서 일어나야 할 공유 행위도 시들어가고 만다. 그래도 압구정 현대아파트는 '무모한 남향 올인'임에도 불구하고 옛날에 지어진 덕인지 그리 답답해 보이지는 않는다. 세월이 지나 나무들이 많이 자랐기 때문인지도 모르겠다.

우리나라 아파트 건설에서 가장 큰 문제—정확하게 말하면 건축 전반의 문제라 할 수 있지만—는 습식 건축을 지나치게 선호하는 데에 있다. 모든 건축은 물을 쓰지 않는 건식과 물을 쓰는 습식으로 나뉜다. 쉽게 말하면 나무건 돌이건 조립하여 세우는 방식이 건식이고 흙이나 콘크리트에 물을 부어 짓는 방식이 습식이다. 그런데 주지하듯이 우리나라의 건축은 거의 다 습식이다. 습식은 시공이 간편하고 숙련공이 필요 없다는 장점이 있다. 이 거부할 수 없는 '치명적'인 장점 덕분에 습식 건축이 대세가 되고 그 덕분에 많은 아파트를 지어 주거 문제를 해결할 수 있었지만, 세상에는 공짜가 없는 법이다. 대신 한국인은 건물의 내구성 저하와 새집증후군이라는 두 가지 대가를 치러야 했다. 습식을 채택했기 때문에 대다수 건물은 세월이 지나면 타일이 떨어지고 억지로 붙인 외장재가 흉한 몰골을 드러내고 만다. 그래서 날이 갈수록 중후해지기는커녕 우중충해질 수밖에 없다. 더구나 내장재를 강한 본드로 붙이는 방식이니 새집증후군은 어찌 보면 당연한 결과다.

압구정 현대아파트나 한양아파트 역시 외관이 우중충해지는 현상을 피할 수 없었다. 하지만 다행히도 튼튼히 지은 건물이라 안전에는 이상이 없다고 한다. 현대아파트 단지를 걷다보면 독자적으로 리모델링을 한 동을 볼 수 있는데, 아마 입주민들이 우중충해지는 외관을 견디기 힘들어했던 것이 아닐까? 현대아파트를 가보니 오후 2시에도 주차장은 거의 가득 차 있었다. 최소한 한 집에 두 대의 차가 있을 테니 주차 공간의 협소함으로 인한 불편이 대단할 것이다. 10여 년 전, 현대아파트 주민들이 독자적인 재건축안을 만들어 서울시에 제출했지만 받아들여지지 않았다. 강남 부동산 신화의 원조인 압구정 현대아파트의 재건축은 '휘발성'이 워낙 강하기 때문일 것이다.

현대는 이 압구정동 현대아파트 단지 개발로 번 돈을 바탕으로 자동차, 조선 등 국가 기간산업을 일으켰고, 대북 사업에도 큰 자취를 남겼다. 다른 부동산 재벌들하고는 격이 달랐다. 잠실이 신격호의 왕국이라면, 압구정동은 누가 뭐래도 '왕회장'(정주영 초대 회장을 가리키는 별칭)이 만든 도시인데 그는 이곳에 묘한 유산을 하나 남겼다. 바로 현대백화점이다. 사람들은 현대그룹 하면 흔히 '중후장대'와 돌파력으로 상징되는 거친 느낌을 받는다. 하지만 현대백화점만은 그렇지 않다. 결이 다른 세련된 고급 이미지를 가지고 있다. 현대백화점이 이런 이미지를 구축하는 데 성공한 가장 큰 이유 중 하나는 첫 매장이자 본점이 바로 압구정동에 있기 때문일 것이다. 압구정본점은 1980년대에 지어진 백화점답게 지하 주차장 대신 지금 같으면 상상할 수 없을 정도로 넓은 옥외 주차장을 가지고 있다. 지금은 공용 주차장을 겸하고 있는데, 강남구청은 최근 용도를 변경해 한류 관련 문화·관광 시설을 조성한다는 계획을 발표했다.

압구정본점이 문을 연 때는 1985년으로 '삼저 호황'의 절정기와 겹친다. 더구나 동호대교와 지하철 3호선도 같은 해에 완공되었다. 이 호황으로 이곳의 상당수 주부들은 파출부를 고용하여 가사 노동에서 해방되었고, 여유 시간을 부동산 투기와 에어로빅, 골프, 볼링 같은 레저와 쇼핑에 투자하였다. 이런 '사모님'들의 모습이 얼마나 가관이었으면 〈코카콜라〉라는 노래에 압구정동 현대아파트와 헬스클럽이 등장하기에 이른다.

코카콜라 한 병
압구정동 현대아파트 7동 몇 호실로 배달되더니
코카콜라 두 병
헬스클럽 우리 사모님 목구멍에 아사달달 넘어가더니
헤야디야— 기분이 나네—
살기 좋은 이 세상에 잘 태어났네

이런 '복부인'들의 행태와는 별도로 1980년대 초반부터 현대아파트 건설 당시에는 배밭이었던 단독주택 필지에 카페와 레스토랑이 하나둘 들어서기 시작했다. 1987년 봄, 그중 한 레스토랑에서 전 복지부 장관 유시민은 노동운동가 이옥순을 만난다. 이때는 꽤 살벌한 시기였다. 1985년 대우자동차 파업, 구로 노동자 연대 파업, 미 문화원 점거 농성 등 큰 사건들이 연달아 터지면서 전두환 정권은 위기감을 느꼈고 안기부와 보안사(국군보안사령부), 치안본부 등 정보기관을 대거 동원해 대학가와 공단 지역의 다방, 식당, 술집에 대한

감시를 강화하고 있었다. 그래서 두 사람은 대학도 공장도 없어 정보기관의 감시망이 없는 압구정동에서 '접선'을 했던 것이다. 금천구 독산동 '벌집 동네'에 살던 자취생 유시민은 가리봉동 국밥 한 그릇보다 비싼 압구정동 커피를 마시며 말할 수 없을 정도로 속이 쓰렸다고 한다. 한편 많은 스타가 압구정동에서 아르바이트를 했다는 이야기는 앞에서 다루었다.

1988년, 우리나라 최초의 원두커피 체인점인 쟈뎅과 맥도날드 1호점이 압구정동에 개점했다. 하지만 역사적인 맥도날드 1호점은 지금 사라지고 없고 모 의류 브랜드가 들어서 있다. 세월은 그만큼 무상한 것이다. 쟈뎅 역시 마찬가지이지만 거리의 커피 향기는 더욱 진해져갔다. 압구정 로데오거리 끝자락부터 시작되는 '신사동 멋샘 길'이라는 커피 거리가 생겨 많은 커피집이 성업 중이다.

1980년대 중반부터 유명 패션숍, 미용실, 모델 에이전시, 광고 제작사, 이벤트 회사, 사진 스튜디오가 들어서기 시작하면서 압구정동은 단순한 부촌에서 한국 사회를 주도하는 소비 공간으로 진화하였다. 물론 그 선봉에는 현대백화점과, 한화가 리모델링한 갤러리아 백화점이 있었고, 한편에는 로데오거리가 있었다. 로데오거리는 LA의 베벌리힐스에 있는 고급 쇼핑가의 이름을 따온 것으로, 사실 원조는 압구정동처럼 번잡스럽지는 않다. 어쨌든 로데오거리와 갤러리아 백화점은 압구정동을 한 번도 가보지 못한 지방 사람들에게까지 익숙한 '고유명사'가 될 정도로 유명해졌다. 2012년에 개통한 분당선의 역 이름이 '압구정로데오'일 정도이니 거의 공식 정착된 셈이다. 하지만 2000년대에 들어 로데오거리는 급속하게 쇠퇴했다. 지나친 임대료 상승, 도로의 일방통행화, 그리고 자생력 없이 직접 이식된 서구 문화 및 일본 문화에 대한 염증, 마지막으로 목동, 문정동, 신림동, 일산, 건대 앞 등에 들어선 로데오거리의 '난립' 등 여러 이유 때문이었다.

이런저런 이유로 유명세를 타기 시작한 압구정동은 1990년대에 들어서 '욕망의 배설구'가 되어 '압구정동 오렌지족'의 무대로 더 유명해졌다. 당시 언론이 보여준 압구정동에 대한 태도는 오늘날 명품족을 대하는 태도와 비슷했다. 즉 졸부 취향의 천박한 소비를 비판하지만, 그 이면에는 자세한 정보를 제공하여 대중들의 관심을 만족시켜주는 이중성이 있었다. 어쨌든 세월이 지나자 압구정동 역시 조금 특별하긴 하지만 일상의 공간으로 정착되기에 이른다. 이유는 간단한데, 압구정동과 강남에서 태어나 자란 아이들이 성인이 되었기 때문이다.

압구정동의 특징 중 하나는 많은 금융기관이 있다는 점이다. 어느 날 취재를 위해 대로에서 눈에 띄는 점포만 세어보니 갤러리아백화점에서 신사중학교 사이에만 무려 40개에 가까운 은행과 증권사, 투자사가 있었다. 압구정동에 백화점을 제외하면 이렇다 할 기업체가 없다는 사실을 감안하면 엄청난 숫자인데 압구정동 주민들의 경제력을 알 수 있는 좋은 증거가 아닐 수 없다. 강남에 신흥 부촌이 많이 등장했다지만 압구정동의 힘이 여전함을 보여주는 예이기도 하다. 덧붙여 지금은 보편화되었지만 별도의 경비실을 두고 외부인 통제를 시작한 단지도 압구정동이 처음이었다.

강남의 또 다른 얼굴: 서초동

고속터미널을 지난 반포로는 서울성모병원과 국립중앙도서관 사이를 지나 언덕을 넘는다. 이 도로는 800년 묵은 향나무 앞에서 강남의 간판 도로인 테헤란로를 만나 사거리가 되고, 예술의전당 앞에서 남부순환도로를 만나 끝이 난다. 약 1킬로미터의 이 길은 서초동에서 가장 큰 길이기도 한데, 오피스 빌딩이나 대형 상가, 그리고 강남에서 흔하디흔한 아파트가 거의 보이지 않고 대형 공공건물들이 듬성듬성 서 있는 매우 특별한 공간이다. 국가를 구성하는 삼부의 하나인 사법부의 정상 대법원과 검찰청, 국립중앙도서관, 서울고등법원, 대한민국학술원, 서울지방조달청, 국립외교원 등 중요 기관들이 밀집해 있다. 예술의전당까지 합치면 청와대와 정부종합청사, 세종문화회관이 있는 세종로 다음가는 중요한 길이라고 할 수 있을 것이다. 그래서 많은 이들은 반포로를 공공 건축의 섬이자 강남의 세종로라고 한다.

그러나 이 거리는 공간에 여유가 있음에도 어딘가 허전해 보이고 별로 걷고 싶은 기분이 들지 않는다. 권위적인 분위기의 건축물들과, 그와 너무도 대비되는 식당과 변호사 사무실, 법무사 사무실들이 입주한 고만고만한 빌딩들, 그리고 무질서한 간판들 때문일까? 아니면 혹시 건국 이래 최대 참사였던 삼풍백화점 붕괴 사건의 기억이 어려 있기 때문일까? 사실 서초동 일대에 고만고만한 건물밖에 없는 이유는 고도 제한이 걸려 있었기 때문이다. 대법원을 굽어보지 못하게 해놓은 조치였다. 비슷한 예는 여의도에서도 찾아볼 수 있는데, 서초동과 같은 이유로 서여의도가 동여의도에 비해 건물이 훨씬 낮다. 서초동의 사법부든, 여의도의 입법부든 이렇게 한다고 해서 권위가 지켜지는 것은 아닐 텐데 말이다. 어떻게 해석해야 할지 모르겠지만 한 가지 정보를 추가하면, 사랑의교회 건축을 계기로 고도 제한이 풀렸다. 한편 이유야 어찌 되었건 일반 시민들에게는 삭막하기 그지없던 반포로가 2019년 갑자기 핫플레이스로 변신한 일이 있다. 한쪽에서는 '조국 사태'라고 부르고, 다른 한쪽에서는 '검찰 쿠데타'라고 부르는 사건 때문이었다. 이 일로 수십만 명의 인파가 이 삭막한 거리를 메우는 초유의 사건이 벌어졌다. 이후 이 거리는 다시 예전의 삭막함으로 돌아갔다. 하지만 법조계에 대한 국민들의 불신이 여전한 이상 언젠가 다시 그러한 일이 벌어질지 아무도 모르는 일이다.

반포로의 이러한 분위기와는 별개로 주거지로서 서초동은 독특한 지역이다. 서초1동에는 빨간색 벽돌로 지은 고급 단독주택과 빌라들이 마을을 이루고 있는데 법조계 인사들이 많이 산다. 서초2동에는 2007년부터 입주가 시작된 삼성타운이 자리 잡고 있다. 서초3동에는 2003년 10월부터 입주가 시작된 현대슈퍼빌이 있는데, 이 아파트는 군인공제회가 건설하였기에 쟁쟁한 예비역 장성들이 살고 있다. 서초4동에는 삼풍아파트와 삼풍백화점 자리에 세워진 주상복합 아크로비스타('최고의 조망'이라는 뜻)가 자리 잡고 있다. 잘 알려진 대로 이 주상복합 아파트에는 윤석열 대통령 부부가 살았고, 임기 초 몇 달 동안은 이곳에서 용산으로 출퇴근을 하여 화제에 오르기도 했다(바로 옆 삼풍아파트에는 한동훈 국민의힘 대표가 살았다).* 호불호를 떠나 서초동은 대법원과 더불어 어쩌면 한국 최고의 권력일지도 모르는 삼성그룹 본사가 같이 있는, 한국의 심장부임에 틀림없다.

가장 강남스럽지 않은, 그러나 가장 강남다운 청담동

압구정동과 바로 인접해 있지만 청담동의 분위기는 매우 다르다. 압구정동이 강남의 구세대를 대표한다면 청담동은 신세대를 대표한다. 청담동이 뜬 이유는 물론 압구정동의 우산효과 때문이지만 그것만이 전부는 아니다. 역설적이게도 이곳은 고층의 대단지 아파트가 없다는 사실이 매력이 되어 '뜬' 동네다. 지하철 3호선 개통 후 압구정동에는 '외지인'들이 모여든 반면, 청담동에는 오랫동안 지하철역이 없어 자동차가 없는 이들은 접근하기 힘든 편이었는데, 이 또한 하나의 이유가 되었다. 물론 2000년에 지하철 7호선이 개통되어 청담역이 생기긴 했지만 알다시피 진짜 '청담동'과 '청담역'은 거리가 멀다. 오죽하면 청담동에서 걸어 다니는 사람은 '파출부'밖에 없다는 말까지 생겼을까?

이 동네에는 뷰티숍도 많은데, 도산 안창호 선생께는 죄송하지만 도산공원이 있어 드레스를 입고 결혼사진과 영상을 찍기에 안성맞춤이기 때문이다. 또한 많은 연예 기획사가 몰려 있는 곳이기도 하다. 도산공원은 937만 평에 달하는 영동지구 개발 당시 '유일한' 계획 공원이었다. 아무리 개발 시대라지만 너무했다는 생각이 들지 않을 수가 없는데, 그래서인지 강남구와 서초구는 늦게나마 개발지에

• 서초동에는 2003년 준공된 특수한 빌라도 있다. '트라움하우스'라는 이름의 이 빌라는 지하 4층에 입주민 50명이 지낼 수 있고 핵공격에도 안전한 방공호가 있다. 방공호는 강철과 콘크리트로 만들어진 1톤짜리 문으로 보호되며, 간이침대 20개와 화장실 2개, 발전기, 식량 창고, 공기필터 등이 완비되어 있다. 트라움하우스는 현재 5차까지 준공되어 성공적으로 분양되었는데, 모두 서초동에 있다.

서 빠져 있던 야산 지역을 청담공원이나 서리풀공원 등으로 조성하였다.

청담동 하면 외제 차가 가득 찬 도산사거리를 빼놓을 수 없다. 『압구정 다이어리』의 저자 정수현은 청담동 젊은 남자들이 타고 다니는 차종과 성향을 이렇게 분석했다(이 책이 2008년에 나왔다는 점을 감안해야 한다).

- 아우디: 30퍼센트는 어머니의 차로 의심해봐야 한다. 자신의 차라면 약간 여성적인 취향일지도 모른다.
- BMW: 약간 겉멋이 든 남자들이 타고 다니는 차.
- 벤츠: 고급스럽고 얌전한 차를 좋아하는 이들이 선호.
- 인피니티: 쌔끈함을 즐기는 20대 남자들이 좋아하는 차.
- 포르쉐: 자신의 차가 확실하다면 멋도 알고 돈도 많고 여자도 많을 것이다.

청담동 거리는 《청담동 앨리스》라는 드라마가 나올 정도로 특별한 느낌을 갖게 되었다. 이 코너를 돌면 지중해안 같고, 저 코너를 돌면 파리 같고, 여기는 LA, 저기는 런던 같다. 미국과 유럽의 유명 브랜드가 거의 다 모여 있다. 돈 없는 사람은 지나가기조차 주눅이 들기도 한다. 흔히 청담동을 한국의 보보스 거리라고 한다. '보보스 (bobos)'란 보헤미안과 부르주아를 합친 말로 보헤미안처럼 자유로운 정신을 바탕으로 부르주아적 성공을 일구어낸 사람들을 말한다. 그들의 과소비를 비판하는 이들이 많지만 그래도 이곳의 고급 빌라

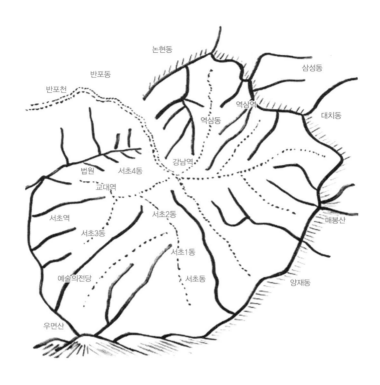

그림 24 높이가 적당한 산들의 기가 모여 강남이 부촌이 되었다고 한다(풍수 전문가 정경연 박사 제공).

들은 축대 위에 올려진 거대한 벽을 두른 '성'은 아니다. 서울에 이런 거리 하나쯤은 있어도 괜찮지 않을까?[•]

하지만 유감스럽게도 이곳에도 강남에서 흔하디흔한 고층 주상 복합이 들어서기 시작했다. 대표적인 예가 최순실이 독일 출국 전 살았던 집이자 국내 최고가를 자랑하는 피엔폴루스이다. 김진애 전 국회의원의 표현을 빌리면 청담동이 '보보스인 척'하는 동네가 아니라 진짜 '보보스다운' 동네가 되면 좋겠다.

다양한 얼굴을 가진 삼성동

강남의 장점은 주거와 업무, 상업 기능이 모두 복합되어 있는 '직주 근접형' 도시라는 점이다. 물론 이 때문에 극심한 교통 체증을 대가로 치러야 하지만 말이다. 강남의 업무 기능 지구는 크게 보면 강남 사거리와 역삼동 일대, 그리고 선릉과 삼성동 일대가 양대 산맥이라고 할 수 있다.

강남-역삼 일대는 삼성 본사를 비롯하여 어반하이브, 교보타워, GT타워, 부티크모나코, 포스틸타워, 강남파이낸스타워, 한국은행 강남본부, GS타워 등 쟁쟁한 회사들의 잘 빠진 건물들이 빼곡히 들어서 있다.

삼성-선릉 일대도 전혀 뒤지지 않는다. 55층의 코엑스를 위시

• 청담동 보보스 중에는 연예인이 많은데, 특히 부부 연예인들이 돋보인다. 대표적인 사례가 이재룡··유호정, 장동건·고소영, 김승우··김남주, 권상우·손태영, 손지창·오연수 부부로, 청담동 일대에 빌딩을 소유하고 있다. 또한 부부는 아니더라도 장근석, 이승철, 이효리, 신승훈, 심수봉, 이정재 등 이 일대에 주택이나 빌딩을 소유한 연예인도 많다.

하여 코엑스아티움, 파크하얏트서울, 동부금융센터, 포스코센터 등이 있고, 모 대형 건설 회사의 홍보관인 크링과 현대산업개발의 본사 건물이었던 아이파크타워가 들어서 있다. 아이파크타워는 조금 어지러워 보이는 독특한 외관인데 건축 용어로 '해체주의'라고 불리는 디자인이다. 유명 건축가 다니엘 리베스킨트(Daniel Libeskind)의 작품인 이 건물은 최악의 건물 13위에 올랐다. 한편 삼성동 쪽에서 일하는 직장인의 연봉이 삼성 본사를 제외한 강남역 쪽 직장인보다 높다고 한다.

　앞으로 강남의 업무 중심은 강남역 쪽에서 삼성동 쪽으로 더 기울 가능성이 높다. 한국전력이 전남 나주로 이사했지만 그 자리에 현대자동차의 신사옥이 들어서고, 여기에 감정원과 시립병원까지 이사를 가게 되면 그 공간은 더 넓어지고, 잠실종합운동장의 유휴 공간까지 연계해 개발되면 시너지 효과는 더 커질 것이기 때문이다(한국전력과 감정원 같은 굵직한 기관의 이전이 오히려 지역 개발에 호재가 되는 경우는 강남밖에 없지 않을까 싶다). 더구나 삼성동과 선릉은 강남역과 역삼에 없는 봉은사와 선정릉이라는 문화유산이자 강남의 허파를 가지고 있고, 강남 교통 역사에 혁명적인 존재인 KTX 수서역과 조금 더 인접해 있다. 뿐만 아니라 또 다른 새로운 혁명적 교통수단인 GTX 노선 중 무려 3개 노선, 즉 GTX-A(운정-원주), GTX-C(동두천-상록수) GTX-D(김포 장기-하남 교산)가 삼성역을 통과한다. 앞서 이야기했지만 잠실종합운동장에 '신강남선' 같은 민간 철도까지 들어선다면 더욱 탄력을 받을 것이다.

　삼성동의 상징은 55층의 높이를 자랑하는 코엑스라기보다 지하에 있는 아쿠아리움과 코엑스몰일 것이다. 1985년 63빌딩에서 씨월드가 첫선을 보인 후 15년 만인 2000년 5월 3일—어린이날 이틀 전—에 아쿠아리움과 코엑스몰이 개관했다. 호주의 자본과 기술로 태어난 아쿠아리움과 코엑스몰은 비록 지하에 있었지만 지상의 모든 랜드마크를 압도해버렸다! 두 번째로 높은 건물인 코엑스는 63빌딩에 가려 빛을 보지 못하다가 63빌딩의 '대형 수족관'보다 4배나 큰, 아예 '수중 동물원'을 차려버림으로써 마침내 형님을 완전히 압도했다. 여담이지만 아쿠아리움의 바닷물은 '인공'이다. 수돗물에 이스라엘산 소금을 탄 물이라고 한다. 물론 수입해와야 하는데, 이스라엘산 소금이 가장 자연에 가까운 바닷물을 만들어낼 수 있다고 하니 별수 없는 일이다.

따지고 보면 코엑스몰은 서울은 물론 지방에서도 흔한 '지하상가'다. 하지만 '뜨내기'들을 상대하는 서울 도심이나 부도심, 아니 바로 옆 강남역의 지하상가조차 비교가 되지 않는 차원이 다른 소비 공간을 만들었다. 우선 14만 평이 넘는 넓이가 다른 지하 공간과 완전히 차별화된다. 또한 삼성역에서 내려 일단 입장하면 계속 위쪽으로 올라가는 듯한 느낌이 들도록 동선이 만들어져 있다. 즉 사람들은 코엑스몰에서 지하 공간으로 내려간다는 느낌보다는 백화점 같은 지상으로 간다는 느낌을 받는다. 공용 통로 중 가장 긴 길은 무려 663미터나 되고, 대부분 통로의 폭이 18미터나 되니 자칫 방향감각을 잃기 십상이다. 예전에는 말도 안 되는 수풀길이니 계곡길이니 하는 이름까지 붙여 더 헷갈리게 만들어놓았었다.

코엑스는 누가 뭐라 해도 강남의 중심이 되었는데, 종합전시장이라는 거대한 공간이 없었다면 불가능한 일이었을 것이다. 코엑스몰은 제2롯데월드에 대항하기 위해 대규모 리모델링 공사에 들어갔다가 2017년 완료했다. 새로 개장한 코엑스몰은 앉을 수 있는 벤치가 많아지고 더 밝아지는 등 이용자를 배려한 흔적이 역력하다. 무엇보다 별마당도서관이라는 파격적인 시설이 들어서서 사람들을 놀라게 했다. 13미터 높이의 대형 서가 3개를 비롯해 분야별 책들을 두루 모아 만든 공간 구성도 놀랍지만, 장서 관리는 물론 책 분실을 방지하기 위한 아무런 장치도 없이 운영하고 있다는 사실이 더 놀랍다. 더욱 놀라운 것은 책이 분실되고 있음에도 불구하고 비치된 책은 오히려 늘고 있다는 것이다. 5만 권으로 시작한 별마당도서관은 개장한 달 동안에만 3만 권 이상의 책을 기부받았다. 기부가 워낙 많아 도서관 직원들의 주 업무가 기부 도서를 받는 일이 됐을 정도라고 한다. 이렇게 시민들의 반응이 뜨거워 별마당도서관은 순식간에 강남의 명소로 떠올랐다.

코엑스의 문제점은 지하만 북적일 뿐 정작 지상의 광장은 텅 비어 있다는 사실이다. 호텔, 백화점, 오피스 빌딩, 공항터미널, 컨벤션센터, 심지어 카지노까지 있는 우리나라에서 가장 큰 복합 단지로서 유동 인구가 엄청나지만 정작 이것들이 다 따로 놀고 있어 시너지 효과가 거의 없다. 코엑스 앞의 16차선 도로는 광화문에 광장이 생기면서 서울에서 가장 넓은 길이 되었는데, 2010년과 2014년 월드컵 때 거리 응원의 무대가 되기도 했지만 일회성이었고 광화문과 시청 앞보다 더 많은 사람이 모이지도 않았다. 앞서 이야기한 대로 이전한 한국전력 자리에 현대자동차의 신사옥이 들어서는 이 지역은

그림 25 코엑스몰의 명소 별마당도서관.

탄천 너머 잠실종합운동장과 함께 세계적 수준의 국제교류복합지구로 변신할 것이다(100층이 넘는 초고층 빌딩을 짓기로 한 현대자동차가 계획을 변경하면서 약속을 지키라는 서울시와 마찰을 빚으며 개발이 다소 주춤하고 있는 것은 사실이지만 현대자동차가 이 비싼 땅을 계속 놀릴 리 없으므로 개발은 시간문제일 뿐이다). 이 기회에 코엑스 앞 광장이 좀 더 사람들의 에너지가 넘쳐나는 공간으로 변했으면 하는 바람이다.

코엑스와 별개로 삼성동에는 또 다른 얼굴이 있다. 바로 최고급 단독주택과 빌라촌의 면모이다. 지금은 대구로 이사했지만 박근혜 전 대통령의 자택이 있었고, 허진수 GS칼텍스 부회장, 김택진 엔씨소프트 회장, 톱배우인 이나영, 손예진, 송혜교가 살거나 살았던 곳이다. 고 이건희 회장의 '안가'도 삼성동에 있었다. 이런 여러 얼굴을 가진 삼성동이야말로 압구정동, 청담동과는 조금 다른 의미에서 가장 '강남'다운 곳이 아닐까?

서래마을

서래마을이라는 지명은 '마을 앞 개울이 서리서리 굽이쳐 흐른다'고 해서 그리 불리게 되었다고 한다. 이는 반포라는 이름의 유래와도 맥이 닿는다. 서래마을은 프랑스인이 많이 사는 '작은 프랑스'로 널리 알려져 있는데, 1985년 한남동에 있던 서울프랑스학교가 이곳으로 옮겨오면서 생겨났다(다비드 피에르 잘리콩이 서울프랑스학교를 설계했다). 이후 서울에 사는 프랑스인 중 약 40퍼센트가 서래마을에 모여 살 정도로 명실상부한 프랑스 마을이 되었다. 한국이 KTX 사업을 할 당시 프랑스에서 기술 지원을 위해 파견한 인원들이 정착하며 더 커졌는데, 개통 이후에는 프랑스인의 수가 다소 줄었지만 여전히 많이 살고 있다.

서래마을은 강남인데도 조용하고 쾌적한 환경을 자랑한다. 그런 이유로 프랑스인뿐 아니라 황정민, 조용필, 고현정, 한효주, 한지민 같은 유명 연예인과 윤석금 웅진그룹 회장이나 박현주 미래에셋 회장, 윤세영 태영그룹 회장 등의 재벌 일가가 많이 거주하는 지역으로 널리 알려져 있다. 고층 아파트가 없다는 점에서 청담동과 비슷하게 '강남답지 않은 강남' 같은 마을이기도 하다.

지역 특성상 프랑스식 레스토랑이나 와인바가 유독 많으며, 버스 정류장에 한글 이름 아래 영어 대신 프랑스어가 병기되어 있을 만큼 프랑스 색이 짙다. 인근의 몽마르뜨공원도 명소로서 사랑받고 있고, 근처 관공서에서도 프랑스어 서비스가 제공되며, 외국인 지원 시설인 서래글로벌빌리지센터도 운영되고 있다.

· 11 ·

강남의 허파들

봉은사

강남의 빌딩 숲 속에 자리 잡고 있는 봉은사는 정확한 연대는 알 수
없지만 통일신라 시대에 견성사라는 이름으로 세워졌다. 강남의 터
줏대감 중에서도 가장 오래된 존재라고 할 것이다. 고려 시대의 대표
적 유물이자 보물 제321호인 봉은사 청동 은입사 향완은 봉은사에
있다가 지금은 동국대학교박물관에 소장되어 있다.

선릉에서 가깝다는 점에서도 알 수 있듯이 조선 시대에 봉은사
는 선릉을 지키는 능찰 역할을 했고, 그때는 지금보다 선릉에 좀 더
가까이 있었던 것으로 보인다. 정확히 말하면 연산군 4년에 성종의
계비 정현왕후가 견성사를 중창하면서 이름을 봉은사로 고친 것이
다. 명종 6년(1551년)에는 실권자 문정왕후에 의해 승과가 부활되면
서 선종의 수사찰로 지정되었다. 휴정 대사와 사명 대사도 이때 봉은

그림 26 선릉과 그곳에서 바라본 강남 시가지.

사에서 실시된 승과에 합격했다.

명종 17년(1562년)에 보우 대사가 현재 위치인 수도산으로 절을 옮겨 지금의 골격을 갖추게 되었는데, 임진왜란과 병자호란 때 소실되고 말았다. 문정왕후와 함께 유림의 증오를 받았던 보우 대사는 지금까지 논쟁의 대상이 되는 인물이지만 불교계에서는 중흥을 이룬 중요한 인물이기에 봉은사 입구에 동상이 세워져 있다. 봉은사는 인조와 순조 때 중수되었지만 1939년 화재로 다시 소실되어 1941년에 중건되었기에 역사가 오래된 절임에도 전각들은 대부분 새것이다.

강남 개발 당시에는 대치동 입구까지의 땅이 전부 봉은사 소유였다고 하니 놀랍기만 할 뿐이다. 이 땅의 매각 대금으로 장충동 부지를 사들여 동국대학교를 넓힐 수 있었지만 알짜배기 땅을 헐값에 넘긴 셈이었다. 나중에야 이를 알고 항의하자 정부는 매입한 5만 3,000평에 대해 평당 1,000원씩을 더 쳐주어 5억 3,000만 원을 더 주었다고 한다.

봉은사는 누가 보아도 '도시형 사찰'이지만 그래도 산을 뒤에 두고 있기에 전체적으로 일주문-강당-대웅전-2차 전각이 있는 산지 사찰의 구조를 하고 있다. 대웅전 위에 올라서서 여러 전각의 검은 기와지붕과 일대의 고층 빌딩을 보는 기분은 선릉 위에서 보는 느낌과는 많이 다르다.

선정릉

25년간 재위하면서 『경국대전』 완성, 많은 서적의 간행, 토지 세습과 관리의 수탈을 막는 관수관급제의 실시 등 많은 치적을 남겼지만, 업적보다는 '폐비 윤씨의 남편'과 '인수대비의 아들', '연산군의 아버지'로 더 유명한 성종(成宗)의 능이 서울, 그것도 강남 한복판에 있다. 바로 그가 계비 정현왕후와 함께 잠들어 있는 선릉이다. 그의 아들이자 연산군의 동생인 중종의 정릉도 같이 있어서 선정릉(宣靖陵)이라고 한다.

이곳의 면적은 6만 평이 넘고, 강남에서는 드물게도 흙을 밟을 수 있는 산책로가 있다. 더구나 입자가 굵은 마사토가 깔려 있어 비가 와도 물이 잘 빠지고 가을에는 낙엽이 쌓여 운치를 더한다. 이곳을 사랑한 이들 중에는 소설가 최인호도 있었다. 그런데 자세히 보면 선릉과 정릉은 자동차 도로에서 불과 50미터 정도밖에 떨어져 있지 않다. 당시 도시계획을 담당했던 자들이 얼마나 야박했는지를 잘 알 수 있는 모습이다. 만약 정현왕후의 능이 그 사이에 없었다면 두 능 사이에 길이 났을 것이다. 죽어서도 정현왕후의 '부덕(婦德)'이 돋보이는 대목이다! 하기야 성종도 "부녀는 질투하고 시기하지 않는 사람이 적은 법인데 현명한 왕비를 맞아들인 후부터 내 마음이 편해졌다"고 칭찬했을 정도이다.

사실 성종은 세 왕비와 여덟 명의 후궁으로부터 19명의 왕자, 11명의 공주와 옹주를 두었다. 이렇게 그의 호색은 조선 왕 중에서도 손에 꼽힐 정도인데, 그런 분의 '기'를 받아서일까? 선릉 일대는 한국에서 가장 많은 룸살롱이 모여 있는 곳이다. 그래서인지 강남경찰서 관할 지역은 가장 많은 비리가 발생하는 곳이 되었다.

선정릉은 임진왜란 때 왜병들에게 훼손되는 참변을 겪었고 일제강점기 때는 조선총독부가 식량 증산이라는 명목으로 두 능 사이 저지대까지 개간을 허용해 일본에게 두 번이나 수모를 당한 왕릉이라는 기록을 남겼다. 어쨌든 선정릉에 올라 강남의 빌딩 숲을 보는 기분은 남다르며, 이 두 능은 사진작가들의 사랑을 받는 곳이다. 선정릉이 없었다면 가뜩이나 공원이 부족한 강남은 정말 삭막한 회색 도시의 면모만 보이지 않았을까?

헌인릉과 대모산

대모산 남쪽 기슭에 자리한 헌인릉은 태종 이방원과 왕비였던 원경왕후 민씨의 헌릉과 정조의 아들이었던 순조의 인릉으로 구성되어 있다. 하지만 두 왕의 역사적 비중을 말해주듯이 앞을 지나가는 넓은 대로에는 헌릉의 이름이 붙어 있다. 원래는 헌릉 서쪽에 세종대왕의 능인 영릉도 있었지만 예종 때 여주로 천장(遷葬)되었다. 태종은 성종보다 훨씬 극적인 삶을 살았기 때문인지《용의 눈물》,《대왕세종》,《정도전》,《육룡이 나르샤》,《순수의 시대》,《태종 이방원》등 사극에 자주 등장한다. 한편 1989년에는 태종의 최고 정적이었던 정도전의 유골이 묻혔을 것으로 강력하게 추정되는 묘터가 헌인릉에서 가까운 양재동, 정확하게 말하면 서초구청 뒷산에서 발견되었다.

선릉 주위에 룸살롱이 많다면 헌릉 바로 앞에는 국정원이 있다. 많은 업적이 있었지만 아버지를 폐위하고, 이복동생을 죽이고, 수많은 신하들을 숙청했던 태종의 기에 끌려 국정원이 이곳으로 왔다면 조금 심한 상상일까? 입구에 들어서면 국정원에서 쌓은 담이 있는데, 어째 약간 인릉을 치고 들어온 모양새이다. 아무래도 존재감이 약했던 순조의 능이기 때문일까 하는 또 다른 억측도 하게 만든다. 헌릉은 같은 강남인 서초구에 있지만 선릉과는 달리 매우 한적한 곳에 있다.

대모산은 옛날에는 개포동과 일원동 주민들에게 땔감을 제공한 산으로 높이는 약 293미터이다. 대모산(大母山)이라는 명칭이 말해 주듯 산의 모양이 늙은 할머니를 닮았다고 해서 할미산으로 불리다가 헌릉이 대모산 남쪽에 조성되면서 왕명으로 대모산으로 불리게 되었다고 전해진다. 그뿐 아니라 세종대왕의 다섯째 아들인 광평대군(廣平大君)의 묘역도 이곳에 조성되었는데, 광평대군의 양아버지인 무안대군(撫安大君) 이방번 내외를 비롯해 후손들도 함께 묻혀 있는 가족 공동 묘역으로 서울시 유형문화재로 지정되어 있다. 하지만 이 지역 원주민들의 증언에 의하면 20세기에 들어서는 무연고자나 노숙자들의 시신이 많이 묻히기도 했다.

청계산과 우면산

사실 청계산과 우면산은 관악산 줄기지만 '강남'에 있는 덕분에 조금 다른 '대접'을 받고 있다. 사실 예전에는 돌산만 산으로 치는 이들이 많았기에 흙으로 된 청계산과 우면산은 산 취급도 받지 못했다. 하지만 두 산에도 나름의 매력이 있다. 청계산은 흙이 기름져 녹음이 짙다. 더구나 원터골에는 넓은 무료 주차장이 있고, 무료 셔틀버스까지 운행한다. 주차장에서 내리면 바로 산행을 시작할 수 있다는 장점까지 있다. 이에 비해 북한산의 경우 산행을 위해 입구에 이르는 데만도 상당한 시간이 걸린다.

618미터나 되는 청계산에 비해 우면산은 최고 293미터에 불과해서 산이라고 부르기도 민망할 수 있다. 사실 이 산 정상인 소망탑까지 왕복하는 데는 한 시간 정도면 충분하다. 그래도 서울 시민, 특히 강남 주민들의 휴식처로는 충분히 역할을 다하고 있는 소중한 산이다.

2011년 7월 27일, 이곳에서 비극이 일어났다. 그날 하루에만 서울에 301.5밀리미터의 비가 쏟아졌다. 100년 만의 폭우로 2011년 7월 26~28일, 많은 지역에서 집중호우 기록이 경신되었다. 특히 강남에서 물난리가 일어났고 우면산이 무너지고 말았다.

7월 27일 오전 8시 50분경 우면산에서 쏟아져내린 토사로 인근의 고급 주택가인 형촌마을 60가구 가운데 우면산 자락 쪽 30가구가 고립되고 2명이 사망했다. 이 마을은 우면산 내 크고 작은 계곡 10개가 합쳐지는 곳과 가까워 피해가 클 수밖에 없었다. 오전 한때는 사람 가슴 높이까지 물이 차오르기도 했다. 경찰과 소방 당국은 토사로 인해 차량을 통한 현장 접근이 불가능했고 인근 우면산자연생태공원 안에 있는 저수지가 범람해 구조에 어려움을 겪었다. EBS 우면동 방송센터도 침수되어 라디오의 정규 방송이 중단되는 초유의 사태가 벌어지기까지 했다. 오후 5시 수위가 발목까지 낮아졌지만 경찰과 소방 당국은 우면산의 2차 산사태 가능성이 높아 통행을 제한하고 주민들을 대피시켰다. 하지만 우면산의 다른 쪽 끝에 있는 방배동 남태령 전원마을에도 토사가 덮쳐 20가구가량이 매몰되어 여러 명의 사망자가 발생했다.

최악의 산사태가 발생한 이유는 장마 기간에 내린 비로 토양이

물에 젖어 있었던 데다 강한 비가 내리면서 수십 군데서 동시에 산사태가 발생했기 때문이다. 우면산 산사태로 18명이나 사망하고 400여 명이 대피했다. 사망자 중에는 신세계그룹 구학서 회장의 부인도 있었다. 물론 정전과 단수 피해도 잇따라 강남과 우면산 인근 아파트 2,000가구가 정전되었고, 물이 나오지 않는 가구도 2만 5,000여 가구에 달했다. 남부순환도로 방배동 구간도 이틀 넘게 통제되었다.

우면산 산사태는 분명 천재(天災)였으나 동시에 인재(人災)이기도 했다. 무분별한 공원과 산행로 개발, 사방 구조물의 미흡, 숲 가꾸기 같은 산지 관리 부실 등으로 피해가 커졌다. 지금은 깔끔하게 복구되어 그때의 참사 흔적을 찾을 수 없다. 이런 일이 다시 일어나지 않도록 조치를 잘 취해놓았기를 바랄 뿐이다.

양재천

강남구와 서초구가 탄생한 후 가장 잘한 일을 꼽자면 양재천의 복원이 아닐까? 양재천은 청계천과 달리 지나치게 인공적이지 않아 더 돋보인다. 길이 15.6킬로미터의 양재천은 과천시 중앙동의 관악산 남동쪽 기슭에서 발원하여 과천을 거쳐 북동쪽으로 흘러 서초구와 강남구를 가로질러 지금은 탄천으로 흐르는 한강 지류 중 하나이다. 원래는 굽어 흘러 한강으로 직접 나아갔지만 1970년대 개포지구 토지구획정리사업으로 물길이 직선화되어 인위적으로 탄천에 합류되었다.

그 전에는 백로가 자주 날아들어 학탄(학여울)이라 했다고 한다. 그러나 강남권이 개발되면서 아파트 단지 등 주택가에서 나오는 생활하수로 양재천은 심하게 오염되어 쓰레기 하천으로 전락하고 말았다. 물론 안양천, 중랑천 등 서울의 다른 하천도 마찬가지였지만 말이다. 물고기와 새가 사라지자 주민과 관청에서는 1995년 7월부터 양재천 살리기 운동을 시작했다.

강남구는 구 예산과 민간 투자금 137억 원을 들여 오수관로를 정비하고 콘크리트 제방을 허문 뒤에 습지식물을 심었다. 또 하천의 오염 물질이 강바닥의 자갈과 부딪혀 가라앉게 하고 자갈 표면의 미생물들이 이를 빨아들여 분해하게 하는 친환경적인 기법을 도입했다. 그리하여 학여울역 부근은 이름에 어울리게 자연형 생태 공원으로 바뀌었다. 서초구와의 경계 지역인 양재천 상류에는 23억 원을 들여 수질 정화 시설을 설치하고 역시 자갈을 이용하여 하루 3만 2,000톤의 물을 정화해 5급수 생활하수 수준이었던 하천을, 수심 30미터의 투명도를 확보한 한강 상류보다 맑은 청정 하천으로 완전히 변모시켰다.

생태계도 몰라보게 복원되었다. 양재천에는 2급수에서 사는 누치를 비롯해 버들매, 동사리, 미꾸라지, 피라미 등 20여 종의 어류가 많이 서식하고 있다. 또 150여 종의 식물과 물방개 등 곤충, 청둥오리, 고방오리, 비오리, 원앙새 등 조류와 양서류, 포유류, 파충류 심지어 너구리까지 300여 종의 동물이 다시 찾아오는 성공적인 자연형 생태 하천으로 변모했다. 특히 어린이들에게 소중한 자연 학습장이 되어 물장구를 치고 놀 수 있는, 서울에서는 정말 보기 드문 곳이 되었다. 심지어 '고향논'이라는 300평 가까운 논도 있어 가을이면 실제로 추수를 한다. 수확해 얻은 쌀은 사회복지시설에 기부된다.

그림 27 복원 사업이 끝난 양재천(위). 천변에 있는 논과 사람 수만큼 많은 허수아비(아래).

수질이 살아나고 각종 동식물이 서식하면서 양재천은 고층 아파트가 밀집한 강남 한복판에서 자연환경을 만끽할 수 있는 곳이 되었다. 하루에 1만 명 이상이 찾아와 자전거를 타거나 조깅, 산책을 하고 휴식을 즐긴다. 영화《말아톤》에서 조승우가 이곳에서 연습하는 장면이 나오는데, 실제 모델인 배형진 군도 여기서 연습했다고 한다. 양재천 살리기는 청계천과 달리 서두르지 않고 2000년 12월까지 5년 5개월이란 시간을 기다렸다는 점에서 더 돋보인다. 양재천의 재생은 불광천, 홍제천, 안양천, 중랑천의 재생으로 이어졌다.

특히 주민들이 '양재천을 사랑하는 사람들의 모임'을 만들어 정기적으로 양재천 정화 활동에 참여할 뿐 아니라 주변에 있는 기업체 등도 자발적으로 환경보호 구역을 설정해놓고 주기적으로 환경보호 활동을 펼치고 있다. 또 양재천변에는 물놀이장과 인라인 스케이트장 등 어린이들을 위한 놀이공원을 만들었다. 이곳은 여름을 맞아 어린이들에게 새로운 재미를 주는 놀이터로 인기를 끌고 있다. 어린이 물놀이장은 길이 100미터, 폭 10미터, 수심 60센티미터로 규모가 2,000여 평에 달한다. 특히 바닥에 호박석과 자연석을 깔아 아이들이 뛰어다니거나 장난을 칠 때도 미끄러지지 않고 안전하게 물놀이를 즐길 수 있게 만들어졌다. 양재천은 어린이들은 물론 연인들을 위한 장소로도 꾸며졌다. 카페와 와인바들이 늘어선 '연인의 거리'가 양재천 입구에 형성되어 있다.

도산공원

도산공원은 1973년 11월 10일 도산 안창호 선생의 애국정신과 교육 정신을 기리고자 조성된 공원으로 망우리에 있던 선생의 묘를 당시에는 완전히 허허벌판이었던 지금의 장소로 옮기면서 조성되었다. 면적은 2만 9,974제곱미터로 개발 계획 당시 유일하게 공원으로 지정된 땅이기도 하다. 입구에서 직진하면 도산 선생과 부인 이혜련 여사의 묘소가 있고 2003년 새로 세운 동상, 1998년에야 만들어진 기념관, 어록비 등이 있다. 연중무휴 24시간 무료로 문을 열지만 이상하게도 시민들의 접근을 막는 철제 펜스로 둘려 있으며 입구는 하나뿐이었는데, 2020년 동문과 서문이 새로 생겼다. 어쨌든 이곳에서는 매년 3월 10일 선생의 기일에 맞춰 흥사단과 도산기념사업회 주관으로 추모 행사가 열린다.

기념관에는 사진과 안창호 선생이 미국에 있을 때 단재 신채호 선생에게 받은 편지, 그리고 흥사단에서 활동할 때 작성한 문서, 임시정부 사료집 등이 전시되어 있다. 어록과 연보, 사진은 터치스크린으로도 볼 수 있게 되어 있다.

이곳에 들를 때마다 필자는 생각한다. 만약 50여 년 전, 이곳이나 선정릉을 뉴욕의 센트럴파크처럼 세계적인 대규모 공원으로 만들었으면 얼마나 좋았을까? 꼭 부질없는 상상만은 아닌 것이, 예를 들어 상하이시는 한국의 강남 개발에 비교할 수 있는 푸둥 개발을 하면서 스지(世紀)공원이라는 거대한 공원을 조성해 랜드마크로 삼았다.

도산공원은 강남 개발 초창기, 강남 청소년들 가운데 소위 '날라리'라고 불리는 아이들의 천국이기도 했고, 당시 몇 안 되는 공원이었던 덕분에 고급 웨딩 업체와 스튜디오, 의상실들이 주위에 모여들기도 했다. 강남 개발 이후에도 도산공원은 그때의 모습을 고스란히 간직하고 있는 희귀한 장소이기도 하다. 선생께는 실례일지도 모르겠지만 어쩌면 강남의 섬 같은 곳이기에 도산(島山)이라는 이름이 잘 어울린다는 생각이 든다.

서리풀공원

서리풀공원은 길에서 보면 공원이라기보다 야트막한 야산으로 보인다. 바로 옆에 9차선 반포대로가 지나가지만 공원은 꽤 조용하다. 공원의 이름인 서리풀은 서초의 우리말이다. 맨발로 걸을 수 있는 길, 꽃길 등이 조성되어 있고, 우면동 방향으로 30분 정도 걸으면 세종대왕의 형인 효령대군이 잠들어 있는 청권사(淸權祠)로 갈 수도 있다. 대로를 건널 수 있는 독특한 누에다리는 밤이면 무지갯빛으로 빛나며 삭막한 반포대로에 생기를 불어넣는데 이 지역이 예전에는 '뽕밭'이었다는 것을 상징한다. 누에다리를 건너면 서울 속의 프랑스인 몽마르뜨공원과 서래마을을 갈 수 있다. 이 공원은 파리의 원조 몽마르트르 언덕처럼 지대가 높다. 예쁜 계단을 통해 국립중앙도서관과도 연결된다.

매헌시민의숲

매헌시민의숲은 1986년 아시안게임과 1988년 서울올림픽을 앞두고 당시 서울의 관문이었던 양재 톨게이트 주변 환경을 개선하고자 1986년 공원으로 조성되었다. 면적은 50만 평이 넘는다. 예전 이름은 양재시민의숲으로, 아직도 그 이름으로 아는 이들이 많다.

매헌시민의숲은 우리나라 최초로 숲 개념을 도입한 공원이라는 의미가 있는데, 이제는 40년 가까이 되어 도심에서 보기 힘든 울창한 숲을 이루고 있다. 가을이 되면 단풍의 절경을 즐길 수 있고, 봄에는 여의천과 양재천을 따라 펼쳐진 벚꽃 길이 장관을 이룬다. 또한 이 지역 유치원이나 초등학교 저학년들의 소풍 장소로 자주 이용되며, 인근 중고등학교의 백일장이나 사생대회 등의 행사 장소로도 이용된다.

1988년 12월에는 윤봉길 의사의 호 '매헌'을 딴 기념관도 개관되었다. 의사의 업적과 생전에 사용하던 유물을 전시하고 독립운동 당시 활약했던 사진과 일제에 의해 체포되기까지의 사진들이 전시되어 있다(다만 매헌의 묘는 효창공원 삼의사 묘역에 있다). 어찌 보면 도산공원의 확대판이라고도 할 수 있다.

2022년 10월 13일, 서울시는 시민을 대상으로 한 설문 조사를 거쳐 명칭을 '매헌시민의숲'으로 변경했다. 명칭 변경 사유로 "시민의숲 안에 매헌 기념관이 있고, 매헌교·매헌초·매헌로 등 주변 주요 시설의 명칭과 일관성을 갖추기 위해 명칭을 변경했다"고 했다. 매헌시민의숲 주변에는 한국농수산식품유통공사 본사가 들어가 있는 종합 전시 컨벤션센터인 aT센터와 더케이호텔서울이 있다.

한국 현대 공원의 신기원: 올림픽공원

앞서 몽촌토성 이야기를 했는데, 이 공간을 적극적으로 활용해 탄생한 것이 올림픽공원이다. 여의도 면적의 절반에 해당하는 약 43만 평이다. 입구에는 거장 김중업의 '세계 평화의 문'이 서 있고, 올림픽을 치르기 위한 수영, 체조, 역도, 펜싱, 테니스, 사이클 경기장이 들어섰다. 올림픽 이후에는 문화 공연을 위한 올림픽홀이 세워졌으며, 역도 경기장은 리모델링되어 뮤지컬 전용 극장인 우리금융아트홀로, 체조 경기장은 KSPO돔으로, 펜싱 경기장은 SK올림픽핸드볼경기장*으로 변신했다. 이 경기장 겸 공연장들은 국내외 유명 뮤지션들의 공연장으로 활용되고 있어 올림픽공원이 국내 문화 행사의 메카로 자리매김하는 데 큰 역할을 하고 있다. 이 때문인지 인근에는 카카오M 계열사인 이담엔터테인먼트 본사와 JYP엔터테인먼트가 들어섰다. 한편 이 시설들은 실내 스포츠와 공연뿐 아니라 주요 정당들의 전당대회나 종교 관련 행사 등 대규모 이벤트들의 무대로도 사용되고 있다.

올림픽공원 북동쪽에는 한국체육대학교와 서울체육고등학교·서울체육중학교가 자리하고 있고, 서울올림픽파크텔도 있으며, 서울시와 함께 이 공원을 소유하고 있는 국민체육진흥공단이 본부를 두고 있다. 소마미술관과 올림픽홀, 한성백제박물관 같은 문화 공간도 계속해서 들어섰고, 2026년에는 국립스포츠박물관도 들어설 예정이다. 서울역사편찬원도 이곳에 자리하고 있다. '세계 평화의 문'부터 동2문까지 이어지는 긴 산책로를 따라서 수많은 조형물과 조각 등이 전시되어 있어 산책하면서 미술품 관람을 즐길 수도 있다.

한편 1986년 개장 당시에는 지하철역이 없었지만 이후 8호선 몽촌토성역과 9호선 한성백제역이 차례로 들어서면서 교통편도 좋아졌다. 특히 '흙'을 주제로 하여 백제 고분과 토기를 연상시키는 콘

---

* 현재는 SK그룹과의 명명권 계약이 끝났는지 SK 로고가 모두 철거되었다.

셉트로 만들어진 한성백제역은 9호선 가운데 가장 독특한 디자인을 자랑하는 역이다.

1980년대 후반부터 민주화, 1990년대부터는 지방자치제가 시행되는 가운데 여가 문화가 변화하고 환경 의식이 확산되면서 서울에서만도 여의도공원, 뚝섬 서울숲, 난지도 하늘공원이 탄생했다. 선배격인 올림픽공원은 이들 공원에 강한 영향을 주었다. 한국 현대 공원의 역사에서 신기원을 이룬 셈이다.

강남의 그늘

청와대 경호실이 앞장선 땅 투기

강남을 이야기하면서 빼놓을 수 없는 주제가 바로 부동산 투기일 것이다. 이미 1960년대부터 강남 개발을 예상하고 조금씩 땅을 사 모은 이들이 있기는 했지만 부동산 투기를 가장 먼저 시작한 이는 유신 정권의 실력자 박종규였다. 이 내용은 손정목의 『서울 도시계획 이야기』를 약간 손질하여 거의 그대로 옮겼음을 밝힌다.

1974년 8월 15일 육영수 여사 저격 사건으로 박종규가 경호실장을 그만둘 때까지 박정희 정권에는 3명의 실권자가 있었다. 박종규와 김종필, 이후락이었다. 김종필은 대권욕이 있었고, 이후락은 실권자가 되기 위해 애를 썼다. 하지만 박종규에게는 오직 대통령에 대한 충성만이 있을 뿐이었다. 그래서 그의 권력은 더욱 커 보였다. 이런 박종규가 서울시 도시계획과장에 불과한 윤진우를 한강이 내다

보이는 한남동 자택으로 불렀다. 윤진우는 창밖으로 한강 너머에서 현대건설이 한창 매립 공사를 하는 모습을 보았다고 한다. 시기는 1970년 1월 무렵이었다. 윤진우는 《강남 1970》의 첫 장면에서 중앙정보부장과 함께 차를 탄 서울시 간부 문철호의 모델이기도 한데, 영화에서는 청와대 경호실을 중정으로 살짝 바꾸었다.

박종규의 질문은 간단명료했다. "헬기로 돌아본 지역, 즉 과천, 서초, 강남, 잠실 중에서 어느 곳이 가장 장래성이 있고 투자가치가 있다고 생각하는가." 윤진우는 탄천 서쪽이 가장 유망한 것 같다고 답했다. 바로 오늘날 강남구가 된 땅이었다. 박종규는 "그러면 그쪽을 사 모아"라고 지시했다.

약 2주 후 윤진우가 그 일을 거의 잊고 있을 때 시장실에서 연락이 왔다. 갔더니 "제일은행 고태진 전무실에 가면 돈을 줄 테니 받아와서 우선 그 돈으로 땅을 사 모아"라는 지시가 내려졌다.

"높은 곳에서 나온 자금으로 땅을 사 모으고 땅값이 어느 정도 상승하면 되팔아서 갖다 바친다. 이 사실은 청와대에서 근무하는 매우 높은 분 한둘과 김현옥 서울시장, 그리고 자기만이 알고 있는 특급 비밀"이라는 것을 깨달았을 때 윤진우는 흥분했다. 당시 청와대는 누구든 생사여탈을 자유자재로 하는 절대 권력이었다. 윤진우는 '그 어른에게 잘 보이면 출셋길이 훤하게 뚫린다'고 생각하니 흥분 때문에 잠이 오지 않을 정도였다고 한다.

이 일을 명령한 박종규와 김현옥은 그리 치밀한 사람들이 아니었지만 그는 달랐다. 그는 자칫 잘못하면 패가망신할 일이라는 사실을 알고 있었다. 그래서 정식 장부를 만들지는 않았지만 비교적 상세한 내용을 메모로 남겨두었고 이를 훗날 손정목에게 전달했다. 손정목은 그 메모를 정리하면 강남 개발 당시 정부 차원의 자금 흐름을 어느 정도까지 재현할 수 있지만, 30년 가까이 지난 시점에 큰 의미가 없을 것 같아서 책에 자세히 쓰지는 않았다고 밝혔다. 그러나 손정목은 독자들이 대강의 규모는 짐작할 만한 내용을 실었다. 1970년 5월 20일 시점에 윤진우가 청와대 정치자금 조성을 위해 매입한 토지는 23만 7,366평이었다. 그리고 동원된 토지 대금은 12억 7,088만 5,250원이었다. 손정목은 메모를 통해 윤진우가 이 일 때문에 얼마나 많은 고민을 했는지 충분히 짐작할 수 있었다고 한다.

자금 회전 등으로 어려움을 겪기도 했지만 한편으로 윤진우에게는 신바람 나는 나날이기도 했다. 우선 개인적으로 돈을 풍족하게 쓸 수 있었다. 토지 매입 자금 중 3퍼센트는 판공비로 쓰라는 지시가 있었기 때문이다. 땅을 구입하면 사전에 양해된 사람의 명의로 등기 이전도 해야 하고 땅을 매각할 때도 소유권 이전에 따른 제반 수수료 등 경비가 들게 마련이었다. 뒤에 설명할 상공부 자금을 합하여 1970년 상반기에 그가 썼던 자금의 총액은 20억 원이 훨씬 넘었고, 20억 원의 3퍼센트는 6,000만 원이었다. 1970년 하반기에 서울시가 여의도 시범아파트를 분양했을 때 평균 평당 가격이 14만 2,000원, 40평짜리 아파트가 571만 2,000원이었다. 현대, 대림, 동아 등 대형 건설 회사가 중앙정보부나 서울시 국장들에게 연말과 추석에 돌리는 떡값이 10만 원짜리 수표 한두 장인 시절이었으니 6,000만 원은 엄청난 거금이었다. 물론 그중의 상당액이 필요경비로 쓰였지만 떡고물로 떨어지는 금액이 적지 않았을 것이다.

이제 승진이 기다리고 있었다. 1970년 4월 16일 경북지사 양택식이 서울시장으로 부임했고, 그로부터 2주일 후인 5월 2일 윤진우는 도시계획국장으로 승진했다. 당연히 신이 났지만 한편으로 떳떳하지 못한 일을 한다는 자책감에 폭음도 잦아졌다. 《강남 1970》에서도 이런 그의 모습을 소개한다. 다소 코믹하게 묘사되었지만 말이다. 1971년 초부터 그는 사두었던 토지를 매각했다. 원금을 빼고 그가 상납한 금액은 20억 원 정도로 추산되는데, 지금의 가치로 치면 8,000억 원이 넘는 돈이었다.

이 강남 토지 투기 사건은 박종규, 김현옥 두 사람이 장차 있을 대통령 선거에 대비해서 박정희에게 목돈을 마련해주겠다는 발상에서 시작되었다고 한다. 이후락 비서실장의 관여 여부는 확실히 알 수 없다. 어쨌든 이 돈이 1971년 4월 김대중과 맞붙은 대통령 선거와 5월 국회의원 총선거 자금으로 쓰인 것은 확실하다.

김정렴 상공부 장관이 대통령 비서실장이 된 때는 1969년 10월 21일이었다. 그는 비서실장 취임 직후 투기 사건에 대해 알게 되었다. 아마 박종규가 매사에 치밀한 김정렴에게 이 일의 처리를 부탁했을 테고, 소심한 그는 차마 부탁을 거절하지 못하고 결국 사후 처리를 맡았다. 박 대통령이 이 사실을 알게 된 시기는 정치자금이 조성되어 상납된 마지막 단계에서였다고 한다. 박정희 시대, 즉 제3~4공화국 당시에 정치자금은 여러 경로로 모였다. 다만 박 대통령은 기업가로부터 직접 돈을 받지는 않았다. 돈에 대해서 나름의 '결벽증'이 있었던 것으로 추측된다. 그러나 돈 없이 정치든 통치든 조직 관리든, 뭔가를 할 수 있는 시대가 아니었기에 박정희가 직접 나서지 않아도 누군가가 할 수밖에 없었다. 어디서든 돈은 나와야 했고, 제3~4 공화국 시대에 정치자금은 주로 공화당 재정위원장, 경제기획원 장관, 서울시장 등이 마련했다. 그리고 연말과 추석 때 대기업에서 받은 정치자금은 반드시 비서실장과 경호실장을 경유하는 것이 관례였다고 한다.

윤진우가 산 땅으로 만들어지고 상납된 정치자금은 그게 다가 아니었을 것이다. 어떻게 활용되었는지, 또 이후에 어떤 경로로, 얼마나 많은 돈이 만들어졌는지는 아무도 모른다.

다만 후일담이 남아 있다. 윤진우가 산 땅 중 6만 2,000평은 당시 공화당 재정위원장이자 쌍용그룹 총수 김성곤에게 배당되었다. 김성곤이 땅을 받은 경위는 정확히 알려지지 않았는데 아마도 토지 매입 대금이 그의 돈이었거나 그동안의 기여에 대한 보상일 것이라는 추측만 가능하다. 그런데 김성곤이 받은 이 땅들은 돌산과 습지가 대부분이어서 한마디로 '안 팔리고 남은 땅'이었고, 그중에서도 대치동의 땅은 손정목 교수가 보기에 "구제불능의 땅"이었다. 하지만 "사람 팔자와 땅 팔자는 아무도 모른다"는 말처럼 그 돌산은 파괴되어 일급 골재가 되었고, 저습지는 깔끔하게 메워져 쌍용건설의 아파트단지가 되었다. 바로 학여울역 옆의 쌍용 1차 아파트와 2차 아파트가 그것이다.

한편 김성곤은 그로부터 얼마 후 항명 파동으로 당을 떠나야 했고 중앙정보부에 끌려가 콧수염을 '뻰찌'로 뜯기는 수모를 당했다. 그 충격으로 몇 년 후 세상을 떠났다는 후문이 있는데, 이 역시 《강남 1970》에서 재현되었다. 영화에서는 박승구(최진호 분)라는 이름으로 나오지만 말이다. 훗날 김성곤의 후계자 김석원 회장은 아버지의 교훈을 잊고 정계에 뛰어들었다가 두 마리 토끼를 모두 잃고 말았다. 이 대서사의 행동대장이었던 윤진우의 말년도 놀랍다. 그는 개인적으로는 강남땅을 한 평도 사지 않았는데, 말년에 이를 무척 후회했다는 내용의 인터뷰 기사가 실렸다.

앞서 말했듯이 영동 지역 수백만 평이 구획정리사업지구로 지정되면서 허허벌판이던 강남의 개발은 탄력을 받는다. 실무 책임자였던 윤진우는 개발의 그림자 속에서 박종규, 김종필, 김정렴 등의 배후 지원 아래 박정희 대통령의 대선 자금 마련을 위해 개발과 부동산 투기를 동시에 벌이는 악역을 맡았던 것이다.

이 '원죄' 때문인지 일각에서는 강남을 포함해 대한민국의 땅값을 지금과 같은 비합리적인 수준으로 치솟게 만든 일등 공신이 박정희 전 대통령이라는 비판을 한다. 참여정부에서 일한 경력이 있고 조지스트이기도 한 이정우 경북대 명예교수는 토지+자유연구소 공개 강연에서 "우리나라 땅값이 세계 최고인데 역대 대통령을 대상으로 지가 상승도를 계산해보니 박정희 대통령 시기가 50.5퍼센트로 딱 절반이었다"며 박정희 정부가 토지 정의를 무너뜨렸다고 지적했다. 이정우 명예교수가 역대 정권의 초기 전국 지가총액과 말기 전국 지가총액을 바탕으로 연평균 지가 상승률을 산출한 결과에 따르면, 박정희 대통령 시기가 33.1퍼센트로 가장 높았고, 이승만 21.6퍼센트, 노태우 17.7퍼센트, 전두환 14.9퍼센트 순이었다.

박정희 대통령 집권 당시 땅부자들이 얻은 이익도 어마어마했다. 이정우 명예교수의 계산에 의하면 박 전 대통령 시절 국가 전체적으로 생산소득 대비 불로소득의 비율은 무려 248.8퍼센트였다. 땀흘려 일한 대가로 얻은 소득이 100이라면 지가 상승으로 얻은 소득은 그보다 2.5배가량 많았다는 의미이다. 노태우 시기에 96.3퍼센트, 전두환 시기에 67.9퍼센트, 이승만 대통령 시기에 43.2퍼센트였음을 감안할 때 매우 압도적인 수치이다. 이정우 명예교수는 "당시 대한민국은 불로소득의 천국이었다. 이런 나라가 지구상에 어디 있었느냐"며 "박 전 대통령은 이에 대해 굉장히 큰 책임이 있다"고 비판했다. 다만 이정우 명예교수의 비판은 분명히 근거가 있지만 박정희 대통령의 집권 기간이 18년에 달했다는 점과 고도성장기였다는 점은 고려되지 않은 주장이었다.

부동산 투기와 복부인의 등장

제3한강교(한남대교) 건설과 함께 개발되기 시작한 강남은 우리나라 땅 투기의 발원지였다. 사실 그 전에는 땅 투기라는 개념 자체가 없었다. 일제강점기에 일본인들이 헐값으로 부동산을 사들이긴 했지만 그들은 땅값이 오른 후에도 팔지 않고 집을 지어 세를 놓거나 소작을 주었다. 일본에서도 땅 투기는 전후 고도성장기인 1950년대 중반에나 나타난 현상이었다. 우리나라는 그보다 10여 년이 늦은, 제3한강교의 기공식이 열린 1966년부터 서서히 땅 투기 바람이 불기 시작했다.

오늘날 지하철 3호선 양재역의 동남쪽에 있는 '말죽거리' 지역은 당시 아예 복덕방촌을 이뤘다. "말죽거리에 가 땅을 사면 떼돈을 번다"는 소문이 퍼지면서 하루 수십 명이 이곳을 찾았다. 이들은 자기들끼리 땅을 사고팔면서 땅값을 올렸는데, 그 수법 역시 《강남 1970》에서 민 마담(김지수 분)이 잘 보여준다.

1966년 초 평당 200~400원 수준이던 말죽거리 땅값은 1968년 말 불과 2년 만에 평당 6,000원으로 뛰었다. 부동산투기억제세가 부과되고 불경기 등으로 일시적으로 주춤하기도 했지만 강남의 땅값 상승률은 늘 타 지역을 압도했다. 예를 들어 1963년 땅값 수준(지수)을 100이라고 했을 때, 1970년 강남구 학동의 땅값은 2,000, 압구정동은 2,500, 신사동은 5,000이었다. 7년 만에 각각 20배, 25배, 50배가 오른 것이다. 같은 기간에 중구 신당동과 용산구 후암동은 각각 10배와 7.5배 상승하는 데 그쳤다. 1979년이 되면 아예 단위가 달라졌다. 학동의 땅값 지수는 13만, 압구정동 8만 9,000, 신사동 10만이었다. 이에 따르면, 1963~1979년 16년간 학동의 땅값은 무려 1,333배, 압구정동은 875배, 신사동은 1,000배가 올랐다. 같은 기간 신당동과 후암동의 땅값은 각각 25배 상승하는 데 그쳤다. 물론 강남의 땅값이 그 전에 워낙 낮았기 때문이기도 하지만 이를 감안하더라도 정말 놀라운 지가 상승이었다.

사람들은 이 같은 강남 땅값 폭등을 일러 '말죽거리 신화'라고 불렀다. 이후 말죽거리 신화는 오늘날까지 계속되고 있다. 1978년에는 '복부인'과 '프리미엄'이라는 신조어까지 등장했다. 같은 해에 이화여대 백명희 교수는 『조선일보』에 '복부인'에 대한 칼럼을 실었다. 그 내용의 일부를 소개한다.

복부인의 연령 구조는 30대, 40대가 가장 많고 양장풍이 대부분이다. 사철 테가 크고 굵은 안경을 즐겨 끼고 다니는 것이 특징이며 의외로 학력이 높아 중졸 이하는 거의 없다. 복부인은 500만 원을 다섯 장이라고 표현하며 약간은 콧소리를 내는 듯하고 삿대질을 곧잘 하며 자신만만한 팔자걸음을 흔히 걷는다. 복부인의 경제적 수준은 당초부터 상층에 속하며 남편의 사회적 지위도 상층에 속한다. 특히 사회적 유명 인사, 지도자층에 속하는 '사모님'족에서도 상당수가 복부인이다.

1980년에는 임권택이 연출하고 한혜숙, 박원숙, 윤양하 등이 출연한 영화《복부인》이 개봉하기도 하였다. 누군가는 농담 삼아 복부인들이 우리나라의 여권 신장에 큰 기여를 했다고 하는데, 아파트 덕분에 문단속이 쉬워지면서 주부들이 나들이하기 한결 편해진 것만은 부정할 수 없다.

어쨌든 영동 1지구와 2지구 구획정리사업이 마무리될 때쯤에는 개포지구 구획정리사업이 시작됐고, 이어 수서, 대치 지구에서도 사업이 시작되었다. 실로 강남은 무한에 가까운 택지 공급 지역이자 황금알을 낳는 거위였다. 강남이 점점 더 확장되고 땅값 상승 행진을 이어가자 정부의 부동산 대책은 이곳에 집중되었다. 부동산 투기 억제책, 양도소득세, 공한지세, 8·3 조치, 토지공개념 도입 등이 쏟아져 나왔다. 하지만 우리 모두가 잘 알고 있듯이 강남 불패 신화는 지금도 계속되고 있다.

불패의 강남 부동산

인사청문회가 도입된 2000년 이후부터 국민들은 고관대작에 오를 지도층의 부적절한 부동산 소유 의혹을 지겹도록 보았다. 이는 인사청문회를 통과하느냐 못 하느냐를 좌우하는 문제가 되었고 청렴도를 측정하는 가장 변별력이 높은 항목이 되었다. 대표적인 인물로 이명박 정부 시절 검찰총장에서 낙마한 천성관을 들 수 있으며, 우병우 전 민정수석도 강남 부동산 문제로 세상을 시끄럽게 한 바 있다. 사실 그뿐 아니라 이명박 정부가 내각 명단을 발표했을 때 많은 장관 지명자가 강남에 부동산을 소유하고 있어서 "강부자(강남 부자) 내각"이라는 말을 탄생시키며 조소거리가 되기도 했다. 그럼에도 많은 사람들은 강남의 부동산을 소유하기를 꿈꾸고 또 강남 부동산은 강력하게 이들의 소유욕을 자극한다.

그렇다면 강남의 부동산은 왜 그렇게 강력할까? 첫째, 강남 부동산 소유자들이 정부 정책을 결정하기 때문이다. 강남에는 많은 고위 공직자들이 거주한다. 1급 이상 공직자의 20~30퍼센트가 강남에 거주하는 것으로 나타난다. 정부 정책을 결정하고 집행하는 사람들, 배타적인 수사권을 가진 사람들, 국회에서 입법을 책임지는 사람들의 상당수가 강남에 살고 있는 것이다. 정부의 부동산 정책이 대부분 강남을 잣대로 세워지는 데는 이러한 배경이 있다. 따라서 부동산 규제 완화도 강남을 염두에 두고 추진되고 대규모 신도시를 지정할 때도 언제나 "강남 대체 공급"이란 말이 나온다. 물론 강남에 사는 고관대작들은 다시 이웃의 금융회사 사장, 대기업 임원, 부동산 졸부들과 연결되어 있다. 인사청문회에서 고관 후보자 가운데에는 자기가 집을 살 때 친구나 친척이 돈을 대준 것일 뿐이라고 핑계를 대는 사람들이 꽤 있었다. 그때의 친구와 친척─실제로 그럴 수도 있겠지만─은 실상은 그들만의 카르텔 멤버라고 보는 것이 상식이다. 이런 사례들은 이른바 '강남 카르텔'이 부동산 정책을 지배하고 있음을 보여준다. 실제로 참여정부 때 만들어진 종합부동산세(종부세)도 이명박 정부가 들어서자마자 거의 무력화되었는데, 물론 이에 앞장선 이들은 강남 지역 국회의원들이었다.

둘째, 빈부 격차의 심화는 곧 높은 진입 장벽을 만들고, 그들만의 천국으로 구조화된다. 특히 1997년 IMF 외환 위기 때 실시된 단기적이고 강력한 경기 부양책으로 재벌과 강남 부유층의 금고는 두둑이 채워졌지만 서민들의 지갑은 얇아져만 갔다. 마찬가지로 의도한 바는 아니지만 참여정부에서도 국토균형발전 정책으로 돈이 풀려 강남 부동산값이 올랐고, 뒤를 이은 두 보수 정권의 경기 부양책으로 시장에 풀린 돈 때문에 강남 진입 장벽은 점점 더 높아졌다. 한편으로 이런 높은 지가는 실수요와는 별개로 나도 저렇게 되고 싶다는 욕망을 낳아 소위 강남 판타지를 만들어냈다. 사실 이런 '판타지'가 강남 3구의 부동산 지배력을 키우고 불패 신화를 이어가게 하는 가장 큰 사회적 기제라고 할 수 있다. 그러나 판타지는 판타지일 뿐이다. 강남의 아파트 세대수가 갑자기 2배가 될 수도 없지만 강남 사람들이 그런 미래를 바라지도 않기 때문이다.

셋째, 강남은 현대판 '계급 세습 구조'를 확실히 구축하고 있다. 과거의 계급은 생산과정에서 차지하는 역할에서 구분되었지만 지금은 그렇지 않다. 재산과 직업이 차지하는 비중이 점점 커졌고, 거주지가 계급을 결정하는 주된 요소 가운데 하나가 되었다. 게다가 지금 한국 사회는 개인의 계급이 자신에게만 유효한 것이 아니라 세대를 이어 재생산되는 소위 '금수저' 상속 구조가 확실히 정착되어가고 있다. 더 이상 개천에서 용 나는 시대가 아닌 것이다. 심지어 오늘날에는 미성년자나 어린아이가 고가의 부동산을 여럿 가지고 있는 경우도 많다.

현실적으로 금수저를 재생산하는 두 축은 부동산과 교육이다. 즉 누가 강남에 부동산을 소유하고 있느냐, 누가 자사고, 특목고, 외고에 진학해서 명문 대학을 가느냐 혹은 조기 유학을 다녀오느냐에 달려 있는 것이다. 강남 출신이 유리한 것은 명백하다. 최근 서울대 입학생의 12퍼센트가 강남 3구 출신이라는 통계도 나왔다(강남 3구의 인구는 전국 인구의 3퍼센트 수준이다). 자식들의 삶의 질과 출세가 강남에 사느냐 못 사느냐에 따라 결정된다고 하면, 어떻게든 강남에 진입하거나, 최소한 강남 흉내라도 내면서 살려고 하지 않겠는가? 심지어 지방에 사는 부자들도 강남에 투자할 정도이며, 시골 촌부도 재건축의 표본인 대치동 은마아파트 정도는 상식으로 알고 있는 지경이다.

여전히 강남에 진입하려는 수요가 많은 상황과, 무엇보다 강남 거주자들의 경제력과 권력이 있는 한 '강남 불패'는 쉽게 무너지지 않을 것 같다.

강남 정치 이야기
강남은 전통적으로 국민의힘 같은 보수당의 아성으로 알려져 있다.

수도권 보수층의 표심을 지휘하는 일종의 사령탑 역할을 한다고 해도 과언이 아니다. 강남 3구의 몰표는 때로 서울시의 선거 판도를 뒤집는 결정적 역할을 하기도 했다. 2008년 공정택과 주경복 후보가 맞붙은 서울시 교육감 선거가 그러했고, 2010년 서울시장 자리를 놓고 오세훈과 한명숙 후보가 맞붙은 지방선거가 그러했다. 서울 전체를 놓고 보더라도 '여권 대 야권'의 구도는 곧 '강남 대 비강남(강북)'의 구도로 치환되기 일쑤고 선거 때마다 마치 공식처럼 적용된다. 이는 강남의 존재감이 그만큼 대단하다는 의미이지만 거꾸로 강남이 정치적으로 고립돼 있다고도 볼 수 있다.

전문가들은 강남의 정치적 지향을 평가하면서, 강남이 1980년대 후반까지만 해도 야권 지도자이자 보수적 자유주의자였던 김영삼(YS)에 대한 지지가 서울에서 가장 높은 지역이었음을 지적한다. 그러나 1990년대 들어 정치적, 경제적으로 일대 변화가 일어났으니 그 계기가 바로 1990년 3당 합당과 1997년 외환 위기다. 1990년 3당 합당을 계기로 기존의 공화당 지지층과 야권이었던 YS 지지층—소위 PK(부산·경남) 출신들—이 견고한 정치 동맹을 맺었고, 1997년 외환 위기 이후 한국을 강타한 신자유주의의 충격 속에 강남 유권자들은 배타적인 경제적 지위를 지키기 위한 '계급 투표'의 성향을 드러내기 시작했다.

2016년 제20대 총선에서는 강남 표심의 변화를 조심스레 타진해볼 만한 의외의 결과가 나왔다. 야당인 더불어민주당의 전현희 후보와 최명길 후보가 각각 강남을과 송파을에서 당선되고, 강남갑에서도 비록 낙선은 했지만 뒤늦게 투입된 김성곤 후보가 선전하는 모습을 보인 것이다. 2018년 지방선거에서도 더불어민주당 정순균 후보가 민주당계 정당으로는 처음으로 구청장에 당선되었다. 하지만 2020년에 있었던 제21대 총선에서는 김성곤 후보는 물론 전현희 의원도 낙선하고, '탈북자' 출신의 태구민(태영호) 후보가 당선되면서 강남은 다시 보수의 아성으로 되돌아갔다. 보수 정당이 유례없는 참패를 당한 22대 총선(2024년 4월 10일)에서도 강남 갑을병과 서초 갑을, 송파 갑을에서는 보수 정당인 국민의힘 후보가 모두 무난한 승리를 거두었고, 고전했지만 분당 갑을에서도 이겼다. 다만 비례투표에서는 신생 조국혁신당이 강남 3구에서 2위에 올라 강남 좌파들의 표가 몰렸다는 평가가 나오기도 했다.

끊어진 다리: 성수대교

김영삼 대통령의 문민정부 시절에는 유난히 대형 참사가 잦았다. 그중 서울에서 일어난 사고로 2건을 꼽을 수 있는데 모두 강남에서 일어났다. 지금도 기억에 생생한 삼풍백화점과 성수대교 참사다.

서울 정도(定都) 600주년 행사가 1994년 9월 27일 열렸다. 그리고 이 축제가 끝난 지 한 달도 안 된 1994년 10월 21일 오전 7시 40분쯤 성수대교 붕괴 사고가 터졌다. 길이 1,160미터인 이 다리의 북단 다섯째와 여섯째 교각을 잇는 상판 50여 미터가 갑자기 내려앉은 것이다. 다리를 지나던 시내버스 등 차량 6대가 20여 미터 아래 한강으로 추락했다. 특히 한성운수 소속의 16번 버스는 다리 끝에 아슬아슬하게 걸려 있다가 결국 뒤집혀 추락했고, 이로 인해 32명이 숨지고 17명이 다쳤다. 특히 무학여중과 무학여고 여학생 9명이 희생

그림 28 성수대교 붕괴 현장.

되어 안타까움을 더했다.

　성수대교 붕괴 참사는 서울시의 관리 소홀, 날림 시공, 당시 국내 기술 수준을 고려하지 않은 거버 트러스라는 첨단 교량 형식 그리고 과적 차량의 통과 등 여러 원인이 얽혀 있었다. 과적 차량 중에는 강 건너의 삼표시멘트 공장과 한참 속도를 내고 있던 강남 개발 현장을 다니는 트럭들이 상당한 몫을 차지했을 것이다. 여기서 주목할 부분은 거버 트러스 공법이다. 이 공법은 앞에서도 살짝 이야기했지만 미학적으로 아름다운 다리를 만들 수 있었다. 하지만 다리를 만들고 관리하는 방식은 이전의 다리와 별 차이가 없었기에 참혹한 운명을 피할 수 없었던 것이다. DJ DOC는 다음 해인 1995년 '성수대교'를 제목으로 한 랩을 발표하며 부실 공사를 강력하게 비판했다.

일본과 미국 언론도 이 참사를 부실시공의 표본으로 크게 보도했고, 당연하게도 '건설 한국' 이미지에 먹칠을 하고 말았다. 그다지 알려져 있지는 않지만 사후 수습 역시 엉망이었다. 특히 중앙정부에 잘 보이려고 여러 군부대가 도와주려고 왔지만 통제가 잘 안 되어 구조 작업 공조가 엉망이 되고 말았다. 헬기만 해도 경찰청과 군부대 등에서 5대가 넘게 동원되어 혼란을 빚었다.

지금은 한강 다리 건설의 명가 현대건설이 성수대교를 새로 지었는데 한강 다리 중 가장 튼튼해 보일 정도로 잘 만들었다. 다만 그 기억을 잊지 않기 위해 다섯째와 여섯째 교각에 무슨 표시라도 하면 어떨까 생각해본다.

시민들에게는 잘 알려지지 않았지만 사고의 '뒤끝' 역시 좋지 않았다. 먼저 이원종 서울시장과 여용원 서울시 동부건설사업소장, 신동현 동아건설 현장소장 등 관련자 16명이 징역을 살거나 벌금을 물었고, 10월 24일에는 김영삼 대통령까지 나서 대국민 사과 담화문을 발표하였다. 하지만 바로 그날 충주호 유람선에서 화재가 발생하여 29명이 숨지고 33명이 중경상을 입는 참사가 발생해서 대통령의 사과를 무색하게 만들었다. 다음 해 4월 28일에는 대구 지하철 공사장에서 가스폭발 사고가 일어나 101명이 숨지고, 202명이 부상을 입었다.

성수대교를 만든 동아건설은 기부금 형식으로 서울시에 450억 원을 지불하기로 했지만 이 약속은 지켜지지 않았고 서울시와 책임 소재를 놓고 법정에서 맞붙었다. 2000년 7월 21일, 서울지방법원은 서울시가 동아건설을 상대로 낸 구상금 및 손해배상 청구 소송에서 다리 붕괴에 양쪽이 1 대 2의 책임이 있으며, 동아건설은 191억 원을 서울시에 지급해야 한다는 원고 일부 승소 판결을 내렸다. 한때 리비아 대수로 건설로 이름을 날렸던 동아건설은 다음 해 3월 파산선고를 받고 역사 속으로 사라졌다.

"소 잃고 외양간 고친다"라는 속담이 있지만 소 잃고 외양간 고치기는 결코 어리석은 짓이 아니다. 성수대교 참사 이후 점검한 15개나 되는 한강 다리 모두에서 결함이 발견되었다. 그중에서 가장 심각한 다리는 당산철교였다. 상판은 물론 교각 자체에도 균열 현상의 급속한 확산이 확인되는 등 심각한 문제가 발견되었다. 당산철교의 시공사도 공교롭게 동아건설이었다. 1994년 11월부터는 2호선 전동차가 시속 30킬로미터 정도로 서행 운행해야 할 정도로 균열이 심해져 전면 재시공이 결정되었다. 원래 1997년 3월부터 공사에 들어갈 예정이었으나, 수요가 많은 2호선의 특성상 시기를 앞당겨 1996년 12월 31일 마지막 열차 운행을 끝으로 다음 날인 1997년 1월 1일부터 대대적인 공사가 시작되었다. 이로 인해 당산-합정 구간의 운행이 한동안 중단되었다. 철거를 시작한 날, 살짝 작업에 들어간 정도였음에도 철교가 바로 붕괴되어 부실함이 다시 한 번 확인되었다.

이렇게 보면 성수대교 참사의 희생은 헛된 것만은 아닌 셈이었다. 늦게라도 외양간을 검사하고 고칠 수 있었으니 말이다. 이후 약 3년간 당산역과 합정역, 홍대입구역을 오가는 무료 셔틀버스가 운행되었다. 2호선 열차는 합정역에 설치된 임시 회차선에서 회차하였다. 그리고 1999년 11월 22일 당산철교가 다시 개통되었고 현재까지 별 문제 없이 교량의 역할을 잘 수행하고 있다. 한편 성수대교 참사는 의외의 풍선 효과를 일으켰다. 참사로 인해 압구정동 교통이 불편해지자 향락을 쫓던 젊은이들의 발길이 홍대로 옮겨졌고, 지금의 홍대 문화를 만드는 데 상당한 역할을 한 것이다.

무너진 백화점: 삼풍백화점 참사
성수대교 참사의 충격이 채 가시기도 전에 다음 해 수십 배 규모의 또 다른 참사가 전혀 다른 장소에서 일어났다.

1995년 6월 29일 오후 5시 55분경, 서초동 삼풍백화점의 5층짜리 건물 2개 동 가운데 하나가 무너졌다. 삼풍백화점은 단일 매장으로는 당시 한국 최대의 백화점이었다. 이 백화점의 주인은 이준 회장의 삼풍그룹이었다. 사실 삼풍백화점을 제외하면 삼풍그룹은 일반인들에게 잘 알려지지 않은 회사였다. 삼풍그룹은 어떤 회사였을까?

창업주인 이준은 1922년생으로 일제의 밀정 출신이라는 설이 있는데 나이로 보아서 그럴 확률은 높지 않다. 한국전쟁 후에 그는 통역장교가 되었고, 육군정보국 소속이 되면서 박정희, 이후락, 김종필 등 육군 정보 계통의 인물들과 안면을 텄다. 그는 5·16 쿠데타 이후 중령을 끝으로 군복을 벗고 중앙정보부 창설 멤버가 되었다. 1963년에는 동경산업이라는 개인회사를 설립하여 미군 시설 공사를 전담했다. 1967년에는 중앙정보부에서 퇴직하고 중정의 인맥을 활용하여 순복음교회, 주한미군 가족 주택, 을지로 삼풍상가 등의 건설을 맡아 적지 않은 부를 축적했다. 하지만 그가 비약적으로 부를 축적한 계기는 1974년에 사놓은 서초동 땅 덕분이었다. 이 서초동 땅에는 미군 하사관 숙소와 식당이 들어서 있었는데, 그는 중정 근무 경력과 주한미군 인맥에 힘입어 매입할 수 있었다.

1987년, 그는 이 땅에 50평대가 넘는 대형 평수의 삼풍아파트를 지었다. 1986년 11월 분양 첫날에 모든 계약이 완료될 정도로 인기가 있었다. 그런데 여기서 삼풍은 일부 대지의 용도를 사실상 상업용지로 변경하여 백화점을 짓는 데 성공했다. 이 과정에서 분명 특혜가 주어졌을 텐데 영구 보존되었어야 할 관계 서류가 사라져 진상을 밝힐 수 없게 되었다. 1987년 7월 18일, 지상 4층으로 건축 승인이 났고 우성건설이 시공사가 되었다. 하지만 1989년 2월 삼풍건설이 시공권을 인수하면서 지상 5층으로 설계가 변경되었다. 같은 해 11월 30일 백화점이 완공되었고 다음 날 예외적으로 가사용 승인이 떨어졌다. 그 후에도 삼풍그룹은 여러 번 용도 변경을 하여 증축을 '감행'했고, 그때마다 서울시와 서초구청은 이런저런 편법을 동원해 이를 승인해주었다. 참사가 일어나기 불과 13일 전인 6월 16일에 실시된 안전 진단에서도 삼풍백화점은 늘 그랬듯이 '이상 없음' 판정을 받았다.

사실 삼풍백화점은 5년 전부터 균열 현상을 보이고 있었지만, 직원들이 심각성을 느끼기 시작한 시기는 사고 20일 전인 6월 9일부터였다. 그날 백화점 건물이 흔들렸고 이후 5층에서는 물이 새고 옥상에 금이 갔다. 6월 23일 직원들은 옥상의 균열이 더 심각해졌음을 이준 회장의 차남인 이한상 사장을 위시한 경영진에 보고했다. 하지만 그들은 '조용하게' 처리하려는 태도로 일관했다. 사흘 후인 6월 26일에는 5층 식당가의 일부가 무너져내리기까지 했다. 백화점 측은 이때

비로소 긴급 대책 회의를 열었는데 여전히—그들의 자신감의 원천이 무엇인지 모르겠지만—즉각 안전 조치를 취하지는 않았다.

결국 사고 당일인 6월 29일, 오전 8시부터 5층 옥상이 물고기 비늘처럼 일어나고 일부는 침하되기 시작했다. 직원들은 4층에서 '툭' 하는 소리를 들었고 곧 천장의 일부가 내려앉는 모습을 보았다. 이한상 사장과 간부들도 현장에서 이를 확인하였다. 확인 직후 그들은 설계 감리사인 우원종합건축사무소에 연락하고, 5층 식당가의 영업을 중지시키고 옥상 냉각탑의 가동을 중단하였다. 동시에 4층 귀금속 상가는 귀금속을 금고에 넣고 대피하기 시작했다.

이대로 영업 중지만 했어도 최소한 참극은 없었을 텐데, 보고를 받은 이준 회장은 중역 회의 후에도 별다른 조치를 취하지 않았다. 오후 3시쯤, 우원종합건축사무소의 기술자들이 현장에 도착했고 다시 대책 회의가 열렸다. 임형재 소장은 건물 폐쇄를 주장했지만 이학수 구조 기술자는 신공법으로 보수공사를 하면 위기를 넘길 수 있으며 침하를 멈출 수 있다고 주장했다. 이리하여 경영진의 탐욕이 '전문가'의 자문을 통해 합리화되고 말았다. 이런 '전문성'은 결국 '참사'를 완성하는 마지막 퍼즐이 되고 말았다.

4시에 끝난 대책 회의에서는 영업을 계속하면서 보수공사를 한다는 결정을 내렸다. 이제는 마지막 기회조차 사라지고 말았다. 경영진의 바람과는 달리, 건물은 분초 단위조차 버티기 버거워하며 붕괴가 계속 진행되고 있었다. 5시 40분, 경영진도 분명한 위험을 느꼈고 그들은 일단 자기부터 살고 보자고 백화점을 빠져나왔다. 백화점 측은 1층에서 지지대를 세워가며 간신히 붕괴를 막으며 대비하였는데

그림 29 무너진 삼풍백화점.

그 순간에도 여전히 엉터리 안내 방송을 세 차례나 하면서 고객들의 탈출을 막았다. 결국 5시 57분, 건물을 지탱하는 5층 기둥 2개가 쓰러짐과 동시에 옥상의 모든 시설이 와르르 무너지며 결국 건물 전체를 붕괴시키기 시작했다. 많은 직원과 고객들이 무언가 이상이 생겼음을 느끼고 빠져나가긴 했지만 아직 건물에는 무려 1,500여 명이나 되는 사람들이 남아 있었다.

결국 경고를 줄 만큼 주고 나서 삼풍백화점 건물은 기술자의 전문성과 경영진의 탐욕을 비웃으며 완전히 무너져내렸다. 사고가 일어나자 4분 만에 서초소방서의 소방차가 가장 먼저 현장에 도착했고, 이어 군, 경찰, 서울시 직원, 민방위 대원, 태백 탄광 구조대 등이 투입되었다. 거의 1,000명에 달하는 부상자들이 붕괴 후 30분 만에 가장 가까운 강남성모병원으로 몰려들었다. 당시 병원 관계자들은 부상자들이 모두 콘크리트 가루를 뒤집어써서 사람보다는 좀비에 가까웠다고 회상했다. 물론 기존 병상으로는 수용이 불가능해 마당에 텐트를 쳐서 부상자들을 수용했고, 다른 병원으로의 분산도 서둘러야 했다.

그 뒤 20일 동안 공공 부문에서 연인원 7만 2,600여 명, 민간 자원봉사자와 구조대 1만여 명이 이 생지옥에서 땀을 흘렸다. 심지어 기공으로 생존자의 위치를 찾아주겠다는 사람까지 나타났다. 동원된 장비만도 9,400여 대에 이르렀다. 7월 6일부터는 사실상 사체 발굴 작업으로 전환되었지만, 얼마 후 놀라운 인간 드라마가 연속해서 펼쳐졌다. 7월 9일에는 최명석 씨가, 7월 11일에는 유지환 양이, 7월 15일에는 박승현 양이 폐허 아래에서 구조되어 국민들에게 감동과 조그만 위안을 안겨주었다.

하지만 슬프고 추악하고 한심한 모습이 훨씬 많이 드러났고 결코 감출 수 없었다. 인명 피해만 보아도 백화점 직원과 고객 등 502명이 사망하고 937명이 부상당한 해방 이후 최대의 참사였다. 7월 1일, 이준 회장과 이한상 사장의 구속을 시작으로 7월 5일에는 서초구청 주택과 정지환 서기가 구속되면서 부패와 부실의 추악한 맨얼굴이 일부나마 세상에 드러나기 시작했다. 하지만 공직자 중에서는 이충우 전 서초구청장을 비롯한 13명이 처벌을 받는 선에서 마무리되었고 그나마 구속된 자도 6명에 불과했다. 한편 삼풍백화점 일부

층에 대한 건설을 맡았던 우성건설의 임원진이 검찰에 소환되었고, 이는 우성그룹이 부도를 맞는 한 원인이 되기도 했다.

'불법과 탈법' 자체였던 삼풍백화점은 아이러니하게도 한국 최대의 법원 단지 바로 건너편에 위치해 있었다. 대참사의 주범인 이준 삼풍그룹 회장은 의왕구치소에서 재산 처분 위임 각서 서명을 완강하게 거부하다가 결국 굴복하고 서명했는데, 7년 6개월의 실형을 살고 나온 직후인 2003년 10월에 81세로 세상을 떠났다. 그의 아들 이한상 사장은 출소 후 자택인 삼풍아파트에서 살다가 몽골로 떠나 선교사가 되었다고 한다. 한편 이준 회장은 2010년 출간된 황석영의 소설 『강남몽』에서 '대성백화점' 회장 '김진'의 모델이 되었다.

구조 작업에도 문제가 많았다. 삼풍백화점 붕괴 불과 두 달 전에 대구 지하철 폭발 사고가 있었고 정부는 이후 대형 사고 시 현장 지휘를 총괄하는 응급구조본부를 가동하겠다고 약속했지만 이 약속은 지켜지지 않았다. 사고 발생 직후 교통 통제건 구조 요원 배치건 무엇 하나 제대로 되지 않았고, 전체적인 현장 통제도 난맥상을 보였다. 매몰자를 서로 먼저 구조하려는 경쟁이 벌어졌으며, 생존자를 확인하고도 구조하지 못하는 비극도 발생했다. 심지어 난지도 쓰레기처리장에서 유품과 사체 일부를 찾은 유족들이 당국에 거세게 항의하는 일까지 벌어졌다. 그럼에도 당국은 프랑스와 러시아에서 구조대와 구조견을 지원해주겠다는 제안을 거절하는 만용까지 부렸다. 어쨌든 7월 18일, 삼풍백화점 사고 현장은 특별재해지구로 선포되어 재난관리법이 적용된 첫 번째 사례가 되었다.

땀 흘려 봉사하는 이도 많았고 많은 위로금과 물품이 답지했지만 시민 의식에도 문제가 많았다. 현장의 계산대에는 10원짜리 하나 남아 있지 않았고, 사망자와 부상자들의 목걸이, 반지, 시계도 많이 사라졌다. 고가의 골프채를 훔쳐가다가 카메라에 잡힌 자도 나왔다. 언론은 이런 사실을 알고 있었지만 현장 요원들의 사기를 생각하여 보도하지 않았다고 한다. 하지만 언론들도 마지막 생존자인 박승현 양에게 "물이 없으니 오줌을 먹을 생각을 안 했나요"라는 상식 이하의 질문을 하는 등의 몰지각한 수준을 보여주기도 했다.

7월 말, 장마가 끝나면서 30도 중반의 무더위가 이어졌고, 사람과 동물의 사체, 음식 쓰레기가 뒤섞이며 엄청난 악취를 풍겼다. 구토는 물론 질식하는 현장 요원까지 나왔다. 국립과학수사연구소와 대학 연구 기관은 살점과 뼛조각, 유품을 감식하여 유족들에게 전달했다. 상당수의 유족은 귀고리에 걸린 살점, 반지에 남은 손가락 뼈마디, 심지어 생리대를 영안실에 안치하고 장례를 치러야 했다.

물적 피해를 금액으로 환산하니 약 3,000억 원으로 추산되었지만 500명이 넘는 사망자가 나온 마당에 물적 피해는 큰 의미가 없어 보였다. 워낙 초대형 참사였기에 보상 과정도 난항을 겪었고 인적 피해 보상은 8년이 지난 2003년에야 마무리되었다. 금액은 2,971억 원이 지급되었다. 1998년 2개 동 가운데 남아 있던 B동이 철거되면서 지급된 영업권 피해 보전 등 2차적인 물적 피해 보상비도 820억 원이 넘었다.

삼풍그룹에 구상권을 행사해서 사실상 삼풍그룹을 '인수'한 서울시는 보상금을 마련하기 위해 1999년 삼풍백화점 부지를 2,062억 원에 대상그룹에 넘겼다. 대상그룹은 여기에 대림건설과 함께 스카이라운지와 연회장, 수영장, 헬스장 등을 갖춘 초호화 주상복합인 아크로비스타를 건설하였다. 역사에 새길 만한 대참사가 벌어진 곳이라면 의당 추모 공원 등 비극을 기억하는 공간을 만들어야 정상이지만 그러지 않았다. 어쩌면 우리나라가 아직 그런 문화 수준에 이르지 못했던 것인지도 모르겠다. 건물이 새로 올라가는 동안에 거기서 일하던 외국인 노동자들이 유령을 보았다는 등 많은 괴담이 나돌기도 했지만, 아크로비스타는 성황리에 분양을 마쳤다.

　한편 그러는 동안 연고를 찾지 못한 시신들을 화장하고 납골함을 안치한 위령탑을 만들었는데, 엉뚱하게도 양재(매헌)시민의숲 안에 세워졌다. 이곳에는 김현희의 대한항공 여객기 테러로 희생된 분들과 백마유격부대 전몰자들의 위령비도 있다. 어쨌든 참사 현장에 주상복합건물을 짓는 것은 참사를 빨리 잊게 하는 최고의 처방전임이 입증되었다. 현재 아크로비스타 앞에 표지석이 하나 있는데, 오해마시라. 거기에는 삼풍백화점 참사와 아무 상관 없는 세종대왕의 몇째 아들의 후손들이 그곳에 살았다는 내용이 적혀 있을 뿐이다.

　사람들이 잘 모르지만, 사실 성수대교 참사 위령비 역시 동부간선도로와 강변북로가 얽혀 있는 혼잡한 도로변에 자리하고 있어 접근성이 떨어진다. 우리는 일본을 향해 과거를 잊은 민족에게 미래는 없다고 일갈한다. 하지만 우리 자신은 어떠한가? 우리는 불과 30년 전의 참사를 제대로 기억하고 있는가? 삼풍백화점 참사가 일어나고 20년도 지나지 않은 2014년, 우리는 대한민국 전체를 슬픔에 빠뜨린 세월호 참사를 눈앞에서 지켜볼 수밖에 없었다. 무리한 개조와 과적, 선내에 대기하라는 무책임한 방송, 도망친 선장 등 일련의 과정은 어찌 보면 바다에서 일어난 또 하나의 삼풍백화점 참사였다. 외국의 구조 지원을 거절하는 만용도 마찬가지로 반복되었다.

　삼풍백화점 참사 위령비를 찾았을 때, 왜 유가족들은 사고 현장이 아닌 이곳에 위령비를 세웠을까 하는 생각을 했는데, 세월호 참사 사후 과정을 보면서 의문이 풀렸다. 세월호 참사의 경우에는 피해자 대부분이 단원고 학생들이라는 동질 집단이었지만, 삼풍백화점 참사의 경우에는 피해자가 직원, 고객 등 다양한 집단으로 나뉘어 있었기 때문에―물론 시대적 한계도 있었겠지만―같은 목소리를 내기 어려웠을 것이다.

　많은 희생자들이 당연하지만 삼풍아파트 단지의 주민과 가족이었다. 그래서인지 참사 이후 많은 이들이 이민이나 이주를 선택해 아파트 소유자가 미국이나 호주에 사는 경우가 많다고 한다.

　한편 삼풍백화점 참사가 일어난 지 거의 사반세기가 지난 2018년 12월, 테헤란로 한복판에 자리한 대종빌딩에서 대참사가 일어날 뻔했다. 남광토건이 시공한 대종빌딩은 1991년 10월 완공되었다. 지하 7층, 지상 15층 규모로 당시에는 중소기업, 법률사무소 등 무려 77개 업체가 입주해 있었다. 2018년 12월 12일, 건물 2층 내부 인테리어 공사를 하던 중 2층 원형 기둥이 부풀어오르고 기둥을 감싼 콘크리트가 부서져내리면서 철골이 노출되었다. 뿐만 아니라 건물이 흔들리고 굉음이 나면서 균열까지 커지자 위험을 감지한 입주 업체가 강남구청에 신고했다.

　서울시와 강남구청이 긴급 안전 진단을 진행해보니 최하인 'E등급'이 나왔다. 건물 사용을 즉시 중지하고 철거해야 하는 등급이었다. 하지만 불과 9개월 전 강남구청이 시행한 안전 점검에서는 최상인 A등급을 받았다는 사실이 밝혀져 논란이 일었다. 당시 구청 관계자는 "대종빌딩은 '15층 이하 소규모 시설물'로 분류돼 정밀 진단 대상이 아니었고 2년에 한 번씩 육안 점검을 했지만 특이 사항이 없었다"고 밝혀 '눈가림 점검'이라는 비판을 받을 수밖에 없었다. 이후 서울시와 강남구청이 입주민 퇴거를 명령하면서 건물 사용이 불가능해졌다. 현재는 건물 붕괴를 막기 위해 지지대를 설치하고 바리케이드와 펜스로 둘러쌌다. 출입문에는 강남구청장 직인이 찍힌 '건물 출입 금지 안내문'이 붙어 있다. 6년이 지난 지금도 철거되지 않고 있는 것이다.

이유는 이 빌딩의 소유주가 70명이 넘는 데다 이들의 이해관계가 대립하고 있기 때문이다. 전문가들은 "대종빌딩이 E등급을 받았다고 당장 붕괴하는 것은 아니지만 지진 같은 자연재해나 외부 충격이 발생하면 다른 빌딩보다 무너질 가능성이 훨씬 클 수밖에 없다"면서 "아무리 사유재산이라고 해도 예상 가능한 위험이 있다는 걸 알면 시나 구청 차원에서 좀 더 적극적인 선제 조치를 취해야 할 필요가 있다"고 꼬집는다.

룸살롱과 조직폭력배

강남의 그늘 중 하나는 바로 엄청난 밀집도를 자랑하는 룸살롱들이다. 지금은 '전국화'되어버렸다고 해도 과언이 아닌 이것은 어떻게 생겨났을까? 그리고 왜 강남에서 번성하게 되었을까? 50년 전으로 거슬러 올라가보자.

1972년 양택식 시장은 "사치, 낭비 풍조를 막고 도심 인구 과밀을 억제하기 위해 종로구와 중구, 서대문구 등에 있는 바, 카바레, 나이트클럽, 50평 이상의 술집, 다방, 호텔, 여관, 터키탕 등 각종 유흥시설의 신규 허가는 물론 이전도 불허한다"고 발표했다. 이와 함께 종로구와 중구 전역, 용산구와 마포구의 시가지 전역, 성북구와 성동구 일부 지역을 포함한 약 840만 평을 '특정 시설 제한구역'으로 묶어버렸다. 한마디로 '강북 억제책'이었는데 이는 반대로 말하면 강남 개발 촉진책이었다.

　　이에 따라 도시의 기능이 변하기 시작했다. 강북의 바, 카바레, 술집 등이 가장 발 빠르게 강남으로 옮겨갔다. 규제도 없고 세금도 깎아주는 데다 주차도 편리한 신사, 압구정, 논현동 일대는 점차 화려한 유흥가로 변해갔다. 특히 원래 무교동에 있던 술집과 카바레들은 강남으로 대거 자리를 옮기면서 '룸살롱'이라는 이름의 낯선 장사를 시작했다.

　　이때부터 '호스티스'가 1970년대 대중문화를 완전히 지배하는 코드가 되었다. 1972년 9월 5일부터 최인호의 『별들의 고향』이 『조선일보』에 연재되었다. 주인공은 '팔자가 세서' 여러 남자를 전전하다가 호스티스가 되는 우경아였다. 이 소설은 다음 해 단행본으로 출간되어 무려 100만 부 이상이 팔려나갔다. 2년 후인 1974년에는 이장호 감독에 의해 영화화되어 46만 명의 관객을 동원하는 대기록을 세웠다. 한편 이 시기에 많은 호스티스들이 자신의 가명을 '경아'로 바꾸었다고 한다. 비록 '경아'를 열연한 안인숙은 대스타가 되어 대농그룹 회장과 결혼을 했지만 말이다.

『별들의 고향』에 이어 1974년 조선작의 『영자의 전성시대』, 조해일의 『겨울여자』 등이 발표되며 이른바 '호스티스 문학'이 전성기를 맞았다. 주류 문단은 차가운 반응을 보였지만 대중은 이 작품들에 뜨거운 공감과 갈채로 화답했다. 그만큼 이 작품들은 한 시대를 정확하게 반영하고 있었다. 이 작품들도 모두 영화화되었다. 영화 《별들의 고향》은 속편이 둘이나 더 제작되었다. 그리고 대부분 흥행에 성공하였다.

12·12 군사 반란과 5·18 광주 학살이라는 만행을 저지르고 집권한 신군부는 사회 정화를 외치며 요정과 룸살롱 단속에 들어갔다. 하지만 시늉일 뿐이었고 오히려 업주들에게 큰 선물을 안겨주었다. 바로 1982년 1월 5일에 실시된 통행금지 해제였다! 부족한 정통성을 만회하기 위한 선심성 정책이었지만 아시안게임과 올림픽을 개최한 이상 불가피한 조치이기도 했다. 국민들은 크게 환영했다. 비록 가정주부들은 마음이 편할 수가 없었지만 말이다. 가뜩이나 술을 즐기는 남편들이 아예 집에 안 들어오지 않을까 하는 걱정이 생겨난 것이다.

강남 개발이 본격적으로 시작되는 시기와 맞물려 룸살롱의 황금기가 시작되었다. 앞서 이야기한 정권의 3S 정책과 에로비디오의 '대중화'까지 겹쳐 룸살롱은 더욱 호황을 맞았다. 이 시기에 '룸살롱 문학'이 나오지는 않았지만 대신 '영동'을 노래하는 대중가요들이 쏟아져나왔다. 대표적인 노래가 주현미의 〈비 내리는 영동교〉와 〈영동 부르스〉였다. 이때부터 트로트는 특유의 '청승'을 벗어나 향락에 가까운 즐거움까지 노래 가사에 담았다.

여기에다 1986년에 삼저 호황이 겹치면서 테헤란로와 강남로는 룸살롱과 안마 시술소, 카바레, 호텔 등의 간판으로 불야성을 이룬다. 당연히 조직폭력배(조폭)들이 불나방처럼 몰려들었다. 1975년 1월 사보이호텔 습격 사건 이후 암흑가의 패권을 장악한 호남 조폭들은 개발 초창기부터 강남에 진출했다. 호남 조폭의 서울 진출은 1960년대 중반 산업화 시작과 함께 본격화되었는데, 경부선 지역 위주의 개발 때문에 호남이 소외되면서 일어난 현상이기도 했다. 부산이나 대구 조폭들은 지역의 성장으로 '상경' 필요성이 적었던 것이 사실이기 때문이다. 실제로 부산 암흑가의 지존인 칠성파는 지금도 세 자릿수의 핵심 조직원을 거느리고 있을 정도다.

조폭들은 점차 나이트클럽이나 대형 음식점 등을 운영하는 사업가로 변신했다. 상당수는 강남의 대형 교회에 다니며 정계나 군, 법조계 인사들을 만나 교분을 쌓기도 했다. 조용기 목사와 호남 조폭의 대표적인 인물인 조양은의 친분은 꽤 유명하다(조양은은 1980년 구속 당시 압구정동 한양아파트 34평형에 거주했다고 한다). 하지만 호남 조폭은 1986년 8월 14일, 서진회관(서진룸살롱)에서 4명을 살해하는 엄청난 사건을 저지른다. 가해자 측인 서울목포파의 조직원 다수가 유도 대학(대한유도학교) 출신이거나 재학생이었는데 이 때문에 해당 대학은 용인대학교로 교명을 변경하기까지 했다. 그런데 이 사건은 오히려 룸살롱을 전 국민에게 알리는 계기가 되었고, 환락가의 술 문화를 급격하게 룸살롱 위주로 바꾸는 기괴한 결과를 낳았다. 이곳에서 술을 마셔야 지위가 오르는 듯한 착각을 들게 만들었던 것이다. 특히 이권과 관련된 접대는 룸살롱에서 하는 것이 대세가 되기에 이른다. 1987년에는 '여성 전용 술집'에 사상 최초로 남성 윤락 혐의가 적용되어 업주 3명이 구속되는 사건까지 벌어졌다. '호스트바'의 원조인 셈이다. 참고로 방배동 카페골목에 있는 '호빠'(호스트바의 약자)는 '딥빠'라고 부르고, 강남역과 압구정, 청담동, 신사동, 교대 쪽에 있는 호빠는 '정빠'라고 불렀다. 딥빠는 언뜻 음악 전문 디제이가 나오는 보통의 바처럼 보이지만 실상은 호스트바와 다를 바 없어 딥빠라고 부르고, 정빠는 '정통 호스트바'의 줄임말이다.

룸살롱은 아니지만 강남 뉴월드나이트클럽에서 당시 국내 최대의 주류 유통업자였던 정전식 씨가 조폭들에게 살해되기도 했다. 1990년대 초반에 이르면 룸살롱에 10대 소녀와 여대생들이 등장하고, 야쿠자들의 진출, 호텔의 무허가 영업 등 많은 사회악이 퍼져나갔다.

1997년 말 한국을 강타한 IMF 외환 위기는 룸살롱 업계에도 큰 타격을 주었다. 특히 주요 고객인 기업들의 고액 접대가 눈에 띄게 줄면서 500여 개의 상위권 업소를 제외한 중소 업소들은 상당수가 폐업을 면치 못했다. 대부분은 북창동식 퇴폐 행위를 도입하면서 생존을 도모했다. '북창동식 업소'의 강남 진출은 강북에 있었던 상당수 기업들이 강남으로 옮기면서 더 가속화되었다.

이런 식으로 1년여를 견딘 룸살롱 업계는 1999년 불어닥친 벤처 열풍으로 대목을 맞는다. 특히 벤처 밸리가 된 테헤란로의 단란주점과 룸살롱은 큰 호황을 맞았다. 전국적으로 단란주점과 룸살롱 두 업종의 업체 수는 1999년 한 해 동안 52.6퍼센트나 늘어나 1만 6,521개소에 달하게 되었다.

    이런 풍조는 2000년대 전반기에도 계속되었고 룸살롱 문화도 계속 진화했다. 2006년에 강남의 1급 룸살롱 마담 한연주는 자전 에세이집 『나는 취하지 않는다』를 내놓기까지 했으며, 경영 실험도 이루어져 샐러리맨 고객들의 소액 투자금을 모아 만든 기업형 룸살롱 'GMC(Genuine Membership Club)'가 탄생하기도 했다. 이 '기업'의 CEO는 강남에서 유명한 체인형 룸살롱을 만든 김성렬이었다. 그는 아가씨들의 족쇄인 고금리 대출 '마이킹'*을 없애고 마담 수수료를 대폭 낮추는 '경영 혁신'으로 룸살롱 업계에 새바람을 일으켰다. 그는 대기업에 나가 접대 문화 강의를 하기도 했다. 룸살롱은 이런저런 부침을 겪으면서도 계속해서 진화했고, 접대 문화와 향락 문화의 대표 주자로서 여전히 건재하다. 물론 강남이 그 중심에 있다.

폭탄주 이야기

룸살롱과 불가분의 관계에 있는 양주와 폭탄주 이야기도 빼놓을 수 없다. 룸살롱의 급속한 성장으로 국내 위스키 시장도 미국 위스키 회사들의 주목을 받게 되었다. 그래서 씨그램 사는 한국 시장에서만 파는 17년산 발렌타인과 21년산 로얄살루트 500밀리리터를 시판하기에 이른다. 위스키는 병당 4배 이상의 차익을 얻을 수 있는 고부가가치 상품이었고 용량도 다른 주류보다 적었다. 매상을 올리려면 위스키를 더 많이 파는 게 답이었고 당연히 업주들은 위스키를 선호했다. 업주들의 노력 덕분인지 지금 한국은 세계에서 7~8위권의 위스키

* 업주로부터 선불금을 받고 일하는 방식을 말한다. 바로 부채로 연결되는 경우가 많다.

소비 대국이 되었다.

룸살롱 하면 폭탄주를 빼놓을 수 없는데, 유래에 대해 여러 설이 있다. 20세기 초 부두 노동자들이 적은 돈으로 빨리 취하기 위해 싸구려 위스키나 럼주에 맥주를 섞어 마신 데서 시작되었다는 이도 있고, 동시대의 러시아 벌목공들이 시베리아의 한파를 이기기 위해 보드카와 맥주를 혼합해 마신 데서 유래했다는 이도 있다. 어떤 이는 미국의 한 술집 주인이 무심코 손님이 남긴 위스키와 맥주를 섞어 마시면서 시작되었다고 주장한다. 20세기 초 미국을 무대로 한 영화 《흐르는 강물처럼》에도 주인공 형제가 바텐더가 만들어준 폭탄주를 마시는 장면이 나온다. 북유럽에도 500시시(cc) 맥주잔에 독일산 증류주인 슈납스를 부은 잔을 넣는 '잠수함(submarine)'이란 폭탄주가 있다고 한다.

어쨌든 우리나라 폭탄주의 직계 조상은 미국의 노동자들이 만든, 맥주를 탄 위스키인 '보일러메이커(boilermaker)'라고 할 수 있겠다. 그런데 어떻게 이런 '하층 문화'를 한국에서는 사회 지도층과 권력 집단이 사랑하게 되었을까?

1970~1980년대에 미국 유학을 다녀온 장교들이 폭탄주를 한국에 들여왔다는 것이 거의 정설이다. 군대에 이어 폭탄주는 검찰 내에서 급격히 퍼져나갔다. 검찰 쪽의 원조는 국회의장과 집권 여당 대표를 지낸 박희태라고 하는데 그의 추태가 널리 보도된 바 있다. 이렇듯 폭탄주를 도입한 초기의 두 집단은 공히 폐쇄적인 엘리트 집단이었다.

1986년 3월 21일 국회 국방위원회 회식 자리에서 재미있는 사건이 터졌다. 폭탄주를 돌리다가 국회의원인 남재희와 이세기가 정동호 육군참모차장과 이대희 소장에게 얻어맞는 사건이 벌어진 것이다. 이 때문에 폭탄주는 더욱 유명해졌다. 이때 혼쭐이 난 박희도 육군참모총장—12·12 때 정승화 육군참모총장을 체포한 인물이다—은 얼마 후 '올바른 음주'를 권장하는 『술과 병영 생활』이라는 책을 펴내고 발간사까지 썼다.

폭탄주 문화는 군과 검찰에서 일반인들에게까지 급속도로 퍼져 나갔다. 일각에서는 농담 삼아 폭탄주를 만들 때 비록 상급자나 연장자가 '병권'을 잡지만 모두가 차례대로 공평하게 마실 수밖에 없다는 점에서 폭탄주 문화가 '민주적'이라고 '찬양'하기도 한다. 하지만 개인의 주량 차이를 전혀 배려하지 않는다는 점에서 군사 문화의 연장임을 부인하기 어렵다. 한편으로 폭탄주는 '국기'라고까지 불리는 고스톱이 점차 게임 방식이 늘어나며 확산된 것처럼 빠른 속도로 진화하여 회오리주, 화주, 수소폭탄주, 중성자탄주, 원자탄주, 폭포주, 금테주, 은테주, 쌍끌이주 등 그 종류가 엄청나게 다양해졌다. 폭탄주 강의까지 생겨날 정도였다.

하지만 폭탄주로 인한 '사고'는 여전해서, 2006년 6월 최연희 의원이 일으킨 여기자 성추행 사건의 배경에 폭탄주가 있었고, 이때 박진 폭소(폭탄주 소탕)클럽 회장은 한나라당 의원들에게 폭탄주를 끊으라고 하면서 망치로 술잔을 부수는 퍼포먼스를 벌이기까지 했다.

기본적으로 폭탄주는 빨리 마시고 빨리 취하려는 술이다. 이는 과학적으로도 증명이 된다. 알코올은 대개 소화기의 점막을 통해 혈액으로 흡수되는데 약 20퍼센트는 위에서, 나머지 80퍼센트는 소장의 윗부분에서 흡수가 된다. 맥주 등의 탄산이 들어 있는 액체를 알코올에 섞어 마시면 소장으로 넘어가는 속도가 빨라지고, 자연히 알코올 흡수 속도도 빨라져 더 빨리 취하게 된다. 물론 손님을 빨리 취하게 해서 빈 양주병을 가져다놓고 바가지를 씌우는 룸살롱 측의 영업 전략도 폭탄주의 전성시대를 여는 데 한몫했다.

　한국인들은 선진국이 200년에 걸쳐 이룬 산업화를 한 세대 만에 달성하느라 엄청난 스트레스를 받아야 했으며 이를 종교와 술로 위로했다는 글을 읽은 적이 있다. '주(主)'님과 '주(酒)'님에 의지해야 했던 한국인들! 이젠 좀 천천히 마셔도 되지 않을까? 예전에는 스트레스를 풀기 위해 마셨다지만 이제는 그런 독주를 마시는 행위 자체가 스트레스가 되는 시대니까 말이다.

강남의 빈민촌

10여 년 전까지만 해도 개포동 영동5교 아래에는 60여 명의 도시 빈민이 사는 16개의 컨테이너가 있었다. 빈민 운동가 윤팔병이 1985년 노숙인과 도시 빈민의 자활을 위해 만든 '넝마공동체'라는 이름의 공간이었다. 물론 상수도도 없어 7킬로미터나 떨어진 봉은사에서 물을 떠와야 했다. 이들은 부동산 투자의 일환으로 자주 이사하는 이들이 버린 가재도구나 책, 헌 옷들을 팔아 생활했고, 약 30년간 3,000명이 넘는 이들이 자활에 성공해 이곳을 떠났다. 하지만 2012년 강남구청이 넝마공동체를 강제 철거하자 포이동, 탄천 등으로 근거지를 옮겨 다시 정착을 시도하는 등 10여 년간 주거 투쟁을 벌였지만 이어지지 못했다. 2019년 지도자인 윤팔병까지 세상을 떠나면서 넝마공동체는 완전히 사라지고 말았다.

그렇지만 역시 강남의 빈민촌 가운데 가장 유명한 곳은 구룡마을일 것이다. 구룡산 자락에 자리한 이 마을의 주소는 개포동 양재대로 478로 마을 전체가 단일 주소이다. 이 지역은 강남 개발에서 소외되었는데, 서울올림픽이 열리면서 도시 미관을 이유로 서울 시내의 수많은 달동네가 강제 철거되면서 오갈 데 없어진 철거민과 밀려난 도시 빈민들이 이 한적한 농촌 지역으로 몰려들면서 마을이 형성되었다. 참고로 아시안게임과 서울올림픽을 준비하는 과정에서 발생한 철거민의 수는 무려 72만 명에 달한다.

사실 빈민촌은 도곡동에도 있었다. 하지만 도곡동 판자촌이 최고급 주상복합 아파트인 타워팰리스의 부지로 선정되면서 철거되었고 이들도 결국 구룡마을로 들어가면서 구룡마을의 인구가 더 늘어났다. 일부 해외여행 유튜버 사이에서는 〈강남스타일〉로 유명해진 강남의 빈부 격차를 한눈에 볼 수 있는 빈자촌이라는 이유로 이곳이 핫플레이스(?)가 되었을 정도이다. 심지어 북한이 운영하는 것으로 보이는 유튜브 채널에서도 '서울의 빈민가 구룡'이란 이름으로 선전에 이용될 정도로 구룡마을은 국제적으로도 유명한 곳이 되었다. 최근 서울주택도시공사(SH)가 주도하는 개발 계획이 수립되었지만 비닐하우스 문제 때문에 언제 시작될지는 장담할 수 없는 상황이다.

개포동 1266번지에는 '포이동 재건마을'이 있다. 구룡마을에 비해서는 매우 작은 규모로, 1979년부터 고아, 폐지 수집상 같은 극빈층을 '자활근로대'라는 이름으로 강제 집단 수용시키며 생겼다. 하지만 1988년 강남구가 구역 정리 과정에서 주민등록도 인정해주지 않으면서 '유령 마을' 취급을 당했다. 1986년 아시안게임과 1988년 서울올림픽 때는 출입조차 통제하는 기본권 유린까지 자행했다. 2009년 8월이 되어서야 겨우 주소지로 인정되었다. 이로써 104가구 220명이 주민등록에 등재되었고, 학생들도 대치중학교에 들어갈 수 있었다. 2011년 6월 12일 화재가 발생하고, 이를 복구하면서 '재건마을'이라는 비공식 지명을 갖게 되었다. 2016년, 수서역 인근에 건설하려다 주민 반발로 무산될 위기에 처한 행복주택의 대체 부지로 재건마을이 거론되기도 했지만 무산되었다.

개포동에는 이 셋 외에도 달터마을, 수정마을 등의 빈민촌이 있었다. 하지만 수정마을은 공원이 조성되면서 사라졌고, 달터마을은 아직도 남아 있지만 '전성기(?)' 때보다 절반 이하로 줄어든 상태다. 한편 방배동에도 1970년대 강남 개발 당시 밀려난 도시 빈민들이 우면산 자락에 정착하면서 생긴 성뒤마을이라는 판자촌이 있지만 이곳 역시 곧 개발에 들어간다. 컨테이너, 판잣집, 비닐하우스로 이루어진 이 빈민촌들은 모두 시가지의 끝, 녹지대의 시작 지점에 자리하고 있다. 강남이라는 고유명사에 어울리지 않는 이 '이색 지대'는 농촌이자 서울의 완전한 변방이었던 옛 강남의 흔적이기도 하다.

강남의 '기피 시설'들

강남은 한국 최고의 주거지이자 삼성전자, 현대자동차, 포스코 등의 거대 기업 본사, 여기에 예술의전당 같은 최고 수준의 문화 시설들이 모여 있다. 하지만 '기피 시설' 역시 꽤 많이 자리 잡고 있다.

강남은 1963년의 서울 편입 이전은 물론이고 이후에도 개발 이

전까지는 이미 언급한 대로 철저히 농촌이었다. 따라서 서울에서 밀려난 빈민들과 소위 기피 시설들이 적지 않았는데, 이제 그 이야기를 해보자.

1967년 전후에는 전염성 없는 한센인들이 모여 사는 에틴저마을이 내곡동 국유지에 형성된다. 에틴저는 이 마을이 형성되는 데 도움을 준 미국인 변호사이자 선교사의 이름이다. 2년 후인 1969년, 학령기에 들어선 이 마을의 미감아 5명이 인근 대왕국민학교에 입학하려고 했으나 학부모와 학생들의 극심한 저항에 부딪혔다. 미감아는 사전적 의미로는 "병 따위에 아직 감염되지 아니한 아이"를 의미한다. 한때 우리나라에서는 한센병 부모에게서 태어났지만 그 병에 걸리지 않은 아이를 그렇게 불렀다.

상황이 점점 악화되자 당시 문교부 장관이 자기 딸을 대왕국민학교로 전학 보냈고 각계각층이 나서 계몽 활동을 벌였지만 학부모들을 설득할 수 없었다. 대신 새로운 학교의 설립이 대안으로 떠올랐다. 마침 한국신학대학이 미감아와 일반 아동을 통합 교육하겠다고 나서 그해 6월 22일 한국신학대학 병설 한신국민학교가 개교했다. 그 덕분에 다섯 미감아는 교육을 받을 수 있게 되었지만 직선거리로도 30킬로미터에 가까운 수유리까지 통학해야 했다.

이 사건 이후 거의 한 세대 뒤에 세워진 정서장애아 교육을 위한 특수학교인 일원동 밀알학교는 이와 다른 길을 걸었다. 강남구 일원동의 밀알학교 부지는 원래 서울시 체비지였다. 하지만 개신교 계통의 밀알복지재단이 특수학교 설립을 요청했고, 시와 교육청이 이를 받아들이면서 이 지역 주민들과 갈등이 시작됐다. 공사가 시작되자 주민들은 공사 장비의 진입을 막거나 현장 사무소를 점거하는 등의 행동에 나섰다. 심지어 어린 초등학생들까지 동원하여 "2부제가 싫어요", "정말 싫어요, 콩나물 교실" 같은 피켓과 현수막을 들고 시위를 했다.

결국 소송으로 이어졌는데, 830명의 주민이 참여했다. 그들은 부지가 원래 아파트 주민들의 아동을 위한 초등학교 설립 부지로 지정되어 있었는데, 특수학교가 들어서면서 2부제 수업, 과밀 학급 수업을 받게 되었다고 주장했다. 또한 규정보다 먼 통학 거리를 감수하게 되었을 뿐 아니라 운동장 면적도 줄어들었고, 지역 부동산 가치도 하락했다는 등의 이유를 들며 102억 8,000만 원의 배상을 요구했다. 하지만 결국 패소했고, 밀알학교는 1997년 3월 개교했다.

밀알학교는 주민들의 마음을 얻기 위해 꾸준히 노력했다. 1층에 카페를 운영하고 미술 작품을 전시하는 등 특수학교가 하나의 문화 시설이 될 수 있다는 것을 보여주었다. 주민들에게 무료로 개방하는 '밀알나눔음악회'는 지역의 자랑거리가 되었다. 현재 밀알학교를 가장 적극적으로 활용하고 지원하는 이들도 바로 주민들이다.

주민들은 학생들의 수업이 없을 때 체육관과 운동장, 강당, 세미나실 등을 각종 모임 장소로 사용한다. 인근 유치원생들과 삼성서울병원 직원들도 매주 학교에서 스포츠를 비롯한 취미 활동을 한다. 교내 미술관과 콘서트홀에서는 주민들을 위한 무료 전시·공연이 열린다. 학교와 지역 주민 간의 교류가 잦아지면서 자원봉사를 하는 주민들도 많아지고 있다고 하니 극한 갈등은 해피엔딩으로 끝난 셈이다. 한편 밀알학교는 건축가 유걸이 설계했으며, KBS 선정 한국 10대 건

축물이자 미국건축사협회상, 김수근건축상 그리고 한국건축가협회
상을 받을 정도로 건축사적으로도 높은 평가를 받고 있다.

서초구 원지동의 서울추모공원도 빼놓을 수 없는 기피 시설
이다. 벽제와 함께 쌍벽을 이루는 수도권 화장장 겸 추모 공원으로
2010년에 들어섰는데, 지역 주민들의 극심한 반대가 따랐다. 주민들
은 오세훈 시장을 겨냥하여 "오세훈, 너부터 (불에) 태워주마!"라는
살벌한 문구가 찍힌 현수막을 서울 시내 곳곳에 걸었다. 하지만 최근
에는 이곳 화장장을 예약하지 못해 어쩔 수 없이 4, 5일장을 지내야
하는 경우가 많을 정도로 바쁘게 운영되고 있다. 서울아산병원, 서울
성모병원, 강남세브란스병원, 삼성서울병원 등 대형 병원이 인접해
있는 것도 이곳을 선호하는 중요한 이유 중 하나이다.

대마왕 전두환

1,300만 명 이상이 관람한 '천만 영화'《서울의 봄》에서 다시 악명을
드높인 절대 권력자 전두환은 앞서 이야기한 대로 올림픽과 아시안
게임 유치 그리고 예술의전당 건설 등의 대사업을 벌여 지금의 강남
을 만드는 데 큰 역할을 했다. 하지만 그는 멀쩡한 기업이어도 자기
마음에 안 들면 공중분해를 시켰는데, 대표적인 기업이 국제그룹과
앞서 등장했던 '땅봉구' 조봉구 회장의 삼호그룹이었다. 삼호그룹은
국제그룹보다 2년 먼저 당했다. 국내 최대의 면방직 기업이자 상당
한 규모의 건설사 등 13개 계열사를 거느렸던 삼호그룹은 한국 재계
순위 9위의 대기업이었다.

이 조봉구 회장의 조카가 바로 방배동 카페골목의 스타 조덕배

였다. 1984년 당시 서른 살이었던 조덕배는 삼호그룹 계열사인 (주)삼호까뮤의 CEO였다. 지금도 그렇지만 당시는 더더욱 그룹 오너의 친인척들이 일감을 싹쓸이하던 시대였다. 그런 이유로 (주)삼호까뮤는 전국에 분포한 삼호아파트 및 삼호 관련 빌딩의 외장과 도장 공사를 독점하던 회사였다. 조덕배는 "노란 색감으로 유명했던 삼호아파트의 외벽은 전부 내가 공사를 맡아 진행한 것"이라며 당시를 회상하기도 했다.

조덕배의 작은아버지 조봉구 회장은 1970년대에 강북을 떠나 강남, 정확히 말하면 방배동에 대지가 1,000평이 넘고, 건평은 300평에 달하는 대저택 '강남원'을 지었다. 그 인근에 지었던 삼호아파트도 여전히 건재하다.

조덕배는 이렇게 회고했다. "전두환의 부인 이순자가 강남원을 찾아왔다고 합니다. 정원에 500년 된 미루나무●가 있었는데 그걸 자신의 정원으로 가져가고 싶다고 했다더군요. 숙모님이 그 자리에서 무안을 줬는데 공교롭게도 그다음 날 합동수사본부에 사촌 형이 끌려갔고, 또 다음 날 각 신문에 삼호그룹 해체 기사가 나왔지요. 저는 그때 제주 그랜드호텔 공사 계약건으로 제주도로 출장을 갔던 날이었기에 똑똑히 기억합니다."

사정은 이러했다. 1984년 8월 24일, 김만제 당시 재무부 장관이

● 현재 방배동에는 여섯 그루의 보호수가 있는데, 모두 느티나무이다(아마도 조덕배는 느티나무를 미루나무로 착각하여 잘못 말한 듯하다). 서22-4 번호를 가진 보호수가 가장 오래되었는데, 수령은 약 450년이다. 정황상 이순자가 요구했던 것이 이 나무인 듯한데 확실하지는 않다. 만약 조덕배의 증언이 사실이라면 이순자는 보호수까지 탐을 냈던 것이다.

조 회장의 아들 조용시를 장관실로 불렀다. 조 회장은 뇌출혈 치료를 위해 미국에 머물고 있었기 때문에 실질적으로 삼호그룹 경영은 아들인 조용시가 맡고 있었다. 김 장관은 조 씨에게 "우리나라 일부 기업들의 부실이 감당할 수 없는 선까지 이르렀기 때문에 고위층과 협의해 산업 합리화 조처를 마련했다"며 "삼호그룹은 대림그룹에 합병하는 것으로 결정되었다"고 하면서 삼호그룹 해체를 통보했다. 조 씨는 곧바로 송기태 조흥은행장을 만났으나 "위에 로비를 하지 않으니 이 지경까지 오지 않았느냐"라는 말과 함께 '위임장'이라는 글자만 쓰인 백지에 서명을 강요받았다.

출국 금지까지 당하고 한순간에 모든 걸 잃은 조덕배는 당시 수중에 있던 마지막 재산인 3,800만 원짜리 어음을 명동에서 현금으로 바꾼 뒤 평소 즐겨 부르던 노래를 담은 첫 정규 앨범을 세상에 내놓았다. 가수 조덕배가 대중에게 알려지기 시작한 순간이었다. '전두환 덕분(?)에' 졸지에 가수가 되어 유명해졌다고 해야 하나? 아이러니가 아닐 수 없다. 조봉구 회장은 2009년 미국 LA의 조그만 아파트에서 89세로 생을 마감했다.

훗날 김만제는 삼호그룹이 중동 사업의 실패로 자금 사정이 악화되어 그런 조치를 취한 것이지 전두환이 사감 때문에 벌인 일은 아니라고 해명했다. 중동 사업의 실패는 사실이지만 삼호그룹만 그랬던 것은 아니었기에 설득력은 떨어진다. 어쨌든 5, 6공 시절 이루어진 부실기업 정리는 명확한 기준이 없이 행해졌으며, 억울한 희생자가 많이 나왔던 것이 사실이다.

전두환이 퇴임 후에 연희동 자책을 떠나 양재동에 살 계획이 있었다는 사실은 잘 알려져 있지 않다. 장세동 당시 청와대 경호실장은 경호실을 동원해 양재동에 3,000여 평의 부지를 확보했는데, 이 과정에서 건설부와 서울시 등에 압력을 가해 도시계획을 바꾸게 하고 사유재산권을 침해하기까지 했다. 이 사실은 1989년 2월 27일 구속 수감된 장세동의 구속영장과 서울시 관계자들에 의해 드러났다. 장세동의 경호실이 직원 손삼수의 명의로 시가의 절반인 9억 7,000만 원에 사들였던 부지는 원래 개발이 불가능한 군사보호구역이었는데, 국방부에 이를 해제하도록 했다. 이 땅은 당초 신동아그룹 소유 1만 5,000여 평의 일부였다. 경호실 측은 부지 정면에 있는 신동아건설 소유 땅에 아파트가 건설되면 시야를 가리고 경호상 문제가 있다는 이유를 내세워 서울시와 건설부 등에 압력을 넣어 신동아건설이 갖고 있던 땅을 "공용의 청사 부지"로 묶어 다른 건물들을 일체 짓지 못하게 했다. 서울시에 직접 사업자가 되어 다른 토지 소유자들의 참여를 막게 하는 '엄청난 갑질'을 저질렀던 것이다

퇴임 후에도 상왕 역할을 할 계획이었던 전두환의 근거지가 될 일해연구소 건립 계획이 본격적으로 추진되었다. 하지만 이 연구소 안에 전두환의 전용 건물을 신축한다는 계획이 알려지면서 양재동 사저 계획은 1987년 2월 백지화되었다. 운동권 학생들이 몰려들지 않을까 걱정한 주민들의 반발도 한몫했다고 하는데 자세한 사정은 알 길이 없다(경호실은 이 땅을 신동아건설에 20억 원에 되팔며 10억여 원의 전매 차익을 남기는 짓까지 저질렀다).

한편 양재동 빌라촌에는 허삼수와 현홍주 전 주미대사, 안무혁 전 국정원장, 박희도 전 육군참모총장, 박영수 전 서울시장 등 5

공 실세들이 거주하고 있었다. 이곳에서 지척인 과천 주암동에는 전두환과 육사 11기 동기이자 하나회 회원인 정호용 전 국방장관도 살았는데, 주위에 많은 장성이 살아 '장군마을'이라고도 불렸다. 정호용은 과천 일대의 군사보호구역 내 토지를 대거 사들인 후 국방장관 시절 '셀프 해제'해 떼돈을 벌었는데, 1,000억 원대에 달했다고 한다. 한편 5공 청산 바람으로 전두환의 손을 떠나 세종연구소로 간판을 바꾸어 단 일해재단은 양재동과 가까운 판교에 자리하고 있다.

전두환의 양재동 이주 시도, 일해재단의 위치, 5공 실세들의 양재동과 과천 거주가 과연 우연일까? 과천-양재동-판교 일대를 그들만의 왕국으로 만들려는 시도를 했던 것은 아닐까? 물론 이를 증명하는 공문서 같은 것은 존재하지 않는다. 어쨌든 그들의 시도는 미완성으로 끝났다. 하지만 그들이 여전히 수백억 원대의 재산을 가지고 그 후손들까지 잘먹고 잘살고 있는 것만은 분명하다.

여전한 수해 위험

2011년 7월 26일에서 28일까지 이어진 폭우는 앞서 언급한 대로 우면산 참사를 낳았다. 강남역 일대도 완전히 침수되었다. 당연히 교통대란이 일어났고 시민들은 엄청난 불편을 겪어야 했다. 이 덕분(?)에 오세훈 시장에게는 '오세이돈'이란 별명까지 붙었다.

서울시는 2015년부터 2022년까지 무려 1조 4,000억 원의 예산을 쏟아부어 하수관 용량 확대, 선형 개선 작업, 반포 유역 분리 터널 공사를 진행했다. 시간당 95밀리미터의 폭우까지 견딜 수 있는 공사에 대한 자신감 때문이어서인지 오세훈 서울시장은 2021년 "강남·

서초의 침수 피해를 본 분들이 안심할 수 있을 것"이라고 장담했다. 하지만 이를 비웃듯 바로 다음 해인 2022년 8월 9일, 서초구와 강남구, 동작구 일대에 시간당 141밀리미터의 폭우가 쏟아지면서 강남역과 고속터미널 일대가 전부 침수되었다. 지하철은 물론 1층 상가들도 1미터 이상 물에 잠겼고, 무려 4,072대의 차량이 침수되었다. 보험업계에 따르면 고급 외제 차가 많아 차량 피해액만 660억 원에 달했다. 감전으로 사망자가 몇 명 나오기도 했다. 다만 불행 중 다행으로 우면산 붕괴 같은 대참사는 일어나지 않았다. 어쨌든 이 수해로 다시 오세이돈이란 별명이 누리꾼 사이에서 회자되었다.

서울시는 다시 강남역 일대를 비롯하여 여섯 곳의 상습 침수 지역에 10년간 1조 5,000억 원을 투입해 대심도 빗물터널을 건설할 계획을 세웠다. 하지만 최근 기획재정부 심사에서 2,500억 원이 삭감되어 사업 진행에 어려움을 겪고 있다.

전 세계를 휩쓸고 있는 이상 기후는 어느 정도의 폭우가 쏟아질지 예측을 불가능하게 하고 있다. 유구한 수해 피해의 역사를 가진 강남이 이를 어떻게 극복할지 두고 볼 일이다.

비인간적인 도시

강남역 주변은 사람과 가게, 자동차가 넘쳐나지만 사람들이 잠시 앉아 쉴 작은 공원도 없었다. 이런 문제점을 계속 지적받은 탓인지 원형 벤치들이 설치되었지만 거칠게 묘사하면 강남역 주변은 그저 먹고 놀 곳을 찾아 떠도는 젊은이들과 그들을 끌어들여 돈을 벌려는 가게들이 넘쳐날 뿐이다. 테헤란로 주변에도 벤치가 거의 없다. 한국은행과 포스코 사옥 앞 정도가 예외지만 삭막하기는 마찬가지다. 그나마 강남대로변에 교보문고가 들어서 있어 체면치레를 하고 있다.

　세계 10위권의 경제 대국이 되었지만 실상 세계 최고의 노동 강도와 경쟁, 그리고 거의 강남에서 벌어진 최순실 사태 같은 비상식적 비리에 시달리는 한국의 속살이 한국을 대표하는 상업지역인 강남역 주변의 화려하고 번잡한 모습에서 잘 드러나고 있다. 도시의 품격을 만드는 여유와 공존 같은 요소는 거의 찾아보기 힘들다.

　노래 가사처럼 멋쟁이 높은 빌딩들이 으스대고 있지만 전국에서 손꼽힐 정도로 많은 사람들이 오가는 보도는 답답하기만 하다. 황두진 건축사의 표현대로 "차와 사람과 가게의 물건들이 더불어 고통을 분담하는 풍경"이 길게 펼쳐져 있을 뿐이다.

현재의 강남

아파트 구조의 변화

1960~1970년대에 지어진 아파트들은 대부분 5층 이하였고 엘리베이터도 없었다. 따라서 모두 계단실을 두는 계단실형으로 지어졌다. 이 방식은 각 세대가 사생활을 지키는 데에 유리했다. 그러나 세운상가아파트와 힐탑외인아파트를 시작으로 잠실 주공아파트 5단지 등에 엘리베이터가 도입되면서 아파트 구조는 큰 변화를 겪는다. 활용도를 높이기 위해 엘리베이터를 건물 중앙에 배치하고 양쪽으로 복도를 놓는 중복도 방식이 도입된 것이다. 이 방식은 동선을 집약시켜 공간을 효율적으로 이용할 수 있다는 장점이 있었다.

그럼에도 여의도 시범아파트나 압구정 현대아파트 등 고급 아파트는 새로운 대세를 따르지 않고 계단실마다 엘리베이터를 배치했다. 사생활 보호와 통풍 측면에서 유리했기 때문이다. 이런 이유로

1980년대 중반까지 고층 아파트는 30평형 이하는 복도형, 40평형 이상은 계단실형을 채택했다. 그러나 이후에는 30평대 내외의 아파트도 점차 계단실형으로 지어졌다. 입주자의 경제력이 향상되면서 엘리베이터의 유지·관리 비용을 감당할 수 있게 되었기 때문이다.

하지만 내부 구조와는 별개로 아파트의 외형은 속칭 성냥갑이라고 불리는 판상형을 좀 더 오래 유지했다. 물론 1980년대에도 방배동 임광아파트나 서초동의 삼호가든아파트 등 탑상형(타워형) 아파트가 없지는 않았지만 '남향' 문제 때문에 그리 선호되지는 않았다. 그러나 지나치게 획일적인 판상형 아파트에 대한 비판—아마도 올림픽 때 방문한 외국인들의 반응이 치명적이었을 것이다—이 거세지면서 변화가 일어났다. 1980년대 말에 조성된 상계 신시가지 아파트에서 여러 변형이 나타났고, 1997년부터 정부가 정책적으로 초고층 주상복합 건물 혹은 아파트 건설을 지원하면서 타워형 아파트가 대세가 되었다. 물론 건축 기술의 발전도 큰 역할을 했지만 주상복합의 경우 학교 같은 기반 시설을 짓지 않아도 된다는 규정이 큰 역할을 했다는 점은 부정할 수 없다.

확실히 미관상으로는 타워형이 훨씬 보기 좋지만 세상일이 다 그렇듯이 단점도 많다. 타워형 아파트에는 엘리베이터가 여러 대 필요하고, 어쩔 수 없이 생기는 북향 세대를 최소화해야 하는 문제 등 어려움이 많다. 건축가들 입장에서는 '뻔했던' 주거용 건물에 다양한 실험을 할 기회가 주어졌지만 말이다. 사실 대부분의 초고층 아파트는 랜드마크를 지향했기에 외관이 독특한 경우가 많다. 하지만 대단지의 경우에는 비슷한 타워형 아파트의 밀집으로 또 다른 획일화를 낳는 경우도 있음을 지적해두어야겠다.

『낭만아파트』의 저자 허의도 씨는 이에 대해 독특한 견해를 피력한다. 장난기 섞인 그의 글을 보자.

언젠가 강남 아파트가 모두 타워형으로 바뀌었다고 치자. 30년이 지나면 예기치 못한 변수가 발생할지도 모른다. 바로 바퀴벌레의 습격이다. 타워형 아파트가 얼마나 환기 시설을 잘 갖추었는지 모르지만, 아무리 첨단 기술을 동원해도 맞바람을 통하게 할 재간은 없다. 그러면 아파트에 바퀴벌레가 덤비기 마련이다.

물론 판상형 아파트에도 바퀴벌레가 산다. 그것은 크기가 손톱만 하며 영어로는 코크로치(cockroach)라고 한다. 한때 돈벌레로 오인되어 '보호'됐던 종류다. 코크로치는 평소 바람이 통할 때 바람이 닿지 않는 곳에 숨어 있다가 바람이 멎으면 활동한다. 바퀴벌레는 어둡고 습하면서 바람이 통하지 않는 곳에 살기 때문이다.

반면에 맞바람이 통하지 않는 타워형 아파트에는 손가락 두 개 크기의 바퀴벌레 워터벅(waterbug)이 기승을 부린다. 등짝이 시커멓고 크기가 커서 공포스럽기까지 한 수입종이다. 부산, 인천 등 항구도시에서 시작해 전국으로 번졌다. 워터벅은 잡고 또 잡아도 나타난다. 간혹 이불 속으로 들어와 사람에게 덤비기도 한다. 그놈이 지금 맞바람이 통하지 않는 타워형 아파트를 노리고 있다.

주상복합 열풍: 도곡동 초고층 주상복합

1997년 7월 46층짜리 대림 아크로빌의 분양 이후 불어닥친 주상복합 열풍은 약 10년 동안 한국 부동산 시장을 뒤흔들었다. 그리고 비록 시조는 아니지만 주상복합 열풍의 진정한 중심은 누가 뭐래도 도곡동 타워팰리스였다는 데 이견을 달 사람은 많지 않을 것이다.

이 괴물 같은 초고층 단지의 시작은 1994년으로 거슬러 올라간다. 당시 도곡동 지역은 그린벨트를 제외하면 서울 강남권의 마지막 대규모 개발 가능 지역이었다. 도곡동 초고층 주상복합 단지 프로젝트는 467번지 일대의 도시계획 변경에 따른 용지 분양과 삼성의 참여로 진행된 대규모 개발 사업이었다. 1994년 당시에 경찰들의 주둔지였던 이 땅은 원래 강남구의 행정타운 부지로 예정되어 있었다. 하지만 서울시는 지하철 공사에 필요한 재정 마련 차원에서 도곡동 부지를 매각하고자 했고, 삼성전자가 102층 사옥과 전자타운 건립 계획을 세워 이를 사들였다.

사실 이건희 삼성그룹 회장은 땅이 좁은 우리나라는 수직화를 통해 기능을 집중해야 한다는 소신이 있었다고 한다. 이 때문에 도곡동 부지 매입은 임직원을 모두 도곡동에 집중시켜 경영 효율을 최대화하려는 것이라는 소문이 나돌았다. 하지만 조용히 살기를 원하는 인근 주민들의 민원과 외환 위기를 계기로 초기 개발 계획은 수익성 주거 사업으로 전환되었고, 결국 지금의 초고층 주거 단지가 들어서게 되었다. 그렇다고 해서 삼성이 크게 손해를 본 것은 아니었다. 삼성은 이미 건설한 일원동의 삼성서울병원, 도곡동 타워팰리스와 2007년에 완공된 강남사거리의 삼성 본사까지 합쳐 '강남의 삼성화'를 어느 정도 이룬 셈이었기 때문이다.

타워팰리스를 지으면서 이건희 회장은 세심한 구석까지 신경 썼다. 다음 인용문은 그의 지시 사항 가운데 하나이다.

신발을 많이 넣을 수 있도록 수납공간을 최대한 확보하라. 요즘은 옷 색깔에 따라 신발을 맞춰 신는 패션 시대다. 마루와 부엌 그리고 화장실의 문턱을 없애라. 노인들이 불편해한다. 왜 아파트의 내부가 다 똑같은가. 아이 한두 명 키우는 집과 두 세대 이상이 같이 사는 집의 구조가 같을 수 없다. 입주 후에 집을 뜯어고치면 국가적인 자원 낭비다. 들어오기 전에 입주자의 모든 요구를 수용해야 한다.

맞는 말이었다. 특히 '넓은 수납공간의 확보'라는 개념은 초기 아파트 건설 때는 없던 것이었다. 하지만 사계절이 뚜렷한 한국인들에게는 옷 때문에라도 수납공간이 많이 필요했고, 1990년대 이후부터는 과연 수납공간을 많이 확보하는 쪽으로 아파트 설계가 이루어진다.

도곡동 초고층 주거 단지는 전경 부대가 주둔하던 대지 면적 3만 5,668평에 들어선 대단지로, 66층의 타워팰리스를 비롯하여 삼성중공업의 55층짜리 주상복합 2개 동, 대림건설의 46층짜리 아파트 2개 동, 31층짜리 군인공제회 아파트 등으로 구성되어 있다. 이 거대한 빌딩군은 주위의 20층 아파트들을 왜소하게 만들 정도로 압도적인 위용을 자랑한다. 주상복합건물은 주거와 업무 공간을 겸비하여 이동에 따른 에너지 낭비를 줄이고 도심 공동화를 방지한다는 취지가 반영된 건물이지만, 도곡동 단지의 주상복합은 대부분 10퍼센트 정도만 상업 시설이고 나머지는 전부 주거 용도로 만들어졌다.

그런데 이런 '주상복합'건물은 일반 아파트와 달리 법적 제한을 받지 않아 10퍼센트의 공공 개방지 외에는 학교나 공원 같은 공공 시설을 마련할 의무가 없다. 즉 주위의 학교, 공원, 도로 등 인프라를 거저 쓴다는 뜻이다. 타워팰리스는 최악의 건물 9위에 올랐는데, 건축가들의 평은 이러했다.

획일성과 미적인 조악함으로 전 국토를 망쳤다!

또 다른 문제는 타워팰리스가 전 국민에게 알려질 정도로 유명세를 탔지만 외부인에게 극도로 폐쇄적인 공간이라는 점이다. 타워팰리스는 외부에 나가지 않아도 기본 생활이 가능할 정도로 골프 연습장, 당구장, 헬스장, 사우나, 유아 놀이방, 노래방, 독서방, 클럽하우스, 수영장, 그리고 스타수퍼라는 이름의 970평대의 대형 매장, 심지어 손님을 재우는 게스트하우스까지 갖춘 공간이었다. 물론 이런 부대시설은 입주자들의 허가 없이 외부인들이 이용하기는 어렵다. 여기에 2,000여 대의 CCTV와 지문 감식 시스템 등 완벽에 가까운 보안 장비는 기본이다. 타워팰리스에 입주를 원하는 이들이 내부를 볼 때는 집보다 부대시설을 보는 데 시간이 훨씬 더 걸릴 정도라고 하는데, 이런 완벽에 가까운 부대시설은 이건희 회장의 소신 때문이기도 하고, 사생활 노출을 꺼리는 입주자들의 기호 때문이기도 할 것이다. 하지만 필자가 보기에 타워팰리스의 유별난 폐쇄성은 '강남특별시'라고 불리는 강남구 내에서도 다시 한 번 더 특별히 구분되기를 원하는 심리 때문이 아닐까 싶다. 각종 선거 때도 주민들의 요청으로 타워팰리스에는 별도의 투표소가 설치되었는데, 그로 인해 입주민들의 투표 성향도 자연스레 드러났다. 2011년 서울시장 보궐선거 때는 나경원 후보가 89퍼센트의 표를 받았고, 2012년 대통령 선거 때는 박근혜 후보가 85퍼센트를 득표했다. 이런 경향은 2022년 대선에서 더욱 심해져 윤석열 후보가 90퍼센트 이상의 극단적인 몰표를 받았다.

흔히들 타워팰리스를 도쿄의 롯본기힐즈에 비교한다. 일본에서 롯본기힐즈에 사는 젊은 부호들을 '힐즈족'이라고 구분하여 부를 정도이니 비슷한 측면이 있음직하다. 하지만 필자가 본 롯본기힐즈는 주거 지역만 폐쇄되어 있을 뿐이었다. 그러니 한국에서 타워팰리스에 대한 비판을 단순히 가진 자에 대한 질투 때문만으로 보기는 어려울 것 같다. 다만 『월급쟁이 부부의 타워팰리스 입성기』 같은 책이 타워팰리스의 첫 입주가 이루어진 때로부터 2년도 되지 않은 2004년 6월에 출간된 것을 고려하면 타워팰리스 입주가 중산층이 꿈꾸는 로망임에는 분명해 보인다. 한동훈 국민의힘 대표도 전세이긴 하지만 이곳의 주민이며, 변호사와 전직 삼성그룹 임원이 타워팰리스 입주자 대표에 출마했다는 사실 또한 이 마천루의 위상을 알려준다고 하겠다.

재건축 아파트

1997년 연말 한국을 강타한 IMF 외환 위기 이후, 경제는 얼어붙었고 부동산 경기 역시 마찬가지였다. 하지만 엄청난 희생 끝에 어느 정도 경기가 회복되자 부동산 시장은 다시 움직이기 시작했다. 가장 큰 도

화선은 강남 일대에 있는 1970~1980년대에 건설된 10평대 주공아파트와 일부 민간 건설사가 지은 아파트의 재건축이었다. 이 단지들은 용적률이 대단히 낮았기에 재건축을 할 경우 이익이 컸다. 1972년에 건설된 반포 주공아파트 1단지의 용적률은 72퍼센트, 1975년에 건설된 잠실 주공아파트 1~4단지는 63~83퍼센트, 1979년에 지어진 둔촌 주공아파트는 90퍼센트였다.* 앞서 언급한 잠실 주공아파트 5단지의 용적률은 121퍼센트이다. 여기에 건물 자체에는 큰 문제가 없다고 하더라도 배관 누수, 녹물 발생, 엘리베이터 노후, 주차 공간 부족 등으로 주거 환경이 열악해지는 문제가 발생해서 재건축에 명분을 제공했다.

주택 건설업자들은 재건축 아파트를 '종합 예술'이라고 표현한다. 철거와 신축, 분양, 이사와 입주까지 건설 사업 전반을 망라하기 때문이다. 2001년 말 반포 주공아파트, 2003년 4월 고덕 주공아파트, 2003년 7월 은마아파트, 2004년 4월 잠실 주공아파트로 이어지며 재건축 확정 내지 예정 아파트 가격이 폭등하기 시작했다. 심지어 강남과는 거리가 먼 광명시 철산 주공아파트 단지의 17평짜리 아파트가 3억 원이 넘기도 했다. 이런 폭등에는 분명한 이유가 있었다. 5층짜리 주공아파트의 경우 대지지분이 넓었고, 이를 15층짜리 고층 아파트로 재건축할 경우 분양 가능한 가구 수는 3배 늘어난다. 더구나 신축 아파트이기에 수십 년 전에 지어진 아파트와 비교해 품질

---

* 둔촌동 주공아파트는 가장 큰 규모의 재건축 단지로 143개 동 5,930세대에 달했다. 이 단지는 '올림픽파크 포레온'으로 재탄생했는데, 무려 85개 동 1만 2,032세대로 거의 신도시에 가까운 규모라고 할 수 있다.

면에서 현격한 차이가 났다. 그러므로 순식간에 아파트의 가치가 3배 이상 뛴 것이다. 물론 그 차익은 건설사와 조합원(집주인)이 나누어 갖게 된다.

재건축 아파트 중 가장 인기 있었던 잠실 주공아파트 2단지와 3단지 7,730채를 KBS의 《한국 사회를 말한다》팀에서 등기부 등본을 전부 떼어 분석을 한 적이 있었다. 그 결과는 충격적이었다. 소유자와 거주자가 일치하는 경우가 13.9퍼센트인 1,080채에 지나지 않았고, 만 12세 중학생이 집주인인 경우도 있었으며, 한 사람이 3채를 보유한 경우도 있었다. 또 비거주 소유자의 50퍼센트가 강남 거주자였다.

하지만 '황금알을 낳는 거위'라는 아파트 재건축은 상당히 까다로운 절차를 거쳐야 한다. 우선 전체 집주인 중 80퍼센트의 결의가 필요하고, 그다음에는 안전 진단에서 "이 아파트는 안전상 문제가 많아 철거해야 한다"라는 판정을 받아야 한다. 후자의 조건은 사실 아파트의 자산 가치가 낮게 매겨져야 한다는 이야기인데 실제로는 그래야만 높은 가치가 보장되는 아이러니가 발생한다. 대표적인 예가 재건축 대상 아파트 단지에 걸리는 '축 안전 진단 통과' 같은 현수막이다.

물론 그 후에도 조합 설립 인가, 사업 계획 승인 등 여러 절차를 거쳐야 한다. 그러나 극성스러운 투기꾼들은 이 정도의 난관에 아랑곳하지 않았다. 강남구는 심지어 지어진 지 15년밖에 안 된 아파트의 재건축까지 허용했고, 이로 인해 조합 간부, 시청 간부, 은행원, 전 국회의원 보좌관 등이 수십억 원의 뇌물을 받고 처벌되었다. 사업을 수주하려는 대형 건설사들 간에 비방전이 벌어지기도 했다. 예를 들어 강동 시영 1차 아파트 재건축을 두고 현대건설과 대림건설은 법정 다툼까지 벌였다.

재건축 아파트의 가격은 다른 지역 아파트보다 1.5배 넘게 뛰었고, 이렇게 재건축 아파트 시장이 과열되자 정부가 나서지 않을 수 없었다. 정부는 2003년 5·23 대책을 내놓으며 재건축 아파트에 대해 후분양제를 실시했고, 9월 5일에는 분양권 전매를 금지하고 건설 예정 가구의 50퍼센트 이상을 전용면적 25.7평 이하로 짓도록 의무화했다. 또 앞서 2002년 12월 통과됐던 '도시 및 주거환경 정비법'이 발효되면서 늘어나는 용적률 중 25퍼센트는 임대아파트를 짓는 데 할당해야 했다.

정부의 재건축 아파트 규제는 2006년 3월 위헌 시비까지 낳은 재건축 초과이익 환수 제도로 절정에 달했다. 이 제도는 재건축 아파트의 가격 폭등을 막기 위해 재건축으로 인한 시세 차익의 최대 50퍼센트를 정부가 거둬들이는 제도였다. 그러나 2008년 세계 금융 위기 이후 국내 부동산 시장이 침체되자 2014년 말까지 적용이 유예되었다. 2006년 8월 건설교통부가 작성한 '재건축 초과이익 환수에 관한 시행방안 연구'라는 문서를 보면 이런 대목이 있다.

13평 기준으로 최근 3년간 2억 4,000만 원에서 7억 원으로 상승함에 따라 동 아파트의 소유자는 개인적으로 별다른 노력 없이 3년간 4억 6,000만 원의 재산이 증식되었다. 잠실 저밀도 세대수가 2만 1,250세대임을 감안하면 총초과이익은 약 10조 원에 달한다. 서울시의 2006년 예산이 약 15조 원임을 감안하면, 이들 재건축 아파트 소유자들이 향유하는 초과이익이 얼마나 큰지 알 수 있다.

이렇듯 건설교통부가 '공인'할 정도로 황금알을 낳던 5층짜리 주공아파트가 소진된 후에는 10층 이상의 개나리, 성보, 진달래, 홍실, 우성, 삼익 아파트 등이 다음 대상이 되었다. 이 단지들은 더에이치, 래미안, 아크로 등의 브랜드 아파트로 재건축되었다. 이로써 초창기 강남 개발의 주역이었던 우리말 이름의 아파트와 문을 닫은 지 오래된 건설사의 아파트들이 사라지게 되었다.* 한편 재건축 아파트의 순기능도 무시할 수 없다. 2000년 이후 서울시 신규 주택의 30퍼센트 이상이 재건축으로 공급되었고, 특히 강남 3구는 75퍼센트 이상을 재건축에 의존했기 때문이다.

아파트의 브랜드화

강남 지역이 재건축 아파트 시대에 들어서면서 유감스러운 현상 중 하나는 우리말 내지 한자어로 된 아파트 이름들이 사라졌다는 사실이다. 그렇다면 예전에는 왜 우리말 내지 한자 이름의 아파트가 지어졌을까?

사실 근대화 이후 우리 사회의 모든 분야는 정도의 차이만 있을 뿐 일본의 영향을 받지 않은 곳이 없었다. 문제는 해방 이후에도 이 풍조가 계속 이어졌다는 사실이다. 일본에서는 아파트를 '만숀(マ

---

* 서초동의 삼풍과 진흥, 잠실의 진주 아파트 등의 대단지들도 재건축 허가가 난 상태이다.

ンション, 즉 맨션)'이라고 부른다. 우리나라에서도 아파트가 '맨션'이 된 적이 있었다. 바로 우리나라 대형 아파트의 시조격인 이촌동의 한강맨션이 그것이다. 한강맨션이 성공하자 렉스, 리바뷰, 점보 등 국적 불명의 '외국어'가 붙은 아파트가 이촌동에 경쟁적으로 등장했다. 그러자 서울시는 1976년 아파트 이름에 외국어 사용을 금지했다. 그래서 이후 아파트들은 현대나 우성 같은 건설사명을 아파트 이름에 가져다 쓰거나 진달래, 개나리, 진주, 청실, 목련, 상록수, 장미, 국화, 홍실 등 고유어나 한자어를 사용하게 되었다. 조세희의 기념비적인 작품 『난장이가 쏘아올린 작은 공』에서 등장하는 아파트 이름이 '무지개'인데 이 역시 이런 분위기와 직접 관련이 있다. 이러한 분위기는 신도시에도 이어져 '분당 한솔마을'이니 '푸른마을 현대아파트' 같은 이름이 생겼고 아예 『난장이가 쏘아올린 작은 공』에서처럼 '무지개마을 건양아파트'라는 단지가 등장하기도 했다.

하지만 이러한 경향은 재건축 바람이 분 2000년대 초반부터 완전히 사라졌다. 정확히 말하면 삼성물산이 2001년 반포 주공 2단지 재건축 시공사로 선정되면서부터이다. 때마침 영원한 업계 1위였던 현대건설이 2세들 간의 경영권 다툼과 유동성 위기로 비틀거리고 있었다. '래미안(來美安)'으로 대표되는 아파트의 브랜드화가 이때부터 시작되었다. 롯데의 롯데캐슬, LG의 자이, 포스코의 더샵, 동부건설의 센트레빌, 현대의 홈타운과 힐스테이트, 태영의 데시앙, 두산의 위브 등 많은 아파트 브랜드가 탄생했는데 외국어가 대세가 되었다. 롯데의 경우 '낙천대'라는 브랜드명이 있었는데 외국어로 바꾸면서 거창하게 '캐슬'로 변경했다. 물론 전부 다 외국어는 아니다. 삼성의 래미안, 대우의 푸르지오, 대림의 e편한세상 같은 우리말인지 외국어인지 구분이 안 가는 브랜드도 있고, 쌍용의 예가, 신원의 아침도시 같은 브랜드도 있다.● 최근에는 하이엔드라고 불리는 고급 브랜드도 나오고 있는데, 대우건설의 써밋, 포스코이앤씨의 오티에르, 현대건설의 디에이치, DL이앤씨의 아크로 등이다. 물론 주 타깃은 강남의 재건축 아파트 단지인데, 개포동과 반포의 디에이치가 대표적이다.

재미 삼아, 아파트 브랜드가 외국어로 지어지면서 생긴 두 가지 '부작용'을 소개해볼까 한다. 한번은 외국에서 공부하는 우리나라 유학생이 장학금을 신청했는데, 학교 측에서 주소를 보고 거절했다고 한다. 집 주소에 캐슬이─팰리스가─붙어 있으니 너는 귀족인데 뭐하러 장학금을 신청하느냐는 것이었다. 당황한 학생이 그것은 그냥 아파트 브랜드일 뿐이라고 하자 아파트에 캐슬이나 팰리스를 붙이는 경우가 어디 있느냐며 핀잔을 듣고 끝내 장학금을 받지 못했다고 한다. 다른 하나는, 시골에 계신 어르신들이 집에 찾아오기 힘들어졌다고 한다. 하기야 무슨 뷰니 스테이트니 팰리스니 하는 단어를 그분들이 제대로 발음이나 하시겠는가? 이 두 이야기는 물론 농담이다. 하지만 그저 웃어넘기기 어려운 데가 있다. 결국 우리나라의 요상한 아파트 이름은 외국인도 토종 한국인도 모두 고개를 갸웃거리게 만드는, 근본이 애매한 문화라는 뜻이니 말이다.

● 새로운 문화가 만들어지는 가운데 일부에서는 이를 비꼬아 '헐스테이트', '별로지오', '네…미안', '롯데개솔' 같은 별명으로 부르기도 했다. 최근에는 소위 1군 건설사들이 철근을 빼먹고 공사를 하는 추태를 보여 '순살자이'나 '흐르지오' 같은 신조어가 나타나는 웃지 못할 현상도 벌어진다.

성형수술의 메카

서울에서 버스를 타고 다니다보면 "너는 성형하러 강남 가니, 나는 OOO 간다!"라는 광고 방송을 듣곤 한다. 정말 신사동과 압구정동 그리고 강남역 주위에는 놀랄 정도로 많은 성형외과와 피부과가 성업 중이다.

외국의 유력 언론에서도 한국의 성형 문화가 종종 언급된다. "경쟁이 치열한 한국 사회에서 성형수술은 취업 및 인간관계의 필수 조건"(NBC), "어느 나라 미인대회든 참가자라면 성형수술을 하는 경향이 있지만 한국 여성들의 얼굴은 놀라우리만치 비슷하다. 이는 한국이 성형 공화국이라는 뜻"(『허핑턴포스트』), "한국은 성형수술의 메카"(CNN), "한국에 성형 광풍이 몰아치고 있다"(BBC), "한국 배우와 가수 등 대다수 연예인이 성형수술을 했고 성형 고객 대부분은 좋아하는 스타가 한 성형수술을 받기를 원한다"(『USA투데이』). 그리고 강남은 '성형수술 대국' 대한민국의 중심지이다. 그렇다면 이렇게 많은 성형외과가 강남에 자리 잡게 된 원인은 무엇일까?

앞서 압구정동 이야기를 하면서 강남 주부들이 재테크와 파출부 덕에 가사 노동에서 해방되면서 부동산 투기와 에어로빅, 골프, 볼링 같은 레저와 쇼핑으로 시간을 보냈다고 했는데, 그들은 외모에 대한 투자에도 열을 올렸다. 1988년 압구정동에 처음으로 차밍스쿨(charming school)이 생겼다. 주로 30대를 중심으로 많은 주부들이 '새로운 나를 발견하기 위해, 그리고 주변에서 예뻐졌다는 소리를 듣기 위해' 이 학원에 몰려들어 한동안 성시를 이루었다.

이런 정서적 기반에다가 1990년대 들어 서울의 경제적, 사회적 패권이 강남으로 넘어가면서 명동과 신촌에 있던 기존의 성형외과와 피부과가 강남으로 옮겨가기 시작했다. 사실 강남에서 개업을 하려면 임대료는 물론 인테리어도 고급스러워야 하기에 비용이 많이 든다. 그럼에도 성형외과와 피부과가 강남으로 몰려드는 이유는 강남에 자리 잡으면 강남과 강북의 고객은 물론 전국의 고객들을 모을 수 있기 때문이다.

정확한 수는 알 수 없지만 성형외과와 성형 시술을 겸하는 피부과, 외과 등을 포함하면 성형 관련 병원은 1,000곳이 넘는다고 한다. 어마어마한 수인데 시장도 그만큼 커져서 과거에는 20대 여성이 주요 고객이었지만, 지금은 10대 소녀부터 주름살 제거 수술을 받는 60대까지 찾아온다. 그리고 많은 남성들이 수술이나 시술을 받고 있다. 홍보 경쟁도 치열해서 심지어 "부모님 날 낳으시고, 원장님 날 만드셨네!"라는 황당한 문구의 플래카드가 한 성형외과 외벽을 장식하여 화제가 되기도 했다. 한국의 성형수술 기술은 세계 일류라는 평가여서 중국인과 일본인들도 수술을 받기 위해 강남을 찾아 '의료 관광'의 일익을 담당하고 있다. 실제 강남 거리를 지나다보면 성형에 해당하는 중국말과 일본말인 '정형(整形)'이란 단어가 포함된 간판을 자주 볼 수 있다(일본의 한 AV 배우는 강남에서 성형수술을 받고 예뻐진 외모를 발판 삼아 단박에 정상급 배우로 올라서기도 했다).

성형수술과 피부 시술 수준이 세계적이라는 사실이 우리나라의 자랑거리인지 아닌지를 논하고 싶지는 않다. 그러나 꼭 하고 싶은 이야기가 세 가지 있다. 성형수술의 정의는 선천적 또는 후천적으로 기형이 된 신체 부위를 정상적으로 만드는 수술이지, 멀쩡한 부위를 뜯어고쳐 아름답게 만드는 것이 아니다. 그런 수술은 '미용 수술'이라고 불러야 한다. 둘째, 버스와 지하철에 범람하는 성형외과 광고는 말 그대로 공해라는 사실이다. 뒤늦게나마 서울시에서 규제를 하고 있다지만 광고를 접하면서 기분이 상했던 경험을 한 사람이 비단 필자만은 아닐 것이다. 셋째, 양악 수술 등 몇 가지 수술은 사망자가 나올 정도로 상당히 위험한데도 너무 '대중화'되면서 안전한 수술처럼 여겨지고 있다는 것 역시 문제다.

성형수술 열풍은 강남 부동산 지도도 바꾸었다. 신논현역에서 신분당선 강남역에 이르는 강남대로, 신사동 가로수길, 청담동 청담 사거리, 논현동 차병원사거리를 중심으로 대형 성형외과 빌딩 신축이 잇따랐다. 과거에는 대부분의 성형외과가 빌딩 일부에 세 들어 있었으나 대형화 바람이 불면서 15~20층 규모의 빌딩을 직접 지어 통째로 사용하거나 빌딩을 매입하는 경우가 늘어 빌딩 거래 시장에서 성형외과가 주요 매수자가 되는 사례가 늘고 있다. 내국인은 물론 중국 등에서 미용 관광객이 몰려들면서 생긴 현상인데, 아예 외국인만 받는 글로벌센터도 여럿 생겨났다. 강남대로의 경우에는 전체 매장 2,137개 가운데 25퍼센트에 해당하는 524개가 성형외과와 피부과가 대부분인 병원이다. 음식점과 주점은 805개, 소매점은 393개라고 하니 소매점보다도 미용 관련 병원이 더 많은 셈이다.

대형 성형외과 건물의 증가 못지않게 호텔도 빠르게 늘고 있다. 의료, 관광, 숙박 특화 지역으로 인기를 끌고 있는 신논현역-차병원 사거리 일대에는 기존의 리츠칼튼호텔, 노보텔앰배서더호텔, 다이너스티호텔 외에 신규 호텔 공사가 한창이다. 지상 16~17층, 연면적

6,000~1만제곱미터 규모로 지어지는 이 호텔들은 바로 성형외과 급증에 따른 숙박 수요에 타깃을 맞추고 있다. 청담동 H공인중개사 관계자는 "병원에서 치료비에 숙박비까지 포함해놓고 지정 호텔을 알아봐 주는 경우도 많다"며 "장기간 머물러야 하는 관광객의 경우 호텔비가 부담스러워 주변 원룸이나 연립에 거처를 구하기도 한다"고 전했다.

보건복지부에 따르면 성형외과와 피부과의 '진료'와 '시술'을 위해 입국하는 외국인이 지난 2009년 2,851명에서 2013년 2만 4,075명, 2018년 7만 6,112명으로 10년 사이에 30배 가까이 늘어났다(물론 코로나 팬데믹 상황에서는 그 수가 급감했다). 여기에 단순 관광 목적으로 입국한 후 성형수술을 받는 외국인도 상당수 있음을 감안하면 실제 수요는 이보다 훨씬 많다는 게 업계의 관측이다. 특히 성형수술을 목적으로 입국한 외국인 관광객이 이 일대로 몰리자 주변 상권까지 들썩이면서 부동산 가치를 끌어올렸다. 실제로 2010년 G성형외과가 신사동의 한 건물을 사들일 당시 땅값은 평당 1억 5,000만 원선이었지만 2010년대 중반 팔린 인근 건물은 거래 가격이 평당 2억 1,070만 원으로 치솟았다. 또 다른 예로 연예 기획사가 집중되어 있던 한류거리 일대 이면도로변에 있는 10평짜리 점포의 임대료도 2010년대 중반 10퍼센트 이상 뛰었다. 코로나 팬데믹 상황에서 미용 관광객의 수가 급감하면서 그에 따라 부동산 가치도 영향을 받은 것이 사실이다. 하지만 BTS, 블랙핑크, 《오징어 게임》 등 한류 콘텐츠가 전 세계적인 인기를 끌면서 다시금 성형외과와 피부과가 혜택을 보고 있는 만큼 부동산 가치도 이전의 영화를 되찾을 가능성이 크다. 한편 영화계는 강남의 이 거대한 성형외과와 피부과를 콘텐츠 삼아

야심차게 마동석 주연의 《압꾸정》을 내놓았지만 60만 명 동원에 그치면서 흥행에 참패했고, 좋은 평가도 받지 못했다.

삼성타운과 새로운 스카이라인

21세기 들어 강남역 일대에는 새로운 스카이라인이 그려졌다. 특히 서초동 쪽에 차가운 색조와 단순한 기하학적 형태의 거대한 빌딩들이 불쑥 솟아오른 모습을 볼 수 있는데, 바로 이건희 회장의 집무실이 있던 '삼성타운'이다. 중구 태평로에 이은 두 번째 '삼성타운'으로, 이로써 삼성은 강북의 중심과 강남의 중심에 '삼성타운'을 가지게 되었다.

서초동 삼성타운은 3개 동의 빌딩으로 구성되어 있다. A동은 34층의 삼성생명, B동은 32층의 삼성물산, C동은 43층의 삼성전자이다. 수용 인원은 2만 명에 달한다. '삼성타운'을 만드는 데는 1조 원 이상의 거금이 들었다고 하는데 1993년 '삼성 패션단지'에서 시작해서 우여곡절 끝에 2008년 완공되었다.

삼성타운의 외관은 같은 크기의 유리판을 가로세로로 이어붙여 만들었는데 차갑고 정밀한 느낌을 준다. 어찌 보면 '삼성전자'답다는 느낌도 들지만 삼성의 본가치고는 그리 대단하진 않다는 느낌도 들어 실망했는데 필자만의 느낌일까? 그래도 위압적인 느낌이 아니고, 해방 이후 최악의 건축 3위에 오른 종로 삼성타워와 앞서 다룬 타워팰리스처럼 최악의 혹평을 받지도 않았다. 하지만 세계적인 조경가 피터 워커의 작품이라는 수식이 무색하게 내부 '공원'은 일반 시민들이 이용하기에 불편하다.

그림 30 강남역 일대의 모습(위)과 삼성그룹 본사(아래).

잘 알려져 있지는 않지만 지하에도 문제가 있었다. 삼성타운은 여름마다 반복되던 강남역 일대 침수와 관련되어 있었다. 사실 언제부턴가 강남역 일대는 전과 달리 비가 많이 오면 침수가 일어났는데, 삼성타운과 강남역을 연결하는 지하 통로를 만들기 위해 하수관을 이설해서 발생했다는 언론 보도도 있었다.

한편 삼성전자의 정문 앞쪽에는 '큐원'이라고 쓰인 큰 간판을 옥상에 세워놓은 낡은 6층 건물('윤빌딩')이 있었다. '삼성타운'이 빚는 스카이라인 아래에 있는 이 건물의 존재는 매우 이색적이었다. 삼성은 '당연히' 이 건물을 사려고 했으나 주인이 거부해서 실패했다고 한다. 삼성병원이 중간에 있는 야산을 사려다가 못 샀다는 이야기가 있는데, 이 건물도 그랬다. 이 낡고 '초라한' 빌딩은 삼성이 아무리 많은 돈과 권력을 가지고 있어도 세상을 제 맘대로 할 수 없다는 것을 보여주는 흥미로운 사례였다. 소유주가 세상을 떠난 후에는 상속되었는데, 삼성이 아닌 제3자에게 매각된 후 리모델링되었다.

사실 강남역 주변에는 '삼성타운'보다 훨씬 독특하고 거대한 빌딩들이 21세기 들어 많이 건설되었다. 우선 삼성타운 바로 건너편에는 물결치는 듯한 외관의 GT타워가 있고, 그 옆에는 더 독특한 도미노나 매트릭스를 연상하게 하는 '부티크모나코'가 있다. 1퍼센트의 최상류층, 그것도 미술과 음악에 조예가 있는 이들을 대상으로 한 부티크모나코는 오피스텔과 갤러리의 복합 공간 건축물로, 상업적으로도 건축적으로도 큰 성공을 거두었다.

신논현역 쪽 사거리에는 고층 빌딩으로는 드물게 붉은 벽돌로 마감한 '교보타워'가 있다. 교보타워는 기존의 제일생명 건물을 완전

그림 31 리모델링한 윤빌딩(위)과 부티크모나코(아래).

히 리모델링한 건물인데 이제 20여 년이 지나 '제일생명사거리'라는 이전의 버스 정류장 이름이 '교보타워사거리'로 바뀔 만큼 이 지역의 확고한 랜드마크가 되었다. 이 빌딩은 리움미술관과 남양성모성지 대성당을 설계한 세계적인 건축가 마리오 보타(Mario Botta)의 작품이다. 거대한 책을 연상하게 하는 외관에 진입로에 수변 공간을 배치했고, 실내에는 직선과 곡선이 어우러져 있다. 빌딩 외부에 설치한 조형물 '코레아 환타지아'도 일품이다. 그 대각선에는 콘크리트 외벽에 동그란 구멍이 규칙적으로 나 있는 '어반하이브'가 존재감을 드러내고 있다. 어반하이브(Urban Hive)는 '도시의 벌집'이라는 뜻으로 2008년 완공되자마자 강남구의 아름다운 건축으로 선정되었고, 2009년에는 제27회 서울특별시 건축상 대상을 받았다. 앞서 말했던 건축 잡지 『스페이스』가 선정한 해방 이후 한국 최고의 건축 13위에도 올랐는데 이는 강남의 빌딩으로는 유일하게 순위에 오른 건물이다(같은 논현동에 있으며 승효상 씨가 설계한 유홍준 교수의 자택 수졸당은 19위에 올랐다). 굉장히 높은 평가를 받았다고 할 수 있는데, 대각선 건너편의 교보타워와 정반대 스타일로 부조화 속의 조화를 멋지게 이루고 있기 때문일 것이다.

역삼동과 선릉, 삼성동 쪽으로 가면 또 다른 특색의 빌딩들이 늘어서 있다. 제철 회사 사옥답다는 느낌을 주는 포스틸타워와 강남파이낸스센터, 동부금융센터, 엔씨소프트 R&D센터, 지나치게 독특한 외관의 크링, 호텔 같지 않고 오히려 사무용 빌딩 같은 외관의 파크하얏트 등 2000년대에 건설된 많은 빌딩을 볼 수 있다. 이상의 빌딩들은 21세기 들어 한국의 건축이 어떻게 바뀌었는지 보여주는 홀

륭한 교재들이다. 하지만 앞서 이야기했듯 외국의 유명 건축가와 설계 회사들의 '봉' 노릇을 하는 현실의 그늘 역시 짙다는 사실도 부인할 수 없다.

신사동 가로수길

서울에는 3개의 신사동이 있다. 강남구 신사동, 은평구 신사동, 관악구 신사동. 한자는 전부 다 다르다. 은평구 신사동(新寺洞)의 경우 동명 역은 안 된다는 원칙 때문에 해당 지하철 6호선 역의 이름은 새절이 되었다. 관악구 신사동(新士洞)은 원래 '신림4동'을 줄여 부르다가 아예 이름을 바꾼 경우이다. 여기서 이야기하려는 강남구 신사동(新沙洞)은 원래 새말(新村)과 모래벌이란 뜻의 사평(沙坪)의 앞 두 글자를 합쳐 만든 '신사리'에서 유래했다. 사평이라는 지명은 현재 사라지고 없고 다만 지하철 9호선의 역 이름 정도로만 남아 있다.

강남구 신사동은 1980년에 압구정동이 독립해 분리되면서 강남에서 유일하게 아파트가 없는 동이 되었다. 신사동에서 특히 가로수길 일대는 전혀 강남답지 않으며 강북처럼 구불구불한 골목길이 많고, 1980년대와 1990년대에 지어진 다세대주택과 빌라가 많이 들어서 있다. 2차선에 불과한 가로수길에 심은 은행나무는 1970년대 말 새마을 지도자들이 심은 것이라고 한다.

신사동 가로수길이 특이해지기 시작한 해는 1982년이었다. 1978년 인사동에 문을 연 예화랑은 인사동이 번잡해지고 땅값이 오르자 한적한 이곳으로 이사했다. 그때는 강남에 문화시설이라고는 말 그대로 전무한 시절이었다. 그런데 예화랑이 이곳에 자리 잡으면서 서서히 화랑과 갤러리, 액자 가게와 골동품점들이 들어서기 시작했다. 강남 개발로 떼돈을 번 사람들이 주 고객이었다. 그러다가 1989년에 에스모드, 그리고 1991년에 서울모드라는 의상 디자인 학원이 이곳에 문을 열면서 패션 학도와 디자이너들이 찾아오기 시작했다. 이때부터 신사동에 젊은이들이 모여들었다.

그러나 신사동은 1997년 IMF 외환 위기를 거치며 큰 변화를 겪는다. 그림 수요가 사라졌고 예화랑과 표화랑 등 몇 군데를 제외하고는 모두 어디론가 떠나갔다. 화랑과 액자 가게가 비운 자리는 자작의류와 액세서리를 파는 디자이너숍들이 메웠다. 또 영화《은행나무 침대》,《엽기적인 그녀》의 흥행 성공으로 유명해진 신씨네프로덕션을 비롯한 영화 관련 회사와 조직들이 가로수길과 그 주위에 많이 들어왔다. 더 정확히 말하면, 지갑이 얇은 창작 관련 업계 사람들이 길이 좁아서 임대료가 싼 이곳에 몰려든 것이다. 그 덕분에 신사동은 시나브로 '강남의 충무로'로 변모했다.

2000년대에 들어서서 신사동 가로수길은 쇠퇴하기 시작한 압구정 로데오거리의 대안으로 주목을 받기 시작했다. 2003년 들어 가로수길은 다시 큰 변화를 겪는다. 공시지가가 30퍼센트 이상 오르면서 임대료가 치솟았고 이를 버티지 못하고 가로수길 특유의 아틀리에며 카페들이 문을 닫고 떠났다. 또한 건축 용적률 허용치가 법적으로 300퍼센트에서 200퍼센트로 낮아진다고 하자 집주인들이 용적률을 높여두기 위해 서둘러 건물을 증축했는데, 인접한 북쪽 대지에 최소한의 일조권을 보장해주어야 했기에 북쪽 면을 경사지게 지어 가로수길 특유의 '스카이라인'을 만들었다. 현재 가로수길은 40여 년 전의 강남과 현재의 모습이 공존하는 독특한 분위기가 있고 한강 둔치를 쉽게 찾을 수 있어 젊은이들은 물론 중국과 일본 관광객들도 많이 찾는 명소가 되었다.

한편 가로수길은 기존의 터줏대감 같은 가게들과 문화 예술 관련 업소들이 '세로수길'이라고 불리는 옆 골목으로 밀려나고 스타벅스, H&M, 포에버21 등 어디서나 볼 수 있는 대형 매장들이 그 자리에 들어서면서 패션과 뷰티의 성지로 각광받기도 했다. 하지만 지나친 임대료 상승과 MZ세대의 외면으로 공실률이 높아지는 등 급격하게 쇠퇴하고 있다. 그럼에도 건축가 조한의 표현대로 신사동 가로수길은 높아봐야 6층 정도 되는 독특한 건물들이 건축의 향연을 벌이고 있고, 언제나 '현재만을 지향'하는 강남에서 역사를 고스란히 간직한 드문 곳이다. 더 이상 망가지지 않고 분위기를 잘 보전하길 바라는 마음이다.

황금 노선 또는 지옥철: 지하철 9호선

지하철 9호선은 직통 급행을 운영하는 첫 지하철이기도 했지만 서울시 직영이 아닌 호주 투자은행인 맥쿼리가 사실상의 운영 주체라는 점에서 독특했다. 맥쿼리는 2000년대 초반부터 한국의 사회간접자본 시설에 투자해왔다. 한때 이명박 대통령은 맥쿼리로부터 대규모 투자를 유치한 것처럼 홍보했지만 맥쿼리의 실제 투자 금액은 통틀어 2조 4,000억 원 규모에 지나지 않는다. 그의 임기 동안 4대강 사업에 쏟아부은 예산이 약 22조 원이라는 점을 생각하면 결코 큰 금액이 아니다. 그리고 사실 맥쿼리의 투자를 유치했다는 것보다 더 중요한 문제는 맥쿼리가 민간 투자 사업이라는 명목으로 국내의 도로, 철도, 터널, 항만 등에 투자하면서 최소의 투자 금액으로 최고의 안정된 수익을 낼 수 있도록 일종의 특혜성 협약을 맺은 데 있었다. 맥쿼리가 국내에 투자한 사업 대상은 모두 16개였고 그중 2개가 서울 강남에 있다. 바로 우면산터널과 지하철 9호선이다.

대부분의 민간 투자 사업의 경우 교통 수요를 과다 예측하는 경우가 많다. 최소운영수입보장(MRG, Minimum Revenue Guarantee)에 의해 민간사업자의 이익을 보장해주었기 때문이다. 최소운영수입보장 제도에 의해 80퍼센트의 보상을 받기로 한 민간 투자 사업의 협약을 사례로 들어보자. 이 경우 터널이나 도로에 차량 100대가 지나간다고 예측하고 실제 개통 후 30대만 지나간다면, 70대의 통행료는 모두 사업자의 손실로 인정되고 이 금액의 80퍼센트를 세금으로 보전해주어야 한다. 그래서 맥쿼리와 같은 민간 투자 사업자는 가급적 예측 통행량을 과다 예측하는 경향이 있다. 이러한 민자 투자 사업의 수익 구조상 이윤은 당연히 예측 통행량을 얼마나 많이, 또 얼마나 최대치로 잡았느냐에 따라 크게 좌우되기 때문이다. 그리고 그에 따라 합법적으로 세금이 줄줄 새어나갈 수 있다.

그런데 지하철 9호선의 경우에는 오히려 예측 통행량이 과소하게 계산된 특이한 사례였다. 유일하게 강서구에서 송파구까지 강남 3구와 준(準)강남인 여의도와 목동을 모두 통과하는 노선인 9호선은 2009년 7월에 개통되었다. 이듬해인 2010년 9호선의 일평균 통행량은 예측 통행량의 97퍼센트에 육박했으며, 2012년에는 일평균 통행량이 103.8퍼센트로 예측 통행량을 앞질렀다. 2015년 3월에는 종합운동장까지의 2단계 구간이 개통되었다. 지하철 9호선이 사업자에 겐 황금 노선임과 동시에, 시민들에겐 지옥철이 된 근본 이유가 바로 여기에 있다. 노선의 서쪽인 강서구 마곡지구와 김포 신도시로 인한 수요 증가를 충분히 반영하지 못했기 때문이다. 게다가 민간사업자 가 비용 절감을 위해 전동차 4량만 운영했고, 증차를 결정했어야 할 시점인 2011년에는 오세훈 시장이 시장직을 걸고 밀어붙인 무상 급 식 주민 투표와 이어진 서울시장 보궐선거로 의사 결정이 미루어졌 다가 증차가 확정되었다.

지하철 9호선은 민간 투자 사업에 대한 사회적 공분을 바탕으 로 맥쿼리가 소유 지배 구조에서 손을 떼고, 그 자리를 시중 은행들 이 대거 참여해 메웠다. 1,000억 원 규모의 시민펀드가 하루 만에 동 이 나면서 사회적 관심을 모으기도 했다. 어쨌든 결과는 해피엔드였 다. 서울시가 사업 재구조화와 협약 변경을 통해 지하철 요금 인상 권한을 사실상 서울시로 회수했고, 30년간 최소운영수입보장으로 인한 보전액 등 약 3조 2,000억 원의 세금을 절감할 수 있게 되었으 니 말이다.*

---

* 우면산터널과 지하철 9호선 문제를 집중 제기했던 이 책의 공저자 강희용 전 서울시의 원은 참여연대와 민변의 행정사무조사 발동 청원을 소개하여 서울시의회 산하에 '지하 철 9호선 및 우면산터널 등 민간 투자 사업 특혜 의혹 규명을 위한 행정조사특별위원 회'를 구성하는 데 앞장섰다. 강 의원은 민간 투자 사업의 문제점을 다룬 영화《맥코리 아》를 공동 기획하고 작가 공지영, 연출가 탁현민 등과 함께 출연하기도 했다. 이 영화 는 국제투명성기구 한국본부가 수여하는 올해의 투명사회상을 수상했다.

강남 스타일

2012년에 발표된 싸이의 〈강남스타일〉은 유튜브를 통해 세계적으로 50억 뷰를 넘길 정도의 엄청난 호응을 얻으며 메가 히트곡이 되었다. 덕분에 '강남'은 이제 세계적인 명소가 되었다. 싸이 자신이 강남에서 자랐고 그의 어머니가 청담동에서 퓨전 식당을 운영하고 있기도 하니 그는 여러모로 강남에 연고가 많다. 그에게 강남은 아마 일상의 무대이자 더 나아가 고향 같은 곳일 것이다. 그러므로 그가 애정을 갖고 '강남'을 소재로 삼았으리라고 생각할 수 있다. 이렇게 보면 〈강남스타일〉은 '강남 찬가'로도 볼 수 있을 것이다. 그런데 이 노래를 들으면서 강남의 세련미나 강남에 대한 동경이 바로 느껴지지는 않는다. 한참 웃고 나서나 어렴풋이 느낄 수 있다. 그렇다면 이 노래를 어떻게 이해해야 할까?

가장 흔한 반응은 이 곡이 강남에 대한 재미있는 풍자라는 것이다. 어떻게든 '폼'을 잡지만 오히려 우스꽝스럽게 되고 마는 것이 '강남 스타일'이라는 것이다. 이런 비평은 '강남'에 대한 한국인들의 '일반적인 생각'과 맞닿는 데가 있다. 많은 사람들이 강남의 돈과 힘, 환경을 동경하면서도, 한편으로는 전통이나 평균적인 한국인이란 측면에서 무언가를 결여한 것처럼 보이는 강남을 경멸하거나 싫어하는 감정을 갖고 있다. 싸이의 〈강남스타일〉에는 확실히 이런 분위기가 있다. "정숙해 보이지만 놀 땐 노는 여자"가 대표하듯 클럽 부킹 멘트처럼 보이는 가사는 강남을 육체적 욕망을 노골적으로 드러낼 수 있는 공간으로 묘사하고 있다. 그럼에도 이 노래는 결코 공격적이지 않다. 싸이의 웃기는 말춤이 보여주듯이 오히려 이 곡은 그러한 육체적 욕망의 유치함을 '쿨'하게 털어놓는다. 그리하여 강남에 대해 알게 모르게 경멸감을 가진 사람들마저 팬으로 만든다.

하지만 이와는 결이 다른 의견도 있다. 〈강남스타일〉의 메시지는 강남에 대한 관찰자적 조롱이 아니라 자기 조롱이라는 것이다. 사실 싸이는 강남에 뿌리를 가지고 있지만 일단 외모부터 전혀 '강남 스타일'이 아니다. 그럼에도 싸이가 자신을 강남 스타일이라고 우기며 허세를 떠는 것이 이 곡의 핵심이라는 것이다. 이런 해석에 따르면 〈강남스타일〉에서의 '강남'은 조롱의 대상이 아닌 선망의 대상이다. 즉 "오빠 강남스타일"이란 말 자체는 충분히 "난 이렇게 잘나가고 멋진 사람이니 의심 없이 넘어와도 좋다"라는 뜻으로 이해할 수 있다. 다시 말해 이 경우 '강남'은 진실로 '멋지고 잘나가는 것'이다. 그러나 말이 된다고 해서 주인공의 현실이 그렇다는 의미가 되진 않는다. 주인공이 스스로 '강남 스타일'이 아님을 깨달았을 때 자괴감이 들지 않겠는가? 현실의 그는 놀이터에서 열대 해안처럼 일광욕을 즐기고, 대중목욕탕에서 수영을 하고, 정장을 입고 다니며 거리에서 여자 엉덩이를 보고 침을 흘린다. 이렇게 보면 이런 허세가 이 노래의 핵심이 되고, 〈강남스타일〉의 주제 또한 '강남 비판'이 아닌 싸이의 '셀프 디스'가 된다. 그리고 대중은 재미있어하면서도 한편으로는 오히려 그 '당당함'이 '쿨'하다는 느낌을 받는다. 대중들의 이런 느낌은 틀리지 않았다. '셀프 디스'는 사실 당당한 사람만이 할 수 있기 때문이다.

싸이는 강남 출신임에는 분명하지만 주류는 아니었다. 반도체 기업을 경영하는 아버지 덕에 물질적 풍요를 누릴 수 있었지만 '딴 따라'의 길을 가기 위해 국내 대학은 물론 집에서 보내준 미국 대학도 스스로 걸어 나왔다. 그의 작품도 인기와는 별개로 '품위'라는 측면에서 강남 주류의 스타일이 아님은 분명하다. 어쩌면 이 노래에는 '강남 비판'과 '셀프 디스'가 모두 섞여 있는지도 모르겠다. 1990년대를 풍미했던 X세대의 진화된 감성을 복합적으로 보여주는 문화 상품일 수도 있지 않을까?

〈강남스타일〉은 '대한민국 대통령 취임식' 축하 무대에까지 올랐으며, '2030 부산엑스포 유치 홍보 동영상'에도 등장했다.* 이를 두고 일각에서는 노래 자체보다 세계적인 히트곡이라는 '실적'에 한국 특유의 민족주의, 그리고 과시주의가 반응한 결과라는 비판이 나오기도 했다. 의미 있는 주장이지만 자칫 이 책의 주제인 강남에서 너무 멀어질 수 있으므로 이 정도로 줄여야겠다.

2012년 10월, 10만 명이 넘는 인파가 모인 싸이의 무료 공연은 강남이 아닌 시청 앞에서 열렸다. 강남에는 그만한 광장이 없기 때문일 텐데, 그럴 때마다 필자는 그런 광장을 만들 수 있었던 땅이 충분했던 시절을 다시 곱씹게 된다. 서울시가 발표했던 '영동대로 지하 공간 복합개발사업' 계획에 따르면 강남도 먼 길을 돌아 드디어 광장을 갖게 될 것 같다. KTX 동북부 연장선, GTX A·C선, 삼성-동탄선, 위례-신사 경전철 등을 한곳에서 이용하는 거대한 지하 역사를 만들고 그 일대에 지하 도시를 건설하며, 지상에는 광화문 광장보다

---

* 많은 이들이 '2030 엑스포' 부산 유치에 난데없이 〈강남스타일〉이 왜 등장하냐고 비판했다. 이 때문만은 아니겠지만 부산은 사우디아라비아 리야드에 4배가 넘는 표 차이로 참패를 당했다.

2.5배나 큰 광장을 조성한다는 것이다. 두고 볼 일이다.

어쨌든 영화《강원도의 힘》이 '강원도의 힘'이 아니었음에도 강원도에서 잘 써먹는 말이 되었듯이 〈강남스타일〉 역시 진짜 '강남 스타일'과는 거리가 있지만 강남구가 잘 써먹는 단어가 되었다. 재미있는 현상이 아닐 수 없다. 2016년 4월 15일, 강남구청은 말춤에 등장하는 X자형 두 손목을 형상화한 '강남 스타일' 조형물을 〈강남스타일〉 뮤직비디오 촬영지인 코엑스에 세웠다. 강남구청은 4억 원의 예산을 들여 만든 높이 5미터, 폭 8미터의 이 조형물이 전시된 공간이 '세계적인 명소'가 될 것이라고 장담하지만 적어도 지금까지 시민들의 반응은 호의적이지 않다.

주춤하는 강남 아파트 재건축

문재인 정부 들어 다시 부동산 가격이 상승하자 이를 우려한 박원순 전 서울시장은 한강변 경관 훼손 등을 명분으로 '35층 룰'을 만들었다. 하지만 윤석열 정부는 30년이 지난 아파트의 경우 아예 안전 진단을 폐지했고 35층 룰도 없애버렸다. 그럼에도 아직 삽도 제대로 뜨지 못한 초대형 단지들이 수두룩하게 남아 있다.

대표 주자가 5,002세대 규모의 '반포 주공아파트 1단지(1·2·4주구)'이다. 현대건설이 시공사가 되었는데, 커뮤니티 시설 중에는 아이스링크, 오페라하우스도 있다. 아무리 강남이라고 해도 지나치다는 느낌이 든다. 문제는 최근 현대건설이 재건축조합에 2조 6,000억 원이던 공사비를 4조 원으로 늘려달라고 요청했다는 사실이다. 코로나 기간 동안 외국인 근로자 수급에 어려움을 겪으면서 건설 인건비가 치솟았고, 러시아-우크라이나 전쟁 등의 여파로 시멘트와 철근 같은 주요 자재 가격의 급등으로 현재 책정된 비용으로는 공사를 진행할 수 없다는 이유에서였다. 현대건설이 요구한 공사비 증액분 1조 4,000억 원을 조합원 수(2,293명)로 나누면 1인당 6억 원이 넘는다. 일단 2024년 4월 28일 착공식을 열기는 했지만 공사비 협상에 난항이 예상되며, 향후 일정이 줄줄이 밀릴 가능성이 크다.

물론 이런 현상은 반포 주공아파트 1단지만의 일이 아니다. 단지 규모는 작지만 입지가 좋아 청약 수요자들의 관심이 높은 서초구 잠원동 '신반포 22차'도 평당 500만 원이었던 공사비를 2배 이상 올리는 문제로 시끄럽다. 송파구 잠실 진주아파트 재건축 사업도 시공사의 요청으로 평당 660만 원이었던 공사비를 889만 원으로 인상하는 방안을 추진했지만 조합 총회에서 부결되었다. 가장 거물인 압구정동 현대와 한양, 잠실 5단지, 은마아파트 등은 진도가 한참 덜 나간 상황이다. 또한 이제는 완전히 노인이 된 강남 1세대들이 재건축에 소극적인 경향을 보이는 것도 악재이다. 이들은 이미 주거 아파트 외에도 상당한 부를 축적한 상태이기 때문에 재건축을 통한 수익이 그리 매력적이지 않다. 그들은 농담 반 진담 반으로 이삿짐이 너무 많기도 하고, 속된 말로 '이렇게 살다 죽겠다'는 식의 생각을 하고 있다.

자잿값 인상은 물론 인구 감소와 극심한 불경기가 겹치고 있는 상황에서 한때 '황금알을 낳는 거위'였던 강남 아파트 재건축의 미래는 장담하기 어려운 실정이다. 참고로 강남 3구와 과천, 여의도 등 범강남권을 합치면 재건축 시장은 10만 세대가 훌쩍 넘는다. 이 단지들의 재건축 성공 여부는 결국 강남을 넘어 한국 부동산 시장의 미래를 결정하는 중요한 요소가 될 것이다.

테남과 테북

이미 개발 초기부터 고소득 전문직과 정권 친화적 중산층이 자리 잡기 시작한 강남 지역은 반세기가 지나면서 '구별 짓기' 현상마저 생겨나고 있다. 이를 상징적으로 보여주는 말이 '테남'과 '테북'이다. 강남구를 가로지르는 테헤란로의 남쪽과 북쪽을 가리키는 이 말은 압구정동, 청담동, 논현동, 삼성동에 사는 주민들이 자신들이 사는 테북이야말로 진짜 강남이며, 그 아래 지역인 '테남'은 진짜 강남이 아니라는 의미로 만들어냈다. 거주지를 물을 때 강남이라고 하지 않고 '압구정동 산다'거나 '청담동 산다'고 답하는 현상이 이를 대변한다.

테남의 '스카이 캐슬'인 타워팰리스 내부에서도 구별 짓기 현상은 나타난다. 14년째 타워팰리스에 살고 있는 A(45)씨는 "먼저 들어온 1차 입주민들이 2, 3차 입주민들에 대해 자신들은 대기업 임원과 의사, 변호사, 교수 등 지적 수준이 높은 고소득층이 대부분인데 2, 3차 입주민들 중에는 근본 없는 장사치가 많다며 은근히 낮춰보는 경향이 있다"고 말한다(『건축 멜랑콜리아』).

이런 태도가 옳고 그르냐를 떠나 테북 주민들이 도곡동, 개포동, 대치동 등 테남 주민들에 비해 자산은 물론 사회적·문화적 자본이 한 수 위라는 것은 정설이다. 압구정동에 밀집되어 있는 금융기관이 이를 증명한다. 간단히 말해 부동산과 금융 자산만으로 상류 생활이 가능한 이들이 상대적으로 테북에 많이 산다는 의미이다. 하지만 양지 중의 양지인 테북에도 어두움은 존재한다. 대표적인 사건이 박근혜·최순실 사태였다. 대통령 탄핵을 불러왔을 정도로 엄청난 사회적 충격을 가져온 이 사건의 공간적 무대는 청와대와 이화여대를 제외하면 놀랍게도 거의 테북이었다. 최순실의 압구정동 빌딩, 박근혜의 올림머리를 해준 토니앤가이 미용실, 미르재단과 K-스포츠재단, 박근혜의 삼성동 자택, 청담고, 최순득 소유의 승유빌딩, 우병우(압구정동 현대아파트)와 차은택(청담동 빌라)의 거주지, 문제의 테블릿피시가 발견된 부원빌딩, 김영재 성형외과, 최순실의 주소지였던 피엔폴루스 등 그야말로 수두룩하다.*

　강남 내부에서 일어나고 있는 차별화, 구별 짓기가 여전히 계속되고 있다는 현실을 보고 있으면 강남을 배경으로 한 또 다른 대형 사건이 발생할 가능성이 높다. 여전히 이곳에 권력과 돈, 고급 정보가 모두 모여 있기 때문이다.

---

* 이에 대해 좀 더 알고 싶은 독자들은 지은이 한종수가 안내하는 《'순실로드' 가보니…〔정혜전 앵커출동〕》, 《〔일요i캠▶〕 "여기가 그네순실로드"…국정농단 현장 직접 찾는 사람들》, 《〔밀착카메라〕 국정농단 흔적들…'순실 로드' 가보니》, 《'그네-순실로드' 국정농단 현장 직접 보니 "참담"》 등의 동영상을 유튜브에서 시청할 수 있으니 참고하라.

서울시 도시기본계획과 강남

도시기본계획이란?

1962년 수립된 남서울 개발안과 1970년대의 영동 개발 계획 이후 본격화된 강남 개발은 1980년대 초반 도입된 도시기본계획 제도에 의해 탄력을 받는다. 도시기본계획은 도시계획에서 법률로 규정하는 공간 계획 가운데 최상위 지위를 갖는다. 국가는 이 제도를 통해 무분별한 도시화를 억제하고 그린벨트를 보호하며, 시가화 용지와 시가화 예정 용지 등에 대한 효율적이고 체계적인 도시계획 관리를 도모한 것이다.

강남의 경우 1970년대 영동 개발을 통해 계획도시의 면모를 갖추었다. 그러나 그린벨트 훼손이 우려되었고 무분별한 도시 확장을 억제할 필요성이 제기되었다. 서울시는 1981년 처음 도입된 도시기본계획 제도가 법정 계획으로 정립된 이후, 1990년에 이르러서야 목표 연도 2000년을 기준으로 최초의 서울시 도시기본계획을 수립하였다. 이후 1997년과 2006년에 재정비를 거쳐 모두 세 차례 도시기본계획을 수립했고 2014년에 이르러 네 번째 계획인 '서울플랜'을 수립하였다.

2000서울도시기본계획과 강남

1990년에 수립된 최초의 서울도시기본계획은 2000년을 목표 연도로 삼았다. 새로운 천 년에 대한 기대와 우려가 교차하는 가운데, 서울시는 '통일 한국의 수도', '태평양 시대의 중추 도시', '시민을 위한 도시' 등 다소 거창한 구호로 서울의 미래상을 설정했다. 도시기본계획에서 도시 미래상은 계획 전체의 콘셉트이자 모티브 역할을 한다. 그런 점에서 새로운 천 년을 맞이하며 수립한 도시기본계획에는 이 같은 원대한 포부가 담겨 있었다.

특히 남북한 분단 시대를 딛고 통일 시대를 열겠다는 의지와 극동아시아의 골방에서 벗어나 태평양 시대를 주도하겠다는 의지를 과감하게 표현하기 시작했다. 국가 차원의 선언이 아니라 도시 차원의 표현이라는 점에서 향후 국가 주도의 시대에서 도시 주도의 시대가 열릴 거라는 전망을 반영한 것이기도 했다. 아울러 서울특별시라는 행정 경계를 넘어 수도권 전체를 아우르는 '광역 대도시권' 개념을 반영하기 시작했다.

1970년대부터 진행된 강남 개발(영동 개발)은 1990년까지 20년 가까이 강남북 간의 불균형이라는 새로운 사회문제를 야기했다. 강북에 있던 명문 고등학교의 강남 이전과 맞닿은 교육 격차와 부동산

도심

청량리

신촌

영등포

영동

잠실

—— 기존 도시고속도로
········· 계획 도시고속도로
—— 기존 전철
········· 계획 전철

그림 32 2000서울도시기본계획의 공간 구조 개편 구상.

및 사회 인프라 격차는 점차 심화되고 있었다. 이를 해소하기 위해 고건 시장이 주도한 '2000서울도시기본계획'은 '강남북 균형 발전'과 '다핵 도시로의 재편'을 본격 추구했다. 이때부터 강남의 독보적인 발전은 견제받았다. 하지만 이는 오히려 강남의 특수한 권력 지위를 본격 형성시킨 계기였다고 해도 과언이 아니다.

2000서울도시기본계획은 서울을 1도심-5부도심-59지구중심의 다핵 구조로 재편하고자 했다. 1도심은 전통적인 사대문 안의 중심인 광화문과 종로, 중구 일대를 의미하며, 1도심 체계는 '2020서울도시기본계획'까지 이어졌다. 5부도심은 영동-영등포-잠실-신촌-청량리 순으로 위계가 설정되었다. 현재의 강남인 '영동'은 이미 영등포를 한참 앞질렀으며, 동쪽에 같은 등급의 부도심 지위를 갖는 '잠실'까지 두게 되어 개발 가능성과 개발 수요가 한층 더 높아졌다. 반면 강북 지역에는 기존의 도심을 제외하고 신촌과 청량리를 부도심으로 지정하여 강남북 간 개발 불균형을 해소하고자 했지만, 영동을 중심으로 좌 영등포, 우 잠실을 둔 강남벨트에 비해 상대적으로 무게감이 떨어졌다.

2011서울도시기본계획과 강남

1990년대 초반 지방자치제의 본격 도입으로 자치구가 형성되었다. 지방자치제의 발전은 도시기본계획 수립에 있어 새로운 질서를 낳았다. 자치구의 계획이 서울시 도시기본계획에 반영되기 시작했고 자치구 간의 개발 경쟁도 가열되었다. 조순 시장이 주도한 '2011서울도시기본계획'의 미래상은 '인간 중심의 살고 싶은 도시'였다. 기존의 '통일 한국의 수도'니 '태평양 시대의 중추 도시'니 하는 거창한 구호는 사라졌다. 지방자치제가 본격 시행됨으로써 주민 중심의 도시기본계획이 자리 잡기 시작했음을 방증하는 것이다. 또한 급속한 도시화에 따른 비인간적 공간 구조와 인간 소외를 극복하겠다는 의지의 표명이기도 했다. 인구 급증과 과밀화로 인한 만성적인 교통 체증과 더욱 심화된 강남북 간 불균형으로 인한 공동체적 위기감이 반영된 결과이기도 했다.

2011서울도시기본계획에는 이전 계획에 비해 더 실질적인 강남북 간 격차를 해소하려는 구상이 엿보인다. 상암, 용산, 뚝섬 등 강북 지역의 대규모 개발이 구상된 것이다. 강서 지역의 마곡지구도 이때 구상되었다. 서울 부도심권 내 대규모 택지 개발 구상은 1997년 외환 위기 직전까지 불었던 개발 바람과도 무관하지 않았다. 계획 수립 직후 불어닥친 외환 위기로 상암, 용산, 뚝섬, 마곡 등에 대한 개발 기대는 급속히 시들었지만, 일산, 분당 같은 서울 외곽 신도시들에 비해 서울 내 대규모 개발지라는 점에서 외환 위기 극복 이후 기대감은 다시 빠르게 회복되었다.

이때 구상된 상암지구와 마곡지구는 현재 서울시의 대표적인 성장 동력으로 인정받고 있으며 도시기본계획의 성공 사례로 평가받는다. 용산과 뚝섬은 용산 국제업무지구의 지연과 뚝섬 현대자동차 사옥 건립 계획의 좌초로 잠시 주춤하고 있지만, 여전히 높은 개발 잠재력을 보유하고 있다.

기존 도시기본계획이 '도심-부도심-지구중심'의 3단계 관리 체계였다면 2011서울도시기본계획은 '지역중심' 개념을 도입하여

■ 도심
■ 지역중심
○ 지구중심

상계
연신내
미아
망우
수색
신촌   도심
               왕십리
               청량리
공덕 용산   천호·강동
영등포
                     잠실
목동   영동
대림   사당·남현

그림 33 2011서울도시기본계획 공간 구조 개편 구상.

'1도심-4부도심-11지역중심-54지구중심'으로 재편되었다. 이는 1990년대 이후 고도 도시화와 경제성장을 거치면서 도시 내 공간의 위계질서가 보다 고도화된 현실을 반영한 것이기도 하다.

　　그림 33은 2011서울도시기본계획의 공간 구조 개편 구상을 보여준다. 영동은 부도심 지위를 그대로 유지했지만, 잠실은 부도심 지위에서 '지역중심'으로 한 단계 낮아졌고, 천호와 강동이 새로이 '지역중심'으로 등장했다. 이는 잠실-천호·강동으로 이어지는 지역이 상업 중심지가 아니라 주거 중심지로 자리 잡기 시작했음을 보여준다. 신촌 역시 기존 부도심 지위에서 한 단계 하락한 '지역중심'으로 지정되었고, 청량리는 왕십리와 연계돼 부도심으로 확장되기에 이르렀다. 그리고 용산이 새로운 부도심으로 등장했다. 청량리와 용산의 중요도가 커진 이유는 실질적인 강남북 균형 발전을 강제하기 위한 정책적 의도와 더불어 중앙정부 차원의 철도 계획과 서울시 차원의 도시 철도 계획의 연계성이 강화되었기 때문이다. 영동을 중심으로 한 강남권은 여전히 부도심 지위를 유지했다. 이미 강남은 자체 개발과 관리가 충분히 가능한 자생력과 개발 여력을 갖추었다는 판단이 내려졌다. 그렇기에 2011서울도시기본계획에서는 이전보다 과감하게 강북을 정책적으로 배려하고 개발 노력을 투입하겠다는 의지를 내보일 수 있었다.

2020서울도시기본계획과 강남

민선 4기 시정이 시작된 2006년에 이명박 서울시장 주도로 '2020서울도시기본계획'이 수립되었다. '자연과 인간', '역사와 첨단이 어우러진 세계 도시 서울'을 미래상으로 제시했다. 계획의 기조는 '치유와 회복'이었다. 외환 위기 이후 숨 가쁘게 달려와 거칠어진 사회 정서를 달래자는 의미도 있겠지만, 고도 도시화에 따른 갈등과 분열, 소외와 독점이라는 사회적 지형을 치유하겠다는 의지도 엿보인다. 그러나 이명박 시장은 외환 위기 이후 우리 사회에 불어닥친 신자유주의적 질서를 도시기본계획에 반영하여 대대적인 규제 완화를 시도했다. 제4차 국토종합계획과 제2차 수도권정비계획 및 개발제한구역 우선 해제 등 상위 계획에 담긴 규제 완화 기조를 적극 반영하여 그린벨트 우선 해제를 위한 토대를 만들었다.

이 시기 서울시는 참여정부의 행정수도 이전 정책에 맞서야 하는 상황에 직면했다. 중앙정부 부처와 공기업의 지방 이전으로 예상되는 서울시의 공백을 메울 도심 개발 계획이 요구되었다. 청계천 복원 같은 서울 도심의 재생 사업과 도심 재개발을 위한 뉴타운 사업이 본격 추진되었다. 철거로 인한 전쟁이 서울시 곳곳에서 벌어졌고, 원주민이 견디지 못하고 보금자리를 떠남으로써 서민의 주거 불안정이 가속화되었다. 규제 완화와 개발 열풍이 서울시 전체를 개발과 소외의 양극화 전쟁으로 내몰기 시작했다.

2020서울도시기본계획이 담고 있는 도심 체계는 '1도심-5부도심-11지역중심-53지구중심'으로 이전과 크게 다르지 않았다. 기존 4부도심 체계에서 상암, 수색이 새롭게 부도심으로 진입했다. 이때만 해도 상암은 개발 초기 단계였는데, 이명박 서울시장은 상암지구의 대규모 택지 개발과 조기 분양을 위해 단숨에 부도심으로 승격시켰다. 파격적인 조치였다.

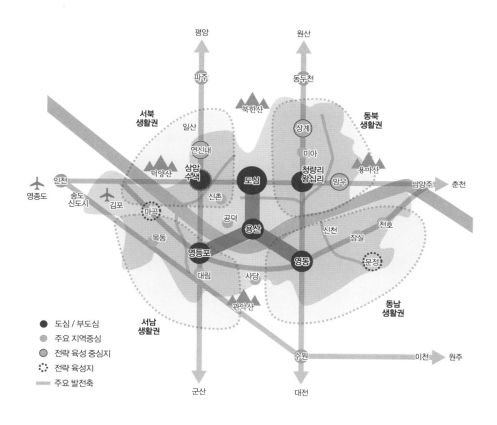

서북
생활권

평양

파주

북한산

동북
생활권

원산

동두천

일산

연신내

상계

미아

덕양산

상암
수색

도심

청량리
왕십리

용마산

망우

남양주

춘천

영종도

인천

신촌

송도
신도시

김포

마곡

공덕

용산

신천

잠실

천호

목동

영등포

영동

문정

대림

사당

동남
생활권

관악산

서남
생활권

이천

원주

● 도심 / 부도심
● 주요 지역중심
◎ 전략 육성 중심지
⋯ 전략 육성지
━ 주요 발전축

군산

수원

대전

그림 34 2020서울도시기본계획 개념도.

2020서울도시기본계획에서 강남의 지위는 여전히 영동을 중심으로 한 부도심이었다. 이때 5개 생활권역 개념이 도입되었는데 영동 부도심에는 서초, 강남, 송파, 강동을 아우르는 동남 생활권의 중심지 역할이 부여되었다. '어디까지가 강남이냐'의 논쟁도 여기에서 시작된다고 해도 과언이 아니다. 영동을 중심으로 한 전통적인 '강남' 주민들은 송파, 강동은 물론 서초까지 배제하려는 경향을 보여왔다. 반면 서초, 송파는 물론 최근에는 강동, 동작까지 강남에 포함되고 싶어하는 경향이 뚜렷하다. 신연희 전 강남구청장의 '특별자치구' 발언도 이와 무관하지 않을 것이다. 어쨌든 한쪽에서는 끊임없이 배제하면서 희소가치를 높이려는 경향이 있는 반면, 다른 한편에서는 끊임없이 소속되기를 원하면서 가치를 높이려는 경향이 이율배반적으로 충돌하고 있는 것이다. 그만큼 서울, 아니 대한민국에서 강남이 발휘하는 마력은 기이하기까지 하다.

2030서울플랜과 강남

강남은 박원순 서울시장이 주도한 '2030서울플랜'*에 이르러 '부도심' 딱지를 떼고 '도심'으로 전격 승격한다. 부회장에서 회장이 된 셈이다. 그러나 전문 영역이 주어진다. 바로 국제 업무 중심지다.

2030서울플랜은 기존의 1도심 체계를 3도심 체계로 재편한다. 원도심을 역사 문화 중심지인 한양도성 도심으로 정하고, 여의도는 국제 금융 중심 도심, 강남은 국제 업무 중심 도심으로 정한 것이

* 2030서울도시기본계획의 별칭.

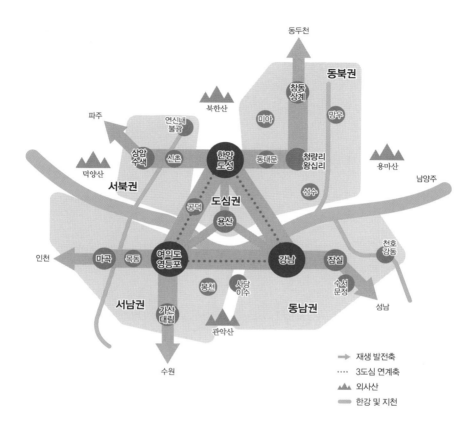

그림 35 2030서울플랜의 공간 구조 개편 구상.

다. 사실 국제 중심지 개념으로 설정한 '3도심 체계'는 박원순 시장이 2011년 서울시장 재보궐선거로 당선되기 전에 오세훈 전 서울시장이 사실상 확정한 내용이기도 하다. 3도심 체계의 등장은 서울시장의 성향과 취향에 따른 것이 아니라, 세계적으로 국가 경쟁력 대신 도시 경쟁력을 더 중시하는 시점에 서울시의 잠재적 가능성을 극대화하고 이끌어내기 위한 사회적 논의의 결과이다.

서울 도심 중 가장 계획적으로 건설되고 가장 고도로 발달했음에도 부도심 지위를 떨치지 못했던 강남은 드디어 도심이자 국제 업무 중심지로 부상했다. 여기에 최근 오세훈 시장은 '정원도시 서울' 계획을 발표하면서 서울 곳곳에 대형 정원을 조성하겠다고 했는데, 그중 하나가 경부고속도로 서울 구간 입체화와 상부 공원 조성이다. 이는 강남, 서초 지역의 숙원 사업이고 지역 국회의원, 단체장의 단골 공약이기도 하다. 다만 워낙 대규모 사업이어서 신속하게 이루어지기는 어려울 전망이다.

제3부

강남들

· 15 ·

작은 강남들

여의도: 강남의 원조

국회와 방송국, 대기업 본사, 그리고 많은 금융기관을 거느린 여의도는 사대문 안, 강남과 함께 명실상부한 서울의 3대 중심지이다. 여의도 개발은 강남 개발의 모델이자 효시이기도 하다. 조선 시대에 여의도는 비만 오면 물에 잠기는—홍수와 잦은 침수에 시달리는—섬이어서 풀이 많이 자랐고, 이 때문에 왕실의 가축을 기르는 땅으로 활용되었다. 원래 나의도(羅衣島), 여화도(汝火島) 등으로 불렸는데, 영조 때에 이르러 여의도라는 이름이 정착되었다. 여의도와 쌍둥이 섬이었던 밤섬에는 양잠업이 성했다고 한다.

여의도는 20세기 들어 큰 변화를 맞는다. 1916년에 일제가 이곳에 한반도 최초의 비행장을 건설했기 때문이다. 100여 년 전의 일이다. 이때 여의도는 고양군 용강면 여율리(汝栗里, 여의도와 밤섬을 합쳐 지은 지명)에 속했고 따라서 최초의 비행장이 들어서는 대사건이 있었음에도 여의도라는 이름 자체는 별로 알려지지 않았다. 하지만 1920년 5월 로마를 떠난 이탈리아 비행기 두 대가 1만 3,000킬로미터 이상을 날아 104일 만에 한반도에, 정확히는 여의도비행장에 도착하면서 그 이름이 세상에 널리 알려졌다. 이때 무려 10만 명의 군중이 몰려들었다고 한다. 1922년 12월에는 한국인 최초의 비행사 안창남의 귀국 비행기도 여기에 내려앉았다.

그렇지만 이때의 여의도비행장은 간이 시설에 불과했고 1929년 9월 5일에야 제대로 포장된 활주로를 갖추고 정식 비행장이 되었다. 이때부터 여의도비행장에 중국과 일본으로 떠나는 정식 항로가 개설되었고, 군은 물론 민간도 이곳을 이용할 수 있었다. 대표적인 인물이 베를린올림픽 마라톤 금메달리스트 손기정이었다. 1945년 8월 해방이 되자 장준하 선생 일행도 이곳에서 내려 일본 장교에게 맥주를 대접받기도 했다.

여의도비행장은 한국 공군이 창설된 곳이기도 하다. 1948년 5월 5일 국방경비대 산하에 항공 부대가 창설되었고 여의도는 그들의 지상 훈련장이 되었다. 당시에는 비행기가 한 대도 없었지만 말이다. 하지만 넉 달 후 L-4 연습기가 여의도에서 이륙하여 공중 분열을 실시하면서 공군의 첫 비행이 이루어졌다. 한국전쟁에서도 여의도비행장은 큰 역할을 했고, 1971년까지 이곳과 더불어 인근의 대방동은 공군본부와 사관학교가 있는 한국 공군의 중심이 되었다. 1985년 공군사관학교가 청주로 이전하면서 이곳에는 공군회관만이 남았고, 공원에는 '보라매'라는 이름을 붙여 지난 역사를 기억하고 있다. 어쨌든 여의도는 비행장 덕분에 확고한 존재감을 얻었던 시절을 지나 또다른 천지개벽을 예비하고 있었다. 바로 윤중제(輪中堤)* 공사였다.

여의도 개발은 1966년에 서울을 덮친 대홍수를 계기로 불도저 시장으로 유명한 김현옥에 의해 추진되었다. 수해를 방지하는 한편, 아예 택지를 조성하고 신도시를 개발하여 두 마리 토끼를 잡는다는 계획이었다. 여의도 윤중제 공사는 훗날 수도 없이 보게 될 매립과 제방 축조, 신도시 건설의 시작을 알리는 사업이기도 했다. 김현옥 시장은 장마가 오기 전에 최대한 공사를 서둘러야 한다고 생각했고 이에 기공식은 엄동설한인 1967년 12월 27일 오후에 거행되었다. 실제 공사는 해를 넘겨 시작되었지만 엄청난 속도로 진행되었다. 심지어 1월 21일에 터진 김신조 사건조차도 김현옥 시장의 발목을 잡지 못했다.

섬 이름이 '아무나 가져라'라는 뜻이라고 할 정도로 별 볼 일 없었던 여의도가 천지개벽 수준으로 다시 태어나는 동안 밤섬은 완전히 다른 운명을 맞이했다. 여의도 물길을 막아도 한강 흐름에 지장이 없게 하려면 밤섬이 사라져야 했던 것이다. 더구나 윤중제를 쌓기 위해서는 많은 돌이 필요했는데, 밤섬의 돌이 안성맞춤이었다. 당시 1만 7,793평의 밤섬에는 78가구 443명이 거주하고 있었다. 조선왕조 초기부터 17대째 사는 이들도 있었고, 석씨, 마씨, 인씨, 선씨 등 희성들이 많이 살고 있었다. 또 병도 도둑도 없는 신비의 마을

---

* 현재 여의도를 둘러싸고 있는 둘레 7.6킬로미터의 제방. 제방의 모양이 차바퀴처럼 생겼다고 해서 붙여진 이름이다.

이었다고 한다. 그들은 삶의 터전인 섬을 내주고 와우산 기슭에 지은 연립주택으로 강제 이주해야 했는데 지금도 그들의 신을 모시고 공동체 생활을 이어오고 있다. 1968년 2월 10일, 전투기까지 동원된 밤섬 폭파 작전이 시작되었고, 밤섬은 여의도를 위해 11만 4,000세제곱미터 분량의 돌을 내주고 사람이 아닌 철새들의 섬으로 바뀌었다. 하지만 사라진 밤섬에 대한 이미지는 꾸준히 서울 시민들의 마음에 남았고 영화 《김씨 표류기》의 무대가 되기도 했다.

윤중제 공사는 무자비한 속도로 진행되었다. 당시 서울시청에서 여의도 개발을 담당했던 손정목 교수에 따르면, 여의도에 임시 시청까지 만들며 일에 미쳐 있는 김현옥 시장에게 '신기'가 느껴질 정도였다고 한다. 연인원 52만 명, 중장비 연 5만 8,400대가 동원된 공사는 110일간의 혈투 끝에 6월 1일 마무리되었다. 하지만 이조차도 여의도 개발의 시작에 불과했다.

윤중제 공사가 한창이었던 2월 28일 서울대교(지금의 마포대교)가 착공되었다. 여의도에 처음 놓인 한강 다리였는데 전장 1,390미터로 당시 한국에서 가장 긴 다리였다. 또 마포 쪽에 하프클로버형 입체교차로를 적용했는데 이 역시 한국 최초였다. 이 다리는 '속도전' 시대의 산물답게 2년여 만인 1970년 '5월 16일'에 완공되었다.

한편 박정희 대통령은 비행장이 있던 자리에 거대한 광장을 만들도록 지시했다. 바로 5·16광장이었다. 이 광장은 1971년 2월 20일에 공사를 시작하여 그해 9월 29일 완공되었고, 이틀 후인 국군의 날 열병식 때 대중에 공개되었다. 무려 12만 평! 상상을 초월하는 규모의 광장에 국민들은 놀라지 않을 수 없었다. 이 광장은 1973년 5월에 닷새 동안 열린 빌리 그레이엄 목사의 서울 전도대회에 200만 명이 넘는 신도가 몰려 다시 한 번 성가를 올렸다. 이후 반공 궐기대회, 이산가족 찾기, 국풍81의 무대가 되었다. 시간이 흘러 이름은 여의도광장으로 바뀌었고, 1984년 5월 교황 요한 바오로 2세가 참석한 한국 천주교 전래 200주년 기념식과 1987년 노태우, 김영삼, 김대중 대통령 후보의 대선 유세 장소로 사용되어 한국 현대사를 증언하는 현장이 되었다.

하지만 가뜩이나 강바람이 불어 황량한 느낌이 드는 여의도에 아스팔트뿐인 거대한 광장을 지어놓은 것은 시대착오적 행위라는 비판이 종종 제기되었고 이에 조순 시장은 광장을 공원으로 바꾸었다. 처음에는 100만 명이 모일 수 있는 유일한 광장을 많은 시민이 이용하지도 않는 공원으로 만들어버렸다는 비난이 많았다. 하지만 여의도공원은 지금 서울 시민들에게 빼놓을 수 없는 휴식처로 정착했다. 여의도는 한강변 중 88도로에서 벗어나 있어 지하철 역사에서 강변으로 바로 접근할 수 있는 유일한 곳이기도 하다. 영화 《괴물》의 촬영지로 여의도 둔치가 선택된 이유도 이와 무관하지 않을 것이다.

윤중제 하면 벚꽃을 빼놓을 수 없는데, 이 벚꽃 가로수 거리는 1971년에 한 재일교포가 벚나무 묘목 2,400주를 서울시에 기증하여 탄생했다. 당시 벚나무 묘목의 가격은 만만치 않았다고 한다. 참고로 미국의 수도 워싱턴을 지나는 포토맥 강가에도 일본 정부가 미일 우호를 기원하며 기증한 벚나무를 심은 가로수 길이 있다.

여의도의 상징은 누가 뭐래도 여의도동 1번지, 즉 국회의사당이다. 사실 옛 국회의사당은 태평로에 있었는데 너무 좁아서 당연히 옮거야 했음에도 이런저런 이유로 이전은 계속 지연되었다. 남산이나 종묘 앞이 후보지로 결정되어 착공까지 했으나 모두 무산되고 말았다. 박정희 대통령에게 국회란 불필요하고 거추장스러운 존재였지만 어쨌든 민주공화국인 이상 국회를 폐지할 수는 없었다. 대신 그는 청와대에서 되도록 멀리 떨어뜨리기를 원했다. 그래서 결국 여의도가 선택되었다고 한다.

한편 아직 입지가 결정 나지 않은 동안 국회의사당 설계가 진행되고 있었다. 1967년 당시 국회의원들은 김중업, 이광노 등 여러 건축가가 참여한 설계안을 보고 "의사당이라고 하면 미국이나 유럽 국회의사당처럼 돔이 있는 건물이어야지. 왜 여긴 돔이 없냐?"고 불만을 토로했다. 또 그들은 현대 건축에도 반감을 드러냈다. 이에 건축가들은 내심 돔 같은 옛 양식이 채택되는 사태를 원치 않았기에 일부러 보기 싫을 정도로 돔을 크게 설계한 투시도를 보여주었는데, 오히려 국회의원들이 좋아해서 곤혹스러웠다고 한다. 안영배는 "우리가 보기에 적절해 보이는 안을 가져가면 모두 '노'라고만 하니까 참으로 괴로웠다"고 말했다. 결국 건축가 김정수가 돔 높이를 낮추는 선에서 국회의원들과 타협을 했다. 국회의사당은 이런 정치권의 결정으로 지금과 같은, 지붕에 돔이 있는 6층 건물이 되었다. 유감스러운 사실은, 그동안 정이 들지 말란 법은 없으나 그 디자인을 보고 멋지니 우수하니 하며 좋아하는 정치가, 행정가, 공무원이 꽤 있는 듯하다는 것이다.

국회의사당은 윤중제 공사가 끝난 다음 해인 1969년에 기공하여 1975년 9월 1일에 완공되었다. 남산에 있던 KBS는 1976년 12월에, 동양방송은 1980년에, 문화방송은 1982년에 여의도에 입성했다. 첫 민영 방송사인 서울방송(SBS)은 1991년에 들어왔다가 목동으로 이사했다. 국회와 방송국 외에 여의도 발전의 기폭제가 된 또 하나의 시설은 1979년 6월에 완공된 증권거래소 신사옥이었다. 이때부터 여의도는 대한민국 금융업과 증권업의 중심으로 다시 한 번 거듭났다.

전국경제인연합회(전경련) 회관은 1979년 11월 16일에 공사를 마쳤고, 오랫동안 한국 최고층 건물로 군림하게 될 63빌딩은 1985년 5월 30일에 완공되었다. 그리고 1987년 6월 19일 엘지그룹의 본사인 쌍둥이타워가 완전한 모습을 드러내면서 여의도는 명실상부한 한국의 맨해튼이 되었다. 하지만 서(西)여의도는 '국회의 횡포'로 고도 제한 지역이 되어 10층 내외의 고만고만한 건물만 들어서면서 여의도 특유의 동고서저 형세가 만들어졌다. KBS조차 예외가 아니었다. 앞서 말했듯이 20년 후 강남에서 비슷한 일이 재현되는데, 대법원이 들어선 서초동이 영락없이 제2의 서여의도 신세가 되고 말았던 것이다.

여의도는 본격적으로 고급 대단위 아파트 단지가 들어선 첫 지역이라는 또 다른 면모가 있다. 첫 주자는 1971년 10월 30일 준공되어 서울시가 직접 분양한 시범아파트였다. 이 아파트는 중앙 공급식 난방을 채택하고 공공 구역을 설정했으며 엘리베이터가 설치된 첫 아파트였다. 24개 동 1,596세대의 이 아파트 단지는 15평형부터 40평형까지 다양한 평수가 있었고, 초기의 부진에도 매스컴의 관심을 받으며 완판에 성공했다. 이 아파트의 구조, 특히 복도 쪽 베란다는 묘하게 한옥이나 단독주택을 닮았다. 뒤이어 삼익, 한양, 삼부, 라이프주택이 뛰어들어 지금의 아파트 단지를 이루었는데, 이 과정에서 서울시는 여의도 '땅장사'로 많은 수익을 거두었고 이 수익으로 지하철 1호선 공사에 필요한 재원을 얻을 수 있었다.

그런데 여의도에 가장 먼저 들어선 민간 대형 건물은 놀랍게도 순복음교회였다. 원래 은평구 대조동에서 시작해 서대문으로 진출했던 순복음교회는 조용기 목사의 혜안으로 여의도 이전을 결정했고, 1973년 8월 19일 여의도 성전에서 최초의 예배를 올렸다. 그리고 1973년 9월 18일부터 22일까지 5만 명의 한국 성도와 5,000명의 외국인이 참석한 가운데 제10차 세계오순절대회가 여의도순복음교회 본 성전과 효창운동장에서 열렸다. 9월 23일에는 1만 8,000여 명이 참석한 가운데 새롭게 지어진 여의도 성전의 헌당예배가 진행되었다. 그런데 놀라운 사실은 순복음교회 자리가 원래는 발전소 터였다는 것이다. 발전소 부지여서 다소 외져 있었기에 땅값이 싸 조용기 목사가 매입했던 것이다. 지금은 여의도에 있는 발전소를 상상하기 힘들겠지만 당시에는 허허벌판이었고, 바로 강 건너에 당인리발전소가 있으니 이상할 것도 아니었다. 지금도 순복음교회는 국회의사당역과 여의나루역에서 상당히 떨어져 있다. 누군가 대형 교회를 창립한 목사들은 사업을 했어도 재벌이 됐을 거라고 했다는데, 당시 여의도에 이런 교회를 지을 생각을 한 조용기 목사는 그의 과오와 별개로 '대단한' 인물임에 틀림없다. 한편 순복음교회는 외관도 상당히 파격적이었다. 장방형의 고딕양식에서 벗어난 원형, 즉 체육관에 가까운 형태였다. 이미 1만 명에 가까운 신도가 있었기에 기존의 방식대로 교회를 짓는다면 강단과 신도석 뒷부분이 너무 멀어지기 때문이었다.

이후에도 성모병원, 산업은행, 금융감독원, 주택은행 등 굵직한 기관들이 들어서면서 여의도는 명실상부한 대한민국의 중심 중 하나가 되었다. 여의도에 출퇴근하는 인물들의 직업은 대부분 방송(연예), 금융, 정치 분야이기 마련이었는데, 세 직종의 공통점은 정보가 빠르다는 것이었다. 당연히 여의도는 고급 정보가 활발하게 유통되고 소위 '찌라시'가 가장 많이 팔리는 곳이었다. 하지만 상암동 디지털미디어시티(DMC)의 등장으로 MBC가 이전하면서 여의도에서 방송 부문의 힘은 많이 약해진 듯하다. 또한 아파트의 노후화로 많은 집주인들이 목동이나 강남, 분당으로 떠나고 전세를 주는 경우가 많아졌다. 오래된 빌딩의 재건축도 활발하게 진행되고 있다. 대표 선수가 전경련회관과 사학연금재단 빌딩이다. 전경련회관은 2013년 지상 50층, 지하 6층의 FKI타워로 바뀌었고, 1982년에 들어선 사학연금재단 빌딩도 2020년에 철거되고 2024년 2월 지상 42층, 지하 6층의 TP타워로 변신했다. 여의도 최초의 아파트 단지 재건축도 곧 시작된다. 한양아파트가 첫 주자인데, 기존의 588세대 아파트가 지상 53층, 지하 5층의 초고층 아파트 4개 동 956세대와 오피스텔 104실로 탈바꿈한다. 포스코와 현대건설이 수주 경쟁에 나서 현대건설이 승리를 거두었다. 브랜드는 물론 더에이치이다. 계속해서 이어질 재건축 사업은 앞으로 여의도의 스카이라인뿐 아니라 거주자의 인구 분포와 성격에도 많은 영향을 끼칠 것으로 보인다.

여의도에서 배운 도시계획의 노하우는 강남 개발로 이어진다.

여의도에 관한 글이 언뜻 강남 개발사의 축약본 같은 느낌이 들었다면, 제대로 본 것이다.

노원: 강북의 '실패한 강남'

서울이 기본적으로 1970~1980년대를 벗어나지 못했다는 증거 중의 하나가 서울시 일자리 지도일 것이다. 기본적으로 서울의 일자리는 기존 중심가와 여의도 일대, 강남의 3대 중심에 몰려 있고 비교적 최근에 생겼다고 할 수 있는 구로, 상암 등지에 상당한 일자리가 있을 뿐, 서울 인구의 30퍼센트 이상이 몰려 있는 동북부, 특히 노원구에는 별다른 일자리가 없다. 가장 큰 원인은 1980년대에 노원 개발에 들어갔지만 아파트만 지었기 때문이다.

대표적인 단지가 중계 지역이다. 당시 중계 개발은 토지공사가 맡았는데, 중계동 일대에는 도심에서 밀려난 철거민과 지방에서 상경한 빈민들이 살고 있었다. 주거 상태는 당연히 대단히 열악했다. 중계 지역에는 돼지 파동을 버티지 못하고 버려진 양돈장이 많았는데 바닥에 콘크리트가 덮여 있어 빈민들이 벽과 지붕을 철거하고 집을 지어 살았던 것이다. 여기에 삼양식품, 샘표식품, 미원, 쌍용양회, 삼화페인트 등 큰 공장들도 자리 잡고 있었다. 한편 이 일대는 일반 시민들은 알 수 없는 비밀이지만 북한군이 남침할 경우 서울 시내 진입 전에 국군 기갑부대가 역습을 가해 결전을 벌일 '예비 전장'이기도 했다. 하지만 주택난은 이런 안보 사정쯤은 무시해도 될 만큼 심각했다.

여기서 잠시 노원 일대의 자연환경을 살펴볼 필요가 있다. 이 일대는 분지인 데다 주위에 수락산 등 높은 산이 많아 대기 순환이 원활하지 않다. 그런 이유로 열병합발전소 건설 당시 굴뚝을 다른 지역보다 훨씬 높여야 했다. 따라서 토지공사는 밀도를 낮추어 개포동에서처럼 저층 아파트를 건설할 계획이었다. 하지만 제5공화국 정부는 개발 사업으로나마 아예 없다시피 한 정권 정통성을 메우려고 했고, 그런 맥락에서 제정된 강력한 택지개발촉진법은 주택난을 이유로 고밀도 건설을 강제했다. 그에 따라 용적률은 250퍼센트에 달했다. 만약 토지공사 측의 원안대로 건설되었다면 오늘날 강남북의 격차는 다소나마 해소되었을 것이라며 아쉬워하는 이가 많다.

중계동을 중심으로 한 노원 개발에 대한 아쉬움은 여기서 끝나지 않는다. 원래 노원구과 도봉구 일대에는 건설 자재 공장 등이 입주한 산업 지대가 많았는데 기업들이 돈에 눈이 멀어 공장 부지를 일반 주거 용지로 전환했던 것이다. 물론 아주 공짜는 아니어서 기업들은 그 대가로 도봉구 —당시 노원 지역은 도봉구 관할이었다— 청사를 지어 기부채납했다. 하지만 이 땅이 전부는 아니더라도 일부라도 남아 있었다면, 구로공단 자리에 디지털 단지가 들어선 것처럼 동북부에도 새로운 산업 단지가 조성될 수도 있었을 것이다. 정부가 도로와 지하철을 놓아주긴 했지만, 결과적으로 노원은 유통 산업 외에는 별다른 산업이 없는 거대한 베드타운이 되었다. 그래도 강남은 자체 산업을 보유한 '직주근접형' 도시라고 볼 수 있는 요소가 있지만, 노원은 주요 교통 노선인 지하철 4호선과 7호선이 사대문 안과 건대입구역에 들어서기 전까지는 내리는 사람이 거의 없을 정도의 말 그대로 베드타운이 되고 만 것이다.

노원이 강남을 따라간 것이 하나 있다면 은행사거리를 중심으로 학원가가 형성되면서 중계동이 대치동에 빗대어 '소치동'이라고 불리면서 '학원 천국'이 되었다는 정도가 아닐까 싶다. 그 덕분인지 실제로 중계동 아파트는 1990년대 중반 이후 다른 지역보다 눈에 띄게 값이 올랐다.

목동: 강서의 '성공한 강남'

안양천은 영등포구와 양천구 사이를 흐르고 오목교는 두 구를 이어준다. 천변에 깔끔하게 조성된 체육공원에서는 시민들이 자전거를 타거나 산책하며 계절을 즐긴다. 오목교의 외관은 서울의 하천에 걸려 있는 다른 다리처럼 평범하기 그지없다. 이 다리가 40년 전 안양천변에 있는 판자촌과 철거민들의 결사적인 투쟁을 증언하는 몇 안 되는 존재라는 사실을 아는 이는 지금 얼마나 있을까?

오늘날 목동은 여의도, 상암동과 더불어 대한민국 방송의 중심지이고 서울 서남권에서 가장 부유한 아파트 단지가 들어선 곳이기도 하다. 여기에 고층 주상복합이 들어서면서 세련미를 더했다. 하지만 40년 전의 목동은 지금과는 완전히 다른 모습이었다. 조선 시대에 목동 일대는 양천현 관할이었기 때문에 양천벌이라고 불렸다. 조선 시대부터 1962년 말까지 김포군에 속해 있다가 1963년 1월 1일 서울시에 편입되었다.

하지만 그로부터 20년 동안 목동은 사실상 서울시의 행정력이 미치지 않는 '진공 지대'였다. 1964년부터 여의도, 영등포, 회현 등 서울 시내 각지의 무허가 주택이 철거되면서 거기 살던 사람들은 쓰레기차에 실려 이곳 목동에 쓰레기처럼 버려졌다. 당시 서울시장은 그들에게 영원히 이곳에서 살아도 좋다고 말했다고 한다. 주민들은 갈대밭과 진흙투성이인 안양천 뚝방과 천변 저지대에 정착했다. 상수도가 없어 30가구에 하나꼴로 있는 펌프로 끌어올린 흙탕물을 받아다가 밥을 지었다. 물론 전기도 들어오지 않아 석유로 불을 밝혔고, 사람들은 벽돌 한 장씩 사서 쌓아 올리는 낙으로 판자촌에서의 고단한 하루하루를 견디어냈다. 비가 오면 안양천을 건널 수가 없어서 배를 타고 다녔다. 개천에 나무다리가 있었는데 여름이면 그 다리를 건너다가 빠져 죽은 시체가 둑에 즐비할 정도였다고 한다. 목동이 이런 처지의 저지대였기 때문에 오히려 도심지에서 더 먼 화곡동이 먼저 개발되었다.

　당시 목동은 가끔씩 들리는 비행기 소리를 제외하고는 이상하리만치 조용했다고 한다. 그런데 당시에는 아무도 상상하지 못했지만 이 비행기 때문에 동네의 운명이 바뀌었다. 1986년 아시안게임과 1988년 서울올림픽을 준비하던 전두환 정권은 여객기를 타고 오는 외국인들이 김포공항에 내리기 전에 하늘에서 보는 서울의 첫 모습, 즉 양천벌에 널려 있는 판자촌을 방관할 수 없었다. 3년간에 걸친 목동 철거민 투쟁은 이렇게 시작되었다.

　1983년 4월 12일 서울시는 강서구 목동과 신정동 지역에—양천구가 독립하기 전이었다—136만 평의 신시가지를 조성한다는 계획을 발표했다. 서울시가 개발 지역의 땅을 전량 사들이는 '토지 공영개발' 방식을 최초로 시도한 것으로 인구 10여만 명을 수용하는 주거지를 만든다고 하여 국민들의 관심을 모았다. 주민들도 처음에는 "서민들을 위해서 작은 규모의 주택을 많이 세워 임대해준다"는 기사 내용에 너나 할 것 없이 반가워하며 감사해했다. 당시 목동 일대에는 가옥주가 2,500세대, 세입자가 5,200세대로 약 3만 2,000여 명이 살았다고 하는데 행정력이 잘 미치지 않았던 곳이어서 수치가 정확하진 않을 것이다. 어쨌든 주민들은 아무래도 서울시가 직접 '살게 해준' 땅이었던 만큼 아무 대책 없이 내몰지는 않을 것이라는 기대를 품고 있었다. 가옥주들은 작은 집을 몇 개로 쪼개서 세를 놓고 세입자들은 작은 방에 여섯, 일곱 명씩 살았다. 대부분 막노동이나 공장 일을 했고 종이를 줍거나 비닐하우스에서 품을 팔며 겨우 살아가는 도시 빈민이었다.

그러나 올림픽을 앞두고 돈이 필요했던 서울시는 신시가지 조성 발표 한 달 후인 5월 11일 10~15평의 서민형 아파트 대신 20~58평형의 아파트를 짓기로 계획을 번복했다. 그러면서 "당신들이 사는 집은 무허가 건물이다. 지금까지 살게 해준 것만으로도 감사하라. 다만 배려 차원에서 가옥당 이주비 50만 원과 아파트 입주권을 주되 입주권과 이주비는 철거 확인 후에 주겠다"고 말을 바꾸었다.

주민들은 기가 막혔다. 애초에 서울시가 철거민 정착지로 정해서 대지를 가구당 8평씩 분할해주었던 곳이기에 완전히 '무허가'라고 볼 수 없었고, 주민들 스스로 황무지를 개간하고 집을 지었던 피눈물 나는 터전이었기 때문이다. 게다가 20년 동안 각종 공과금은 물론 취득세, 재산세, 건물분 토지 사용료 납부 등 국민으로서 의무를 다하면서 이곳을 정착지로 알고 살았기에 주민들에게 당국의 발표는 그야말로 청천벽력이었다.

주민들은 목동성당을 거점으로 뭉치기 시작했다. 빈민 운동가들의 도움을 받아 주민들이 관계 기관에 진정서를 보냈지만 별다른 효과가 없었다. 6월 6일 도시 빈민 문제에 깊은 관심을 기울이던 김수환 추기경이 목동성당을 방문하여 철거대책위원회 대표들을 만났다. 당시에는 빈민 운동 전문가였던 고 제정구 전 의원이 '행동대장'이 되어 이들을 지원했다. 8월 22일 발표된 1차 아파트 분양 가격은 가장 작은 20평형이 2,100만 원이었다. 이는 가난한 주민들로서는 엄두도 못 낼 거액이었다. 8월 27일, 아파트 분양 가격에 당황한 주민들이 안양천변 축구장에 모였고, 서울시장을 만나겠다며 거리로 나섰다. 시위대는 어느덧 1,000여 명으로 늘어났다. 시위대가 김포가도를 거쳐 양화대교까지 전진했을 때쯤 전투경찰이 출동해 가로막았다. 그러자 행진은 연좌 농성으로 바뀌었다. 이로 인해 밤늦게까지 김포 진입로는 전면 차단되었고 성산대교 일대의 교통이 완전 마비되어 극심한 교통 혼잡을 빚었다. 야간이 되자 경찰은 시위대를 폭력 진압하기 시작했다. 한 할머니가 얼굴에 최루탄을 맞고 실신했고 많은 부녀자가 폭행을 당했으며 100여 명이 연행되었다. 하지만 주민들은 굴하지 않고 심야까지 연행자 석방을 요구하면서 오목교에서 목동거리 쪽으로 행진하며 시위를 벌였다. 여기서 무려 400여 명의 주민이 경찰에게 무차별 구타를 당하고 연행되었다.

이 시위는 엄청난 반향을 낳았다. 전두환 정권은 대학생들의 시위나 광산 노동자들의 시위는 겪어보았지만 일반 민중의 시위, 그것도 부녀자와 할머니들까지 가세한 극렬 시위는 처음이었다. 각 언론 기관에 보도지침이 내려졌기에 이 시위를 다룬 언론은 단 하나도 없었다. 그러나 손바닥으로 하늘을 가릴 수는 없었다. 한국교회사회선교협의회는 목동의 실상을 조사하여 시민들에게 알렸고, 서울대, 이화여대 등에서는 목동 시위의 경과와 동기를 학보에 실어 이 문제를 학내에 알려나갔다.

10월 말 철거가 시작되고 날씨까지 추워지자 갈 곳 없는 주민들은 더욱 다급해졌다. 11월 17일에는 400여 명의 주민이 오목교에 나가 생존권 보장을 요구하는 플래카드를 들고 시위하다가 한 명이 부상당했다. 12월 18일, 주민 500여 명이 경인고속도로를 네 번이나 차단하면서 생존권 보장을 외쳤지만 전경들은 폭력 진압 후 23명을 구로경찰서로 연행했다. 그러나 단결해서 투쟁하는 길밖에 없었던 주민들은 지치지 않고 싸웠다. 가옥주 300여 명이 시청 앞 광장에서 농성했고, 구청, 목동지구개발사업소, 파출소, 김대중 귀국 환영회장 등 여론의 관심을 모을 수 있는 곳이면 어디든지 달려가 한목소리로 외쳤다. 심지어 여의도 신민당사를 점거해서 5일 동안 단식 농성을 벌이기도 했다. 점차 많은 학생들이 철거민들과 함께했다. 1983년 11월 22일 오후 5시, 서울대, 연세대, 이화여대 학생 수백 명이 목동오거리에서 철거민들과 함께 시위를 펼쳤다. 1985년 3월 20일 오후 6시경에는 오목네거리에서 수백 명의 학생들이 주민들과 대대적인 시위를 감행했고, 화염병과 최루탄이 난무하는 처참한 공방전이 몇 시간 동안 계속되었다.

당시 신학생으로 목동에서 도시 빈민 운동에 참가했던 박병구 씨는 목동 철거민 투쟁에 대해 이렇게 평한다.

1980년대 초에는 학생운동의 시위도 상당히 제한적이었고 민중운동 차원에서는 목동 주민들이 처음으로 집단행동을 한 것이었어요. 구호 속에 "주민의 생존권을 보장하지 못하는 군사 정권은 물러가라"라든가, "대한민국 국민임을 포기하겠다"라는 결의가 있었을 만큼 생존권을 넘어 정치적인 부분까지 언급했었죠.•

　목동 투쟁은 3년이나 계속되었다. 그동안 주민들은 싸우면서 단련되고, 진화했다. 내부적으로 철야 경비조와 지역 대기조를 만들어 경찰력을 견제했고, 주민 스스로 회장, 부회장, 총무, 각 통·반장 등 조직 체계를 구성하고 민주적으로 운영하며 각종 투쟁을 진행했다. 결국 가옥주건 세입자건 처음에는 목동 개발에 맞서 대책이 거의 없었지만 이런 과정을 거쳐 가옥주들은 처음으로 무허가 주택의 재산권을 인정받았고, 세입자들은 10평짜리 임대아파트 입주권과 저렴한 이자의 이주 비용 융자를 약속받았다. 이렇게 기나긴 투쟁은 끝이 났다.

　목동 투쟁은 엄청난 기록을 남겼다. 시위는 총 49회였고, 시장, 구청장, 경찰서장, 국회의원 등과 나눈 대화가 78회였다. 하지만 막판에 부구청장을 폭행하는 등 지나친 모습도 보여 여론의 지지를 잃기도 했다. 투쟁이 마무리되자 대부분은 여러 지역으로 흩어졌고, 입주권을 끝까지 거부하고 생활 터전을 요구하던 105세대는 제정구

• 한종수, "양천벌의 전쟁: 30년 전, 목동 철거민 투쟁의 현장을 가다", 민주화운동기념사업회 '민주주의 역사의 현장' 온라인 기고문(2011. 11. 11) 참조.

의원의 주선으로 지금의 경기도 시흥시 신천동으로 이주했다. 그들은 정부의 융자금으로 공동체 사상에 입각해 설계한 '목화연립'을 건설하여 시흥을 새로운 터전으로 삼았다. '목화'는 '목'동 사람들이 '화'합하며 살자라는 의미라고 한다. 목동 투쟁은 이후 서울시가 대규모 신시가지 개발 계획을 완전히 포기하게 만들 정도로 서울시 도시 개발에 큰 영향을 미친 사건이기도 했다. 물론 목동에서만 이런 난리가 벌어진 것은 아니었다. 목동 투쟁과 '쌍벽'을 이루는 상계동 주민들의 투쟁도 있었고, 이 투쟁 역시 제정구 의원이 깊숙하게 개입한 바 있다.*

화려한 현대 도시 목동에는 당시의 흔적을 알려주는 것이 거의 없다. 철거민들의 구심점이었던 목동성당조차 1996년 새 성전이 건축되면서 헐렸고 그 자리에는 고층 주상복합이 들어서 있다. 그나마 오목교와 양화교 정도만이 남아서 옛 기억을 간직하고 있을 뿐이다. 그러면 이런 엄청난 홍역을 치른 후 목동 개발은 어떻게 진행되었을까?

앞서 이야기했듯이 목동 개발은 비행기에 탄 외국인들에게 판자촌을 보이고 싶지 않다는 이유로 실행되어 이렇다 할 '개발 이념'이 없었다. 즉 서울시가 주관하는 대규모 주택 공급 계획에 지나지 않았던 것이다. 그러나 김성배 서울시장이 건축가 김수근을 만나면서 이야기가 달라졌다. 김수근은 서울 – 인천, 즉 경인과 서울 서부 지

---

* 상계동 투쟁에 대해 알고 싶은 독자는 한종수, "눈부신 6월. 정일우 신부와 상계동을 생각하다", 민주화운동기념사업회 '민주주의 역사의 현장' 온라인 기고문 (2015. 6. 8) 참조.

역의 인구가 급속히 늘어나고 있지만 무계획적으로 팽창하고 있을 뿐 영등포역 외에는 중심축이 없다고 지적하며, 목동 개발이 좋은 기회이니 중심축 역할을 할 멋진 신도시를 건설하자고 제안했다. 누가 들어도 귀가 솔깃할 제안이었고 곧 서울시는 설계안 공모에 나섰다.

13건의 응모안 중 5건이 채택되었고, 김수근은 이 작품들의 아이디어를 묶어 서울시 직원들과 함께 작업팀을 구성하여 새로운 마스터플랜을 작성했다. 주거 단지 전체에 대한 계획 설계를 마치자 시범 단지의 성격을 띠는 1단지를 서울건축이 맡아 설계하였다. 당초 2~6단지는 턴키 방식으로 건설하기로 했는데 기대했던 신공법, 신기술, 신자재 발굴에 다소 미흡하다는 평가가 내려졌고, 이 때문에 4~14단지는 1단지처럼 설계와 시공을 분리한 일반 도급 방식으로 건설되었다. 단지에는 다양한 층수의 아파트와 고급 빌라가 들어섰다. 특히 현관 전면의 장애인용 램프 설치와 아파트 외장 채색 등은 한국 최초로 시도된 것이었다. 또한 이제는 '목동의 명물'이 된 일방통행로가 단지 전체를 연결했다.

막대한 경비가 투자되어 중심 공동구가 조성되었고, 한국 최초의 열병합발전소가 건설되었다. 6만 평이 넘는 목동공원과 19만 평이 넘는 신정공원 외에도 5개의 근린공원, 19개의 아동 공원, 113개의 소규모 어린이 놀이터가 들어섰다. 또한 목동에는 강남, 정확히 말하면 잠실의 예를 따라 작은 규모나마 종합운동장과 아이스링크가 들어섰다. 이 덕분에 신목고등학교가 빙상 명문이 되었다. 목동야구장은 개장 이후 오랫동안 아마추어 야구 경기가 열리다가 2009년부터는 프로야구단인 히어로즈가 홈구장으로 사용했다(2016년 히어로즈가 고척돔으로 떠난 후에는 다시 아마추어 전용 야구장이 되었다).

물론 목동에도 당장 지하철이 필요했다. 하지만 지하철 5호선은 완공까지 시간이 필요했고 급한 대로 2호선 지선이 착공되었는데, 다행히도 신정동에 차량 기지가 계획되어 있었기에 비교적 쉽게 완공되었다.

'소강남'답게 목동으로 명문 학교들도 옮겨왔다. 마침 적당한 학교가 있었다. 바로 진명여고와 양정고였다. 진명여고는 청와대로 가는 길목에 있어 여러모로 불편했고, 양정고는 만리동고개라는 입지가 발전을 가로막고 있었다. 우연히도 두 학교는 고종 황제의 마지막 후궁이자 '엄상궁'으로 널리 알려진 순헌귀비 엄씨의 후원 아래 만들어진 남매 학교였다. 때를 맞춘 것처럼 1983년 11월에 양정고에 화재가 발생하여 건물 두 동이 전소되는 큰 피해가 났고 이전 계획이 탄력을 받았다. 서울시는 목동 땅을 내어주고 만리동 학교 부지를 받아 손기정의 올림픽 우승을 기념하는 월계수공원을 조성했고, 양정고는 차액으로 번듯한 새 교사를 지을 수 있었다. 한편 이사 간 진명여고의 새 터는 원래 '메밀밭'이었다고 한다.

두 학교의 이전 때문만은 아니지만 목동도 학원 밀집 지역이 되었다. 비록 강남과 노원에 비할 바는 아니지만 말이다. 목동, 강남, 노원 세 지역은 비록 소득수준에 차이가 있긴 하지만 대규모 아파트 단지에 비교적 균질한 집단이 산다는 공통점이 있다. '한국적 현상'인 학원가와 아파트 단지는 이처럼 불가분의 관계에 있는 것이다.

병원 유치도 추진되어 이화여대와 한양대 부속병원이 들어올 예정이었으나 한양대 부속병원의 유치는 실현되지 못했다. 또 서부

지역의 핵심이 되기 위해서는 공공기관의 대규모 이전이 필요했지만 서울남부지방법원이 문래동에서 이전하고, 김포공항이 가깝다는 이유로 출입국관리사무소, 국제우체국 등 '급'이 떨어지는 기관 몇 개를 옮겨오는 데 그쳤다.

그래도 여의도와 가까워서인지 방송과 언론기관들의 유치에는 성공했다. 방송통신심의위원회와 방송진흥원이 21층짜리 회관을 지어 입주했고, 종로구 연건동에 있던 기독교방송도 사옥을 지어 이사했다. 기독교방송 사옥은 현대 하이페리온이 등장하기 전까지 목동의 랜드마크였다(이 랜드마크 건물도 35층 규모의 새로운 뉴미디어 빌딩으로 재탄생한다고 하니, 목동이 개발된 지도 오랜 세월이 흘렀다는 것을 실감할 수 있다). 여의도에 개국했던 SBS도 2004년 목동으로 이전했으며, 스포츠조선 등 일부 신문사도 목동행을 택했다.

전체적으로 보면 목동은 '소강남'이라는 별명답게 성공한 단지로 평가받는다. 고급 백화점의 대명사 현대백화점이 이곳에 입점했다는 사실이 '성공'을 간접 증명해주고 있다. 하지만 김수근과 서울시가 처음에 의도했던 경인-서울 남서부 중심축 기능을 하는 신도시가 되는 데에는 실패했다. 여러 이유가 있겠지만 최소한 중심축에 해당하는 부지 규모가 너무 컸다는 비판은 할 수 있다. 사실 목동의 상업 지구는 분양이 순조롭지 못해 1990년대 말까지만 해도 빈 곳이 많았다. 주상복합 열풍이 불면서 지금은 69층에 달하는 현대 하이페리온을 비롯해 쟁쟁한 건설 회사들의 주상복합이 순식간에 빈 자리를 메워버렸지만 말이다. 그 때문에 목동이 교통지옥이 되어버렸다는 사실도 덧붙여야 할 것이다.

· 16 ·
강남의 영향

자동차 시대에 잃어버린 것들

앞서 강남 탄생의 가장 큰 계기 중 하나가 자동차 시대의 도래라고
했는데, 주로 터미널과 도로 같은 '하드웨어' 측면에서 이야기한 것
이다. 그러면 심리적, 문화적 측면에서 자동차 시대가 강남, 아니 우
리의 생활에 어떤 영향을 주었을까?

　　앞서 이야기했지만 강남에 '이식된' 근린주구 이론에 의거한 아
파트 단지 덕에 불완전하긴 했지만 기본 생활을 단지 안에서 해결할
수 있었다. 하지만 단지 안의 생활은 답답할 수밖에 없었고 주민들은
이 공간에서 탈출하기 위해 차를 샀고 어디든지 떠났다. 그래서 주말
이면 서울 주변 고속도로는 제 기능을 하지 못하게 된 지 오래이다.
지하철 2호선을 제외하면 강남을 지나는 지하철의 완공 시기는 아파
트 단지가 들어선 이후였기에 강남의 자동차 천국화—그게 아니라

면 지옥화—는 더욱 빨랐다. 강남의 넓디넓은 도로는 자동차들로 가득 찼고 기껏해야 가구당 한 대 정도로 계산해 건설한 아파트 단지의 주차장은 포화 상태가 된 지 오래이다.

문제는 강남에서 시작된 자동차 붐이 전국으로 확산되었고, 특히 계획도시인 강남조차도 결국 이렇게 되었지만, 자동차 시대에 전혀 맞지 않았던 강북의 시가지와 주택가는 더 큰 몸살을 앓게 되었다는 사실이다. 더 심각한 문제는 자동차가 골목을 점령하면서 아이들의 놀이터가 사라졌다. 필자가 어릴 때만 해도 아이들은 골목과 야산에서 시간을 보냈고, 그냥 저녁 시간에 맞추어 집에 돌아오는 게 일상이었다. 하지만 빠른 속도로 골목의 주인은 자동차로 바뀌었다. 교통사고가 무서워진 부모들은 아이들을 이런저런 학원에 보내놓고 적어도 그 시간 동안에는 안도했다.

어쩔 수 없었다고도 할 수 있지만 인구밀도가 우리보다 낮지도 않고 자동차 시대를 20년 정도 앞서 경험한 일본의 경우에도 자동차가 골목을 차지하고 있지는 않다. 더구나 일본은 지진 때문에 고층 빌딩을 만들기 어려워 우리보다 단독주택 비율이 훨씬 높은데도 그러하다. 그렇다면 세계에서 가장 자동차가 대중화된 미국은 어떨까? 뉴욕 배경의 미국 드라마들을 보면 (뉴욕이라는 특수성을 감안한다 하더라도) 의외로 차를 타고 다니는 장면은 많지 않다.

물론 자동차 시대가 한국 경제에 큰 힘이 되었다는 사실을 부정할 수 없고, 사교육을 비롯한 한국 사회의 문제를 강남과 자동차가 전부 책임져야 한다는 얘기도 아니다. 하지만 자동차로 인해 잃어버린 것들도 생각해보고 과연 한국의 자동차 문화가 정상인지 고민해

봐야 하지 않을까?

강남에 역전당한 강북: 뉴타운 재개발 문제

앞서 다루었지만 강남은 잠실, 수서, 분당, 최근의 판교에 이르기까지 계속 넓어졌다. 반면 정작 서울의 뿌리인 강북의 주거 환경은 점점 낙후되었다. 그리고 주거 환경의 불균형은 교육, 문화, 사회 전반에 걸쳐 한강 이남과 이북의 불균형, 즉 강남북 간 불균형으로 확대되었다.

강남북 간 불균형이 심화되자 각계는 이를 바로잡기 위해 노력했다. 결국 주거 환경 불균형을 어떻게 극복할 것인가가 화두였다. 서울시는 낙후된 주택 밀집 지역과 원도심을 대대적으로 재개발하는 계획을 수립했다. 바로 뉴타운 사업이다. 서울시는 이명박 시장 재임기인 2002년에 '서울시정 4개년 계획'을 발표하면서 뉴타운 사업 추진을 제시했다. 그해 왕십리, 은평, 길음 등 3개의 뉴타운 시범 사업 지구 지정을 시작으로 2003년 12개 지구, 2005년 11개 지구 등 세 차례에 걸쳐 모두 26개 지구를 지정했다.

서울시의 뉴타운 사업은 처음에는 서울시 조례에 근거한 사업이었지만, 2005년 6월 22일 서울시가 정부에 '도시재정비촉진특별법' 제정을 건의했고, 이 법은 그해 연말에 통과되었다. 이 시기를 전후해 3차 뉴타운 지구 10곳이 무더기로 지정되었다. 모두 26개 지구에 달하는 뉴타운 사업 지구의 규모를 보면 총 23.8제곱킬로미터(약 721만 평)로, 이는 1973년부터 2003년까지 30년간 진행된 서울 내 주택 재개발 시행 지역의 면적을 모두 합친 10.1제곱킬로미터의 약

2.4배에 달한다. 또한 뉴타운 사업 지구 내 거주 인구는 모두 85만 명으로 이 중 세입자가 69퍼센트에 달했다.

2008년에 치러진 제18대 국회의원 총선거에서 서울 지역은 뉴타운 지정 여부가 선거 정국의 최고 이슈가 될 지경이었다. 이른바 '욕망의 투표' 경향이 뚜렷하게 나타나면서 오세훈 서울시장의 뉴타운 지정 공약에 선거 판세가 좌우되는 기현상이 벌어지기도 했다. 이런 현상을 통해 강남을 닮고 싶어하는 강북 시민들의 '욕망'이 여과 없이 드러났다고 보아도 될 것이다. 그리고 이 현상의 이면에는 '한강의 기적', 아니 정확하게 말하면 '강남의 기적'의 주역이었던 현대건설 최고경영자 출신의 이명박에 대한 '기대'가 있었다. 사실 이명박 주위에서 문제가 되었던 사건들에 얽힌 부동산, 즉 실소유 문제로 말이 많았던 다스의 서울지사, 내곡동 자택, 도곡동 땅, 청계재단 사무실, 소망교회, 논현동 자택, 심지어 퇴임 후 마련한 사무실까지 놀랍게도 전부 강남에 있었다. 지금은 거의 잊혀졌지만 1992년 지금의 사랑의교회 자리에 있었던 꽃 재배 비닐하우스 철거 사건 당시 토지 주인 중 하나도 이명박이었다. 앞서 이야기한 경부고속도로 체비지 중 일부를 현대건설이 인수했는데, 그중 일부가 이명박에게 보너스로 주어졌던 것이다. 그의 뒤를 이은 오세훈 역시 강남구 출신 국회의원이었다.

그러나 뉴타운의 문제점은 2008년 세계 금융 위기와 더불어 고스란히 드러났다. 뉴타운 사업이 비록 생활권 단위의 정비 개념을 도입하여 광역 기반 시설의 확대를 지향했지만, 짧은 시기에 지나치게 넓고 많은 지역을 지구로 지정하다보니 '생활권 계획'이 아니라 '광역 정비 사업'으로 변질되었고, 기반 시설 설치에 대한 부담이 공공이 아닌 사업 시행자(주민들)의 부담으로 전가되어 사업성에 악영향을 미쳤다. 이는 결과적으로 사업 중단의 중요한 원인이 되었다. 특히 지정 회차가 누적될수록 세입자 비율은 59퍼센트(시범), 66퍼센트(2차), 77퍼센트(3차)로 점차 높아져 세입자 문제 및 원주민 재정착 문제가 가장 큰 이슈로 제기되었다.

결과적으로 서민들의 주거 밀집 지역의 광역 재개발 정책이었던 뉴타운 사업은 일부 지역을 제외하고 부동산 불패 신화를 바탕으로 내 집 마련의 소박한 꿈과 한탕 투기의 욕망이 뒤엉킨 가운데 막을 내렸다. 박원순 시장과 문재인 정부는 대안으로 도시 재생 사업을 대대적으로 추진했다. 일부에서는 상당한 성과를 거두었다. 하지만 본질적인 대안은 되지 못했고, 다시 중앙정부와 서울시를 장악한 보수 세력은 대대적인 규제 완화로 재개발 사업 활성화에 나서고 있다. 하지만 이 역시 재건축과 마찬가지로 자재 가격 인상과 극심한 불경기로 인해 소기의 성과를 거두고 있지 못하고 있다.

강남을 닮고 싶어하는 지방 도시들

강남은 여러 부작용에도 불구하고 누가 뭐래도 단기간에 성공한 도시임에 틀림없다. 개발 당시에 지나치게 넓다고 한 도로가 지금은 차들로 가득 찼고, 유수의 대기업과 외국 투자회사들이 강남에 투자한 것을 보아도 잘 알 수 있다. 하지만 강남의 성공은 우리나라 도시에 깊은 그늘을 드리웠다. 부산, 대구, 인천, 광주, 대전 등 광역시는 물론이고 인구 10만 명도 안 되는 소도시도 모두 비법이라도 배운 것처럼 신도심을 개발해 시청, 법원, 교육청, 공기업의 지역본부, 방송국, 터미널 등 알짜 시설을 옮겨놓았다. 굵직한 대기업의 지사들도 대부분 이전했다. 원도심에는 옮길 수 없는 기차역과 전통시장만 남았다.

그리하여 고도 경주와, 성곽이 있는 전주나 공주, 진주, 호수를 끼고 있는 춘천, 몇몇 항구도시 정도를 제외하면 대부분의 지방 도시들은 특징이 없는 그저 그런 붕어빵 도시들이 되어버렸다. 당연히 원도심은 죽어버렸고, 어느 도시 할 것 없이 원도심 활성화가 단체장 선거의 단골 공약이 되기에 이르렀다. 하지만 원도심이 활성화되었다는 도시 소식을 거의 들어보지 못했다. 어찌 보면 당연한 일이다. 과거에는 공권력이 막강했고, 개발할 수 있는 빈 공간이 많았다. 하지만 이제는 그런 세상이 아니다.

자동차 시대가 되면서 도로가 좁고 주차장 확보가 어려운 원도심은 이용이 불편한 지역이 되었고, 신도심 개발이 불가피했던 측면도 인정할 수밖에 없다. 하지만 그 많은 도시 중에 원도심 재생에 성공한 도시가 거의 없다는 것은 우리나라 행정과 도시 개발 철학이 얼마나 빈곤했는지를 증명해주는 것이 아닐까?

산업화 시기, 우리나라에서는 형제 중 공부 잘하는 아들이 있으면 온 집안이 그를 위해 희생을 하는 모습을 많이 볼 수 있었다. 지역으로 치면 아마 강남이 그런 '잘난 아들'에 해당할 것이다. 누가 뭐라고 해도, 그리고 이 책에서도 말했듯이 명문 학교와 국가기관이 옮겨갔고 각종 특혜가 퍼부어졌기에 지금의 강남이 존재할 수 있었다. 하지만 출세한 아들이 자기가 잘나서 그렇게 되었다고 생각하는 것처럼 강남에서 잘 먹고 잘사는 이들도 딱히 지난 시절의 혜택과 희생에 고마워하는 마음은 없는 듯하다. 그렇다고 강남에 살지 않는 이들이 강남을 욕한다고 문제가 해결되는 것도 아니다. 또한 강남이 몰락한다고 해서 한국이 겪고 있는 문제가 해결되는 것도 아니다. 어찌 보면 강남에는 한국 현대사를 관통했던 꿈틀대는 힘과 욕망이 고스란히 담겼고 이를 전면 부정하는 것은 한국 현대사 자체를 거부하고 부정하는 셈이기도 하다.

사실 서울은 이미 일제강점기에 규모만 달랐을 뿐 큰 변화를 경험했다. 종로(운종가)를 중심으로 한 기존의 도심 대신 명동을 중심으로 한 '일본인들이 만든 신시가'가 자리를 잡았던 것이다. 조선인들이 신시가를 원도심과 구분하며 모종의 이질성을 느꼈음은 당연한 일이었을 것이다. 하지만 미쓰코시백화점(지금의 신세계백화점)을 위시한 화려한 신문물은 조선인들을 사로잡았고, 조선인들은 신시가를 출입하며 소비와 향락을 즐기기 시작했다. 당시 명동 일대는 혼마치(本町)라고 불렸는데, 일본 도쿄의 긴자(銀座)를 배회한다는 뜻의 '긴부라(銀ぶら)'라는 말에 빗대어 명동을 거니는 것을 일러 '혼부라'라고 할 정도였다. 이 책에서 본 것처럼 일단 강남에 유흥가가 형성되자 강북의 시민들까지 놀러갔던 것과 마찬가지였다. 이렇게 보면 가장 서울다운 서울은 어쩌면 조선 시대의 한양도 아니고, 일본이 만든 경성도 아니며, 강남인지도 모른다는 생각마저 든다. 나아가 서울은 '고도(古都)'의 영혼을 품고 있는 '괴물'이자 '잡종 도시'이기도 하다. 말 그대로 전통과 현대, 동양과 서양, 초고층 건물과 달동네가 공존하고 있기 때문이다. 하지만 도시계획 전문가인 김진애 전 국회의원의 말을 빌리면 혼혈은 매력적인 요소가 될 수 있다.

이렇게 강남과 강북, '하나의 도시' 속 '두 개의 도시'가 되었다고 해도 과언이 아닌 두 지역의 경제적, 교육적 불균형을 문화적 다양성을 보여주는 생산적인 상생 관계로 전환시켜야 할 것이다. 필자들의 영역이 아닌 탓에 이 책은 그런 대안을 제시하지는 않는다. 하지만 적어도 강남의 역사를 되짚어봄으로써 무엇이 잘못되었고 무엇에 성공했는지 가늠하고, 나아가 독자들에게는 최소한 강남의 경험을 활자화된 언어로 공유할 수 있는 기회를 줄 수 있다고 생각한다.

최근에 와서는 어떤 개발론자도 63빌딩과 올림픽대로, 잠실 주경기장을 서울의 자랑이라고 하지 않는다. 그런 시대가 지나갔다는 것만은 분명하다. 돈을 내지 않으면 쉴 곳이 없었던 강남사거리의 보도에 이제는 벤치가 생겼다. 문화시설이라고는 덩그러니 고립된 예술의전당이 전부였던 강남에, 대부분 대기업들의 손을 빌리긴 했지만 어쨌든 LG아트센터, 샤롯데씨어터, 호림아트센터, 한전아트센터, 코리아나아트센터, 플래툰 쿤스트할레, 광림아트센터 BBCH홀, 롯데콘서트홀, 탄허기념불교박물관 등 수준급 문화시설도 많이 들어섰다. 그뿐 아니라 금싸라기 땅 삼성동에 별마당도서관이 들어서는 '기적'에 가까운 일도 일어났다. 양재천의 재생이라는 작은 기적도 일구어냈다.

앞으로 국가의 권력과 자본의 힘이 아닌 시민들의 힘으로 강남이 보다 '사람 사는 곳'으로 바뀔 수 있기를, 그리고 '매력적인 혼혈도시 서울의 강남', '대한민국 시대에 일구어낸 진짜 서울로서의 강남'으로 변신하는 모습을 기대한다.

이 책이 첫선을 보이던 2016년 한국 도시계획사의 선구자인 손정목 전 서울시립대 교수가 향년 89세로 세상을 떠났다. 그분이 없었다면 이 책은 나오지 않았거나 훨씬 더 많은 시간이 필요했을 것이다. 다시 한 번 손정목 교수의 명복을 빌며 강남을 다룬 더 나은 책들이 출간되기를 바라면서 부족한 글을 마친다.

| 강남 개발사 연표 |

1961~1962년	화신 재벌 총수 박흥식이 '남서울계획'을 내놓다.
1963년 1월 1일	경기도 광주군 구천면과 중대면 일대가 서울에 편입되다.
1964년 12월	박정희 대통령이 서독을 방문하고 아우토반을 시찰하다.
1965년 5월	이호철 『서빙고 역전 풍경』 발표.
1965년 9월	박흥식 '남서울계획' 포기.
1966년 1월 19일	제3한강교(한남대교) 공사가 시작되다.
1967년 3월 11일	시영버스 창업식.
1967년 4월 29일	박정희 공화당 대통령 후보가 경부고속도로 건설 공약을 발표하다.
1967년 12월 27일	여의도 윤중제 기공식이 열리다.
1968년 2월 1일	'공식' 경부고속도로 착공식이 열리다.
1968년 2월 10일	밤섬이 폭파되다.
1969년 12월 25일	제3한강교가 완공되다.
1970년 1월	윤진우 당시 서울시 도시계획과장이 박종규 경호실장과 만나 이야기를 나누다.
1970년 7월 7일	경부고속도로 전 구간이 개통되다.
1971년 2월 17일	잠실 물막이 및 매립 공사가 미리 시작되다.
1971년 4월 24일	논현동 공무원아파트 공사가 시작되다.
1971년 10월 30일	여의도 시범아파트가 완공되다.
1971년 11월 19일	국기원이 완공되다.
1972년 9월 5일	『조선일보』에서 『별들의 고향』(최인호) 연재가 시작되다.
1973년 6월 26일	논현동에 영동출장소가 설치되다.

1973년 7월 1일	현재의 관악구와 동작구, 서초구 지역이 관악구가 되어 영등포구에서 분리되다.
1973년 11월 10일	도산공원이 조성되다.
1974년	서울에서 고교 평준화와 학군제가 실시되다.
1975년 3월	압구정동 현대아파트 공사가 시작되다.
1975년 9월 1일	여의도 국회의사당이 완공되다.
1975년 10월 1일	강남구가 신설되다.
1976년 3월	경기고등학교가 이전하다.
1976년 7월	잠수교가 개통되다.
1976년 8월	건설부 고지로 11개 아파트 지구가 공표되다.
1976년 10월	한신공영의 반포아파트 단지 입주가 시작되다.
1976년 12월	KBS가 여의도로 이전하다.
1977년 2월	서울교육대학교가 서초동으로 이전하다.
1977년 6월 27일	테헤란로 명명식이 열리다.
1977년 7월 2일	서울시립강남병원이 개원하다.
1978년	8학군이 탄생하다.
1978년 3월 1일	임시 고속버스터미널 청사(호남선, 영동선)가 완공되다.
1978년 6월 29일	남부순환도로가 개통되다.
1978년 6월 30일	현대아파트 특혜 분양 사건이 터지다.
1978년 11월	잠실 주공아파트 대단지가 완공되다.
1979년 4월 10일	과천 제2정부종합청사 건설이 시작되다.
1979년 7월	종합전시장이 개장되다.
1979년 9월 3일	은마아파트가 완공되다.
1979년 10월 1일	강동구가 신설되다.
1980년 5월	강남성모병원이 개원하다.
1980년 8월 15일	영화《복부인》이 개봉하다.
1980년 10월 31일	지하철 2호선 신설동–잠실운동장 구간이 개통되다.
1980년 12월	뉴코아쇼핑센터(뉴코아백화점)가 개장하다.
1981년	삼원가든 압구정점이 문을 열다.

1981년 10월 20일	경부선 고속버스터미널이 완공되다.
1981년 11월 15일	소망교회 본관이 완공되다.
1981년 12월	한국토지개발공사가 개포지구 개발을 시작하다.
1982년 6월	윤수일의 〈아파트〉가 발표되다.
1982년 6월	반포대교가 개통되다.
1982년 9월	세계야구선수권 대회가 잠실에서 개최되다.
1982년 12월 23일	지하철 2호선 잠실종합운동장-교대 구간이 개통되다.
1983년 4월	영동세브란스병원이 개원하다.
1983년 8월 27일	목동 원주민들이 안양천변에서 첫 집회를 갖다.
1983년 12월 17일	지하철 2호선 교대-서울대입구 구간이 개통되다.
1984년 5월	요한 바오로 2세가 참석한 한국 천주교 전래 200주년 기념식이 여의도광장에서 열리다.
1984년 9월 2일	역삼동성당에서 첫 미사가 봉헌되다.
1984년 9월	잠실종합운동장이 완공되다.
1985년 10월 18일	지하철 3호선이 완공되다.
1985년 12월	현대백화점 압구정본점이 개장하다.
1986년 5월	올림픽대로가 완공되다.
1986년 8월 14일	서진룸살롱 사건이 일어나다.
1986년 9월 20일	아시안게임이 개막하다.
1987년	국립국악원이 완공되다.
1988년 1월 1일	송파구와 서초구, 양천구가 신설되다.
1988년 2월 15일	예술의전당이 개관하다.
1988년 8월 28일	롯데월드 호텔이 부분 완공된 상태로 개장하다.
1988년 9월 7일	한국종합무역센터 트레이드타워(Seoul Trade Tower)가 개장하다.
1988년 9월 17일	서울올림픽이 개막하다.
1989년 4월 27일	분당 신도시 건설 계획이 발표되다.
1989년 6월	현대아산병원이 개원하다.
1989년 11월 5일	분당 신도시 공사가 시작되다.
1989년 11월 26일	분당에서 첫 모델하우스가 개관하다.

1990년	6월	올림픽대교가 개통되다.
1991년	1월 21일	수서 비리 사건이 터지다.
1991년	9월	분당에서 입주가 시작되다.
1992년		TGI프라이데이스 양재점(1호점)이 영업을 시작하다.
1993년		예술의전당 오페라하우스가 개관하다.
1993년		'수졸당'이 완공되다.
1994년	9월 1일	분당선 수서-오리 구간이 개통되다.
1994년	10월 21일	성수대교 붕괴 참사가 일어나다.
1994년	11월	서울삼성병원이 개원하다.
1995년	6월 29일	삼풍백화점 붕괴 참사가 일어나다.
1995년	8월 28일	대검찰청이 서초동 청사로 이전하다.
1995년	9월	국가안전기획부(현 국가정보원)가 서초구 내곡동으로 이전하다.
1995년	10월 28일	대법원이 서초동 신청사로 이전하다.
1996년	11월 23일	지하철 8호선 잠실-모란 구간이 개통되다.
1997년	12월	IMF 외환 위기가 시작되다.
1998년	5월 12일	거평그룹이 해체를 선언하다.
1999년		테헤란로를 중심으로 벤처 열풍이 일어나다.
1999년	12월	청담대교가 개통되다.
2000년	8월 1일	지하철 7호선 강남 구간이 개통되다.
2000년	9월 1일	센트럴시티가 개장하다.
2000년	12월	양재천 복원 사업이 성공리에 끝나다.
2001년	6월 30일	쇼핑센터들의 셔틀버스 운행이 중지되다.
2002년	10월	타워팰리스가 완공되고 입주가 시작되다.
2003년	4월	강남 교보타워가 완공되다.
2003년	9월 3일	분당선 수서-선릉 구간이 개통되다.
2005년	12월	잠실 롯데캐슬골드의 입주가 시작되다.
2006년	6월	코엑스 앞에서 독일월드컵 거리 응원이 열리다.
2007년	1월	후터스 1호점이 압구정동에서 개장하다.
2007년		삼성 본사가 서초동으로 이전하다.

2008년		어반하이브가 완공되다.
2009년	7월 24일	지하철 9호선이 개통되다.
2010년	2월 18일	지하철 3호선 수서 – 오금 구간이 개통되다.
2010년	11월 11일	G20정상회의가 코엑스에서 개최되다.
2011년	6월 28일	KTX 수서 – 평택 노선이 착공되다.
2011년	7월 27일	우면산 참사가 일어나다.
2011년	10월	신분당선이 개통되다.
2012년	7월	싸이의 〈강남스타일〉이 발표되다.
2012년	10월 6일	분당선 선릉 – 왕십리 구간이 개통되다.
2013년	5월	뉴욕제과가 문을 닫다.
2013년	11월	사랑의교회 서초동 건물이 완공되다.
2015년	1월 21일	영화 《강남 1970》이 개봉하다.
2015년	3월 28일	지하철 9호선이 종합운동장(2단계 구간)까지 연장되다.
2015년	6월	삼성서울병원 등에서 메르스 사태가 터지다.
2015년	10월 27일	서리풀터널 공사가 시작되다.
2016년	4월	잠실야구장 신축이 발표되다.
2016년	4월 13일	전현희 후보가 강남을 선거구에서 당선되다.
2016년	7월 3일	강남순환로가 개통되다.
2016년	12월 9일	수서고속철도 SRT가 개통되다.
2017년	4월 3일	잠실 롯데월드타워가 개장하다.
2017년	5월 31일	코엑스몰 별마당도서관이 개관하다.
2017년	6월 29일	서울시 '영동대로 지하공간 복합개발사업' 계획이 발표되다.
2018년	6월 13일	정순균 후보가 민주당계 정당 후보로는 처음으로 강남구청장에 당선되다.
2018년	12월 1일	지하철 9호선이 중앙보훈병원까지 연장되다.
2019년	4월 22일	서리풀터널이 개통되다.
2020년	4월 15일	21대 총선에서 보수 정당인 미래통합당(국민의힘 전신)이 강남 지역에서 압승하다.
2022년	5월 28일	신분당선 연장 강남 – 신사 구간이 개통되다.

2022년 8월 8일 　강남구와 서초구 일대 대침수.

2023년 7월 21일 　서이초 교사 극단적 선택, 사회적으로 큰 파문이 일어나다.

2024년 3월 30일 　GTX-A 노선 동탄-수서 구간이 개통되다.

| 도판 저작권 및 출처 |

그림 3   © Bill Smother, https://www.flickr.com/photos/smothers/369415831/

그림 4   © 국가기록원(〈경부고속도로17〉, 관리번호: CET0067661)

그림 5   © 국가기록원(〈제3한강교 강변도로 항공 촬영3〉, 관리번호: CET0033978)

그림 6   © 서울역사박물관

그림 9   © 서울역사박물관

그림 13   © 경기고등학교동창회

그림 15   © 전민조(〈압구정동〉(1978. 4. 20))

그림 16   © 국가기록원(〈잠실지구개발 기공식 기념 폭파〉, 관리번호: CET0035718)

그림 17   © 서울역사박물관

그림 20   http://www.jennyhouse.info/board/data/file/seoul/
          741763344_8560662f_1026000773_bfdedff7_7_2.jpg

그림 21   © 국가기록원(〈아시아선수촌〉, 관리번호: CER0000066)

그림 24   © 정경연

그림 27(위) 서울의산과공원, http://parks.seoul.go.kr/parks/sub/ecoinfo/stbimg/
          1235050533_E21_02.jpg

그림 27(아래) © 산짱 이송헌, http://blog.naver.com/dhyana69/150069700561

그림 28   © 서울특별시 소방재난본부 최광모, https://ko.wikipedia.org/
          wiki/성수대교_붕괴_사고

그림 29   © 서울역사박물관

그림 30(위) © 서울역사박물관

가톨릭대학교 강남성모병원30년사 편찬위원회,『낮은 사랑으로 세상의 모든 이를 품은 30년』(2009).

"강남이라는 '상상의 공동체'",『한겨레21』제905호 (2012. 4. 9), 36~43쪽.

강내희 외,『압구정동: 유토피아 디스토피아』(현실문화연구, 1992).

강일모,『서울 살아야 할 이유, 옮겨야 할 이유』(지평선, 2002).

강준만,『강남, 낯선 대한민국의 자화상: 말죽거리에서 타워팰리스까지』(인물과사상사, 2006).

강준만,『룸살롱 공화국: 부패와 향락, 패거리의 요새 밀실접대 65년의 기록』(인물과사상사, 2011).

강홍빈·주명덕,『서울 에세이: 근대화의 도시풍경, 강홍빈과 주명덕이 함께하는 서울 기행』(열화당, 2002).

공병호,『(공병호의) 대한민국 기업흥망사: 실패의 역사에서 배우는 100년 기업의 조건』(해냄, 2011).

공석하,『삼풍백화점』(열린책들, 2000).

국정브리핑 특별기획팀,『대한민국 부동산 40년: 1967년부터 2007년까지 부동산 정책의 과거와 현재』(한스미디어, 2007).

권기봉,『다시, 서울을 걷다』(알마, 2012).

권영덕·이보경,『서울, 거대도시로 성장하다』(서울연구원, 2020).

김대중,『대한민국 재테크사: 재테크의 역사를 알아야 돈의 흐름이 보인다』(원앤원북스, 2005).

김민채,『더 서울: 2000년대 최고의 소설과 함께 떠나는 서울 이야기 사전』(북노마드, 2012).

김상헌, 『대한민국 강남특별시: 부와 교육의 1번지 강남의 모든 것』 (위즈덤하우
　　스, 2004).

김석철·오효림, 『도시를 그리는 건축가』 (창비, 2014).

김시덕, 『갈등도시』 (열린책들, 2019).

김시덕, 『대서울의 길, 확장하는 도시의 현재사』 (열린책들, 2021).

김시덕, 『서울선언』 (열린책들, 2018).

김진애, 『김진애의 우리도시 예찬: 그 동네 그 도시의 매력을 찾아서』 (안그라픽
　　스, 2003).

김학규, 『동작구 근현대 역사 산책』 (메이킹북스, 2022).

류보선 외, 『서울의 인문학: 도시를 읽는 12가지 시선』 (창비, 2016).

류신, 『서울 아케이드 프로젝트』 (민음사, 2013).

민족미학연구회 편, 『18C 신도시 & 20C 신도시』 (발언, 1996).

박철수, 『아파트의 문화사』 (살림, 2006).

박철수, 『한국주택 유전자』 (마티, 2021).

박해천, 『아파트 게임: 그들이 중산층이 될 수 있었던 이유』 (휴머니스트, 2013).

박해천, 『콘크리트 유토피아』 (자음과모음, 2011).

발레리 줄레조, 길혜연 옮김, 『아파트 공화국: 프랑스 지리학자가 본 한국의 아
　　파트』 (후마니타스, 2007).

"'사교육 공화국' 랜드마크에 욕망이 들끓다", 『시사저널』 제1260호 (2013. 12.
　　10), 20~25쪽.

사석원, 『사석원의 서울 연가』 (샘터, 2013).

서울문화재단, 『1995년 서울, 삼풍』 (동아시아, 2016).

서울역사박물관, 『강남 이야기로 보다: 2008년 서울생활문화 자료조사』 (서울역
　　사박물관, 2009).

서울역사박물관, 『대치동: 사교육 1번지』 (서울역사박물관, 2018).

서울역사박물관, 『반포본동: 남서울에서 구반포로』 (서울역사박물관, 2019).

서울역사박물관, 『여의도: 방송과 금융의 중심지』 (서울역사박물관, 2020).

서울역사박물관, 『한티마을 대치동』 (서울역사박물관, 2022).

서울역사편찬원, 『땡땡땡! 전차여 안녕!』 (2018).

서울역사편찬원, 『문화공간, 서울역사이야기』 (2022).

서울역사편찬원, 『서울과 역사』 101호 (2019. 2).

서울영상위원회, 『영화가 사랑한 서울 촬영지 100선』 (서울영상위원회, 2012).

서울특별시, 『서울 건축 문화 지도』, 전10권 (서울특별시, 2013).

서울특별시사편찬위원회 편저, 『사대문 안 학교들 강남으로 가다』 (서울특별시사
　　편찬위원회, 2012).

서울특별시사편찬위원회 편저, 『서울교통사』 (서울특별시, 2000).

서울특별시사편찬위원회 편저, 『서울상공업사』 (서울특별시사편찬위원회, 2003).

서울특별시사편찬위원회 편저, 『서울의 길』 (서울특별시사편찬위원회, 2009).

"'성형 열풍' 강남지도 바꾼다", 『서울경제』 (2014. 5. 30).

손정목, 『서울 도시계획 이야기: 서울 격동의 50년과 나의 증언』, 전5권 (한울,
　　2003).

손정목, 『한국 도시 60년의 이야기』 (한울, 2005).

송은영, 『서울 탄생기』 (푸른역사, 2018).

신민재, 『땅은 잘못 없다』 (집, 2022).

심승희, 『서울 시간을 기억하는 공간』 (나노미디어, 2004).

양상현, 『거꾸로 읽는 도시, 뒤집어 보는 건축』 (동녘, 2005).

"역사 속으로 사라진 전설적인 땅부자 1세대", 『월간조선』 7월호 (2016).

오성규, "왜 강남3구가 부동산 시장을 지배하는가" (오성규의 환경정의 세상
　　블로그 2009년 9월 13일자 온라인 기고문, http://greenjustice.tistory.
　　com/44).

오영욱, 『그래도 나는 서울이 좋다: 흔적과 상상, 건축가 오기사의 서울 이야기』
　　(페이퍼스토리, 2012).

유시민, 『유시민의 글쓰기 특강』 (생각의길, 2015).

유하, 이언 각색, 『강남 1970』 (비채코리아북스, 2015).

유현준, 『도시는 무엇으로 사는가: 도시를 바라보는 열다섯 가지 인문적 시선』 (을
　　유문화사, 2015).

이경훈, 『서울은 도시가 아니다』 (푸른숲, 2011).

이규목,『한국의 도시경관』(열화당, 2002).

이세영,『건축 멜랑콜리아』(반비, 2016).

이영미,『광화문 연가』(예담, 2008).

이하람,『두근두근 서울산책: 쉽고 가볍게 즐기는 서울 걷기 여행 레시피 38』(랜덤하우스코리아, 2010).

이현수,『서울사용 설명서』(선, 2008).

임동근·김종배,『메트로폴리스 서울의 탄생: 서울의 삶을 만들어낸 권력, 자본, 제도 그리고 욕망들』(반비, 2015).

임석재,『교양으로 읽는 건축』(인물과사상사, 2008).

임석재,『서울, 건축의 도시를 걷다 2: 강남 일대와 부도심』(인물과사상사, 2010).

장용동 외,『르포 한국의 부촌』(랜덤하우스코리아, 2007).

전남일,『한국 주거의 공간사』(돌베개, 2010).

전봉희 외,『윤승중 구술집』(마티, 2014).

전삼봉,『강남을 읽다』(여유당, 2018).

전상인,『아파트에 미치다: 현대한국의 주거사회학』(이숲, 2009).

전영미,『골목에서 서울 찾기: 토박이도 몰랐던 숨겨진 멋과 맛 & 스토리…』(랜덤하우스, 2009).

정기용,『서울 이야기』(현실문화, 2008).

정수현,『압구정 다이어리: 연애보다 재미있는 압구정 이야기』(소담, 2008).

조장훈,『학벌주의와 부동산 신화가 만나는 곳 대치동』(사계절, 2021).

조한,『서울, 공간의 기억, 기억의 공간』(돌베개, 2013).

한국건축가협회·서울특별시 건축지도과 공편,『서울 도시와 건축』(서울특별시 건축지도과, 2000).

한국문원 편집실 편,『(문화유산)왕릉: 왕릉 기행으로 엮은 조선왕조사』(한국문원, 1995).

한종수, "양천벌의 전쟁: 30년 전, 목동 철거민 투쟁의 현장을 가다"(민주화운동기념사업회 '민주주의 역사의 현장' 2013년 11월 11일자 온라인 기고문).

허의도,『낭만 아파트: 바보, 문제는 아파트야! 우리 시대 위험한 문화코드 읽기』(플래닛미디어, 2008).

홍성태, 『생태문화도시 서울을 찾아서』(현실문화연구, 2005).

황두진, 『당신의 서울은 어디입니까?: 서울을 다시 짓는 건축가, 황두진의 나의 도시 이야기』(해냄, 2005).

황석영, 『강남몽』(창비, 2010).

황진태, 『내 고향 서울』(돌베개, 2020).

찾아보기(인명)

지은이 **한종수** 서울에서 태어나 고려대학교 중어중문학과를 졸업하고 롯데관광과 한국토지공사 (현LH), 세종시 도시재생센터에서 근무했다. 지은 책으로 『페니키아 카르타고 이야기』(2023), 『구호기사단 천 년의 서사시』(2023), 『이스라엘 국방군 제7기갑여단사』(2023), 『미 해병대 이야기』 (2021), 『민주주의를 걷다』(2021), 『2차대전의 마이너리그』(2015) 등이 있다.

　　　　강희용 강원도 춘천 출신으로 한양대학교 대학원에서 공학박사(도시공학과) 학위를 받았다. 동작구에서 제8대 서울시의원으로 당선되어 서울시 도시계획위원회, 서울시 재개발 및 균형발전위원회 위원을 역임하고, 서울시 도시기본계획인 2030서울플랜 수립위원회의 총괄조정위원으로 활동했다.

　　　　전병옥 토목시공기술사이자 건설안전기술사로 현재 한국건설안전협회 부회장이다. 도시에 사는 한국인이 9할에 달하는 시대에 좀 더 안전하고 아름다운 도시를 만드는 데 더 기여하고 싶은 욕심으로 사는 도시 전문가이다.

강남의 탄생 (개정 증보판)
대한민국의 심장 도시는 어떻게 태어났는가?

발행일　　2016년　5월 10일 (초판　1쇄)
　　　　　2023년　6월 15일 (초판 14쇄)
　　　　　2024년 10월 30일 (개정 증보판 1쇄)

지은이　　한종수, 강희용, 전병옥
펴낸이　　이지열
펴낸곳　　미지북스
　　　　　서울시 마포구 잔다리로 111(서교동 468-3) 401호
　　　　　우편번호　04003
　　　　　전화　070-7533-1848　팩스　02-713-1848
　　　　　mizibooks@naver.com
　　　　　출판 등록 2008년 2월 13일 제313-2008-000029호
편집　　　이지열, 서재왕
출력　　　상지출력센터
인쇄 제본　한영문화사

ISBN　　　979-11-90498-63-0　03910
값 19,800원

· 블로그 http://mizibooks.tistory.com
· 트위터 @mizibooks
· 페이스북 http://facebook.com/pub.mizibooks